隋唐制度渊源略论稿
唐代政治史述论稿

陈寅恪 著

长江出版传媒　长江文艺出版社

图书在版编目（ＣＩＰ）数据

隋唐制度渊源略论稿 ; 唐代政治史述论稿 / 陈寅恪
著. -- 武汉 ：长江文艺出版社， 2021.2
（长江人文馆）
ISBN 978-7-5702-1839-4

Ⅰ. ①隋… Ⅱ. ①陈… Ⅲ. ①政治制度－研究－中国－
隋唐时代 Ⅳ. ①D691.2

中国版本图书馆 CIP 数据核字(2020)第 197581 号

责任编辑：张远林　　　　　　　　　　责任校对：毛　娟
封面设计：徐慧芳　　　　　　　　　　责任印制：邱　莉　杨　帆

出版：长江出版传媒｜长江文艺出版社
地址：武汉市雄楚大街 268 号　　　　邮编：430070
发行：长江文艺出版社
http://www.cjlap.com
印刷：武汉中科兴业印务有限公司

开本：640 毫米×970 毫米　　　1/16　　印张：19.75　　　插页：1 页
版次：2021 年 2 月第 1 版　　　2021 年 2 月第 1 次印刷
字数：231 千字

定价：45.00 元

目　录

隋唐制度渊源略论稿

一 叙论

　　李唐传世将三百年，而杨隋享国为日至短，两朝之典章制度传授因袭几无不同，故可视为一体，并举合论，此不待烦言而解者。独其典章制度之资料今日得以依据以讨论者，仅传世之旧籍，而其文颇多重复，近岁虽有新出遗文，足资补证，然其关系，重要者实亦至少，故欲为详确创获之研究甚非易事。夫隋唐两朝为吾国中古极盛之世，其文物制度流传广播，北逾大漠，南暨交趾，东至日本，西极中亚，而迄鲜通论其渊源流变之专书，则吾国史学之缺憾也。兹综合旧籍所载及新出遗文之有关隋唐两朝制度者，分析其因子，推论其源流，成此一书，聊供初学之参考，匪敢言能补正前贤之阙失也。

　　隋唐之制度虽极广博纷复，然究析其因素，不出三源：一曰（北）魏、（北）齐，二曰梁、陈，三曰（西）魏、周。所谓（北）魏、（北）齐之源者，凡江左承袭汉、魏、西晋之礼乐政刑典章文物，自东晋至南齐其间所发展变迁，而为北魏孝文帝及其子孙摹仿采用，传至北齐成一大结集者是也。其在旧史往往以"汉魏"制度目之，实则其流变所及，不止限于汉魏，而东晋南朝前半期俱包括在内。旧史又或以"山东"目之者，则以山东之地指北齐言，凡北齐承袭元魏所采用东晋南朝前半期之文物制度皆属于此范围也。又西晋永嘉之乱，中原魏晋以降之文化转移保存于凉州一隅，至北魏取凉州，而河西文化遂输入于魏，其后北魏孝文、宣武两代所制定之典章制度遂深受其影响，故此（北）魏、（北）齐之源其中亦有河西之一支派，斯则前人所未深措意，而今日不可不详论者也。所谓梁陈之源者，凡梁代继承创作陈氏因袭无改之制度，

3

迄杨隋统一中国吸收采用，而传之于李唐者，易言之，即南朝后半期内其文物制度之变迁发展乃王肃等输入之所不及，故魏孝文及其子孙未能采用，而北齐之一大结集中遂无此因素者也。旧史所称之"梁制"实可兼该陈制，盖陈之继梁，其典章制度多因仍不改，其事旧史言之详矣。所谓（西）魏、周之源者，凡西魏、北周之创作有异于山东及江左之旧制，或阴为六镇鲜卑之野俗，或远承魏、（西）晋之遗风，若就地域言之，乃关陇区内保存之旧时汉族文化，所适应鲜卑六镇势力之环境，而产生之混合品。所有旧史中关陇之新创设及依托周官诸制度皆属此类，其影响及于隋唐制度者，实较微末。故在三源之中，此（西）魏、周之源远不如其他二源之重要。然后世史家以隋唐继承（西）魏、周之遗业，遂不能辨析名实真伪，往往于李唐之法制误认为（西）魏、周之遗物，如府兵制即其一例也。

此书本为供初学读史者参考而作，其体裁若与旧史附丽，则于事尤便，故分别事类，序次先后，约略参酌隋唐史志及《通典》《唐会要》诸书，而稍为增省分合，庶几不致尽易旧籍之规模，亦可表见新知之创获，博识通人幸勿以童牛角马见责也。

又此书微仿天竺佛教释经论之例，首章备致详悉，后章则多所阙略（见僧祐《出三藏集记》十僧叡《〈大智度论〉序》及《〈大智度论〉记》。寅恪案：鸠摩罗什译经虽有删繁，然于《大智度论》实未十分略九，盖天竺著述体例固如是也，后人于此殊多误解，以其事非本书范围，故不详论）。故于前"礼仪"章已论证者，如三源中诸人之家世地域等，则于后诸章不复详及，实则后章所讨论仍与之有关也。谨附识于"叙论"之末，以见此书之体制焉。

二 礼仪

附：都城建筑

旧籍于礼仪特重，记述甚繁，由今日观之，其制度大抵仅为纸上之空文，或其影响所届，止限于少数特殊阶级，似可不必讨论，此意昔贤亦有论及者矣。如《新唐书》一一《礼乐志》云：

> 由三代而上，治出于一，而礼乐达于天下；由三代而下，治出于二，而礼乐为虚名。及三代已亡，遭秦变古，后之有天下者，自天子百官、名号位序、国家制度、官车服器，一切用秦。至于三代礼乐具其名物，而藏于有司，时出而用之郊庙朝廷，曰："此为礼也，所以教民。"此所谓治出于二，而礼乐为虚名。故自汉以来史官所记事物名数、降登揖让、拜俛伏兴之节，皆有司之事尔，所谓礼之末节也。然用之郊庙朝廷，自搢绅大夫从事其间者皆莫能晓习，而天下之人至于老死未尝见也。

又《欧阳文忠公集》附欧阳发等所述事迹云：

> 其于《唐书·礼乐志》发明礼乐之本，言前世治出于一，而后世礼乐为空名；《五行志》不书事应，悉破汉儒灾异附会之说①，皆出前人之所未至。

---

① 破：原为"坏"，据李逸安点校：《欧阳修全集》卷六《附录卷二·先公事迹（一）》，中华书局 2011 年版，第 2628 页改。

寅恪案：自汉以来史官所记礼制止用于郊庙朝廷，皆有司之事，欧阳永叔谓之为空名，诚是也。沈垚《落帆楼文集》八《与张渊甫书》云：

> 六朝人礼学极精，唐以前士大夫重门阀，虽异于古之宗法，然尚与古不相远，史传中所载多礼家精粹之言。至明则士大夫皆出草野，议论与古绝不相似矣。古人于亲亲中寓贵贵之意，宗法与封建相维。诸侯世国，则有封建；大夫世家，则有宗法。①

寅恪案：礼制本与封建阶级相维系，子敦之说是也。唐以前士大夫与礼制之关系既如是之密切，而士大夫阶级又居当日极重要地位，故治史者自不应以其仅为空名，影响不及于平民，遂忽视之而不加以论究也。

《通鉴》一七六《陈纪》"至德三年"条云：

> 隋主命礼部尚书牛弘修五礼，勒成百卷，〔正月〕戊辰诏行新礼。

《隋书》一《高祖纪上》（《北史》一一《隋本纪上》同）云：

> 开皇五年春正月戊辰，诏行新礼。

同书二《高祖纪下》（《北史》一一《隋本纪上》略同）云：

> 仁寿二年闰〔十〕月己丑，诏曰："尚书左仆射越国公杨素、尚书右仆射邳国公苏威、吏部尚书奇章公牛弘、内史侍郎

---

① 据〔清〕沈垚编著《落帆楼文集》卷八《与张渊甫》，文物出版社1987年版，第78页改。

6

薛道衡、秘书丞许善心、内史舍人虞世基、著作郎王劭，或任居端揆，博达古今，或器推令望，学综经史，委以裁缉，实允佥议，可并修定五礼。"

同书六《〈礼志〉总序》略云：

高堂生所传《士礼》亦谓之仪，洎西京以降，用相裁准。黄初之详定朝仪，则《宋书》言之备矣。梁武始命群儒裁成大典，陈武克平建业，多准梁旧。〔隋〕高祖命牛弘、辛彦之等采梁及北齐《仪注》，以为五礼云。

《通典》四一《〈礼典〉序》（参《南齐书》九《礼志序》及《魏书》一百八《礼志序》）略云：

魏以王粲、卫觊集创朝仪，而鱼豢、王沈、陈寿、孙盛虽缀时礼，不足相变。晋初以荀觊、郑冲典礼，参考今古，更其节文。羊祜、任恺、庾峻、应贞并加删集，成百六十五篇。后挚虞、傅咸缵续未成，属中原覆没，今虞之《决疑注》是其遗文也。江左刁协、荀崧补缉旧文，蔡谟又踵修缀。宋初因循，前史并不重述。齐武帝永明二年，诏尚书令王俭制定五礼。至梁武帝，命群儒又裁成焉。陈武帝受禅，多准梁旧式。后魏道武帝举其大体，事多阙遗；孝文帝率由旧章，择其令典，朝仪国范焕乎复振。隋文帝〔命〕牛弘、辛彦之等采梁及北齐《仪注》，以为五礼。

《隋书》三三《经籍志·史部》"仪注类"《梁宾礼仪注》九卷"贺玚撰"《注》云：

案：梁明山宾撰《吉仪注》二百六卷，《录》六卷；严植之撰《凶仪注》四百七十九卷，录四十五卷；陆琏撰《军仪注》一百九十卷，录二卷；司马褧撰《嘉仪注》一百一十二卷，录三卷；并亡。存者唯《士吉》及《宾》合十九卷。

《后齐仪注》二百九十卷。

《隋朝仪礼》一百卷，牛弘撰。

《魏书》五九《刘昶传》（《北史》二九《刘昶传》同）略云：

> 刘昶，义隆第九子也，义隆时封义阳王，和平六年间行来降。于时（太和初）改革朝仪，诏昶与蒋少游专主其事。昶条上旧式，略不遗忘。

同书九一《术艺传·蒋少游传》（《北史》九十《艺术传·蒋少游传》同）略云：

> 蒋少游，乐安博昌人也。慕容白曜之平东阳，见俘入于平城，充平齐户，后配云中为兵。及诏尚书李冲与冯诞、游明根、高闾等议定衣冠于禁中，少游巧思，令主其事，亦访于刘昶。二意相乖，时致诤竞，积六载乃成，始班赐百官。冠服之成，少游有效焉。后于平城将营太庙太极殿，遣少游乘传诣洛，量准魏晋基址。后为散骑侍郎，副李彪使江南。高祖修船乘，以其多有思力，除都水使者，迁前将军，兼将作大匠，仍领水池湖泛戏舟楫之具。及华林殿、沼修旧增新，改作金墉门楼，皆所措意，号为妍美。又兼太常少卿，都水如故。景明二年卒。少游又为太极立模范，与董尔、王遇等参建之，皆未成而卒。

同书七《高祖纪》下（《北史》三《魏本纪》同）云：

〔太和〕十年八月乙亥，给尚书五等品爵已上朱衣、玉佩、大小组绶。

寅恪案：刘昶、蒋少游俱非深习当日南朝典制最近发展之人，故致互相乖诤。其事在太和十年以前，即《北史》四二《王肃传》所谓"其间朴略，未能淳"者。至太和十七年王肃北奔，孝文帝虚襟相待，盖肃之入北实应当日魏朝之需要故也。

《魏书》四三《房法寿传》附族子景伯景先传（《北史》三九《房法寿传》附景伯景先传同）略云：

法寿族子景伯，高祖谌避地渡河，居于齐州之东清河绎幕焉。显祖时，三齐平，随例内徙，为平齐民。景伯性淳和，涉猎经史。

景先幼孤贫，无资从师，其母自授《毛诗》《曲礼》。昼则樵苏，夜诵经史，自是精勤，遂大通赡。太和中例得还乡，郡辟功曹，州举秀才，值州将卒，不得对策，解褐太学博士。时太常刘芳、侍中崔光当世儒宗，叹其精博，光遂奏兼著作佐郎，修国史，寻除司徒祭酒员外郎。侍中穆绍又启景先撰《世宗起居注》，累迁步兵校尉，领尚书郎齐州中正，所历皆有当官之称。景先作《五经疑问》百余篇，其言该典，今行于时。

《北史》二四《崔逞传》附休传（《魏书》六九《崔休传》同）略云：

休曾祖谭仕宋，位青冀二州刺史，祖灵和宋员外散骑侍郎，父宗伯，始还魏。孝文纳休妹为嫔，迁兼给事黄门侍郎，参定礼仪。

《魏书》五五《刘芳传》（《北史》四二《刘芳传》同）略云：

刘芳，彭城人也。六世祖讷晋司隶校尉，祖该刘义隆征虏将军，青、徐二州刺史，父邕，刘骏兖州长史。芳出后伯父逊之。邕同刘义宣之事，身死彭城，芳随伯母房逃窜青州，会赦免。舅元庆为刘子业青州刺史沈文秀建威府司马，为文秀所杀，芳母子入梁邹城。慕容白曜南讨青齐，梁邹降，芳北徙为平齐民，时年十六。南部尚书李敷妻司徒崔浩之弟女，芳祖母，浩之姑也。芳至京师，诣敷门，崔耻芳流播，拒不见之。（中略）。芳才思深敏，特精经义，博闻强记，兼览《苍》《雅》，尤长音训，辨析无疑，于是礼遇日隆。王肃之来奔也，高祖雅相器重，朝野属目，高祖宴群臣于华林，肃语次云："古者唯妇人有笄，男子则无。"芳曰："推礼《经》正文，古者男子妇人俱有笄。"高祖称善者久之，肃亦以芳言为然。酒阑，芳与肃俱出，肃执芳手曰："吾少来留意《三礼》，在南诸儒，亟共讨论，皆谓此义如吾向言，今闻往释，顿祛平生之惑。"芳义理精通，类皆如是。高祖崩于行宫，及世宗即位，芳手加衮冕，高祖自袭敛暨于启祖、山陵、练除，始末丧事，皆芳撰定。出除安东将军青州刺史，还朝，议定律令。芳斟酌古今，为大议之主，其中损益，多芳意也。世宗以朝仪多阙，其一切诸议，悉委芳修正，于是朝廷吉凶大事皆就咨访焉。

同书六七《崔光传》（《北史》四四《崔光传》同）略云：

崔光，东清河鄃人也。祖旷，从慕容德南渡河，居青州之时水，慕容氏灭，仕刘义隆为乐陵太守。父灵延，刘骏龙骧将军长广太守，与刘彧冀州刺史崔道固共拒国军。慕容白曜之平三齐，光年十七，随父徙代。〔后〕迁中书侍郎、给事黄门侍郎，甚为高祖所知待。高祖每对群臣曰："以崔光之高才大量，若无意外咎谴，二十年后当作司空。"其见重如是。

寅恪案：刘芳、崔光皆南朝俘虏，其所以见知于魏孝文及其嗣主者，乃以北朝正欲摹仿南朝之典章文物，而二人适值其会，故能拔起俘囚，致身通显也。

《北齐书》二九《李浑传》附绘传(《北史》三三《李灵传》附绘传同）略云：

> 司徒高邕辟为从事中郎，征至洛时敕侍中西河王秘书监常景选儒学十人缉撰五礼，绘与太原王乂同掌军礼。

寅恪案：《隋志》不载常景撰修之《五礼》，惟《旧唐书》四六《经籍志》"史部仪注类"有《后魏仪注》三（疑五之误）十二卷，常景撰；《新唐书》五八《艺文志》"史部仪注类"有常景《后魏仪注》五十卷。常景之书撰于元魏都洛之末年，可谓王肃之所遗传，魏收之所祖述，在二者之间承上启下之产物也。

又史志所谓《后齐仪注》者，即南朝前期文物变相之结集，故不可不先略述北齐修五礼之始末，以明《隋志》之渊源也。

《北齐书》三七《魏收传》(《北史》五六《魏收传》同）略云：

> 除尚书右仆射，总议监五礼事，多引文士令执笔，儒者马敬德、熊安生、权会实主之。

《隋书》五七《薛道衡传》(《北史》三六《薛辩传》附道衡传同）略云：

> 武平初，诏与诸儒修定五礼。

寅恪案：北齐后主时所修之五礼当即《隋志》之《后齐仪注》二百九十卷，邺都典章悉出洛阳，故武平所修亦不过太和遗绪而已，所可注意者，则薛道衡先预修齐礼，后又参定以齐礼为根据之隋制，两朝礼制因袭之证此其一也。

据上所引旧籍综合论之，隋文帝继承宇文氏之遗业，其制定礼仪则不依北周之制，别采梁礼及《后齐仪注》。所谓梁礼并可概括陈代，以陈礼几全袭梁旧之故，亦即梁陈以降南朝后期之典章文物也。所谓《后齐仪注》即北魏孝文帝摹拟采用南朝前期之文物制度，易言之，则为自东晋迄南齐，其所继承汉、魏、西晋之遗产，而在江左发展演变者也。陈因梁旧，史志所载甚明，当于后文论之，于此先不涉及。惟《北齐仪注》即南朝前期文物之蜕嬗，其关键实在王肃之北奔，其事应更考释，以阐明隋制渊源之所从出。前已略述北齐制礼始末，故兹专论王肃北奔与北朝文物制度之关系焉。

《北史》四二《王肃传》略云：

> 王肃，琅邪临沂人也。父奂及兄弟并为（南）齐武帝所杀。太和十七年，肃自建邺来奔。自晋氏丧乱，礼乐崩亡，孝文虽厘革制度，变更风俗，其间朴略，未能淳也。肃明练旧事，虚心受委，朝仪国典，咸自肃出。

《魏书》六三《王肃传》略云：

> 肃自谓《礼》《易》为长，亦未能通其大义也。

《南齐书》五七《魏虏传》略云：

> 佛狸已来，稍僭华典，胡风国俗，杂相揉乱，王肃为虏制官品百司，皆如中国。

《陈书》二六《徐陵传》（《南史》六二《徐摛传》附陵传同）

略云：

> 太清二年，兼通直散骑常侍使魏。魏人授馆宴宾。是日甚热，其主客魏收嘲陵曰："今日之热，当由徐常侍来。"陵即答曰："昔王肃至此，为魏始制礼仪；今我来聘，使卿复知寒暑。"收大惭。

《通鉴》一三九《齐纪》"武帝永明十一年冬十月王肃见魏主于邺"条云：

> 魏主或屏左右，与肃语至夜分不罢，自谓君臣相得之晚。寻除辅国将军大将军长史。时魏主方议兴礼乐，变华风，凡威仪文物多肃所定。

《隋书》八《礼仪志》述"隋丧礼"节云：

> 开皇初，高祖思定典礼。太常卿牛弘奏曰："圣教陵替，国章残缺，汉晋为法，随俗因时，未足经国庇人，弘风施化。且制礼作乐，事归元首，江南王俭，偏隅一臣，私撰仪注，多违古法。就庐非东阶之位，凶门岂重设之礼？两萧累代，举国遵行。后魏及齐，风牛本隔，殊不寻究，遥相师祖，故山东之人，浸以成俗。西魏已降，师旅弗遑，嘉宾之礼，尽未详定。今休明启运，宪章伊始，请据前经，革兹俗弊。"诏曰："可！"弘因奏征学者撰《仪礼》百卷，悉用东齐《仪注》以为准，亦微采王俭礼。修毕，上之，诏遂班天下，咸使遵用焉。

寅恪案：魏孝文帝之欲用夏变夷久矣，在王肃未北奔之前亦已有所兴革。然当日北朝除其所保存魏晋残余之文物外，尚有文成帝略取青、齐时所俘南朝人士如崔光、刘芳、蒋少游等及宋氏遗臣如刘昶之伦，可以略窥自典午南迁以后江左文物制度。然究属依稀恍惚，皆从间接得来，仍无居直接中心及知南朝最近发展之人物与资料可以依据，此《北史·王肃传》所谓"孝文虽厘革制度，变更风俗，其间朴略，未能淳"者是也。魏孝文帝所以优礼王肃固别有政治上之策略，但肃之能供给孝文帝当日所渴盼之需求，要为其最大原因。夫肃在当日南朝虽为膏腴士族，论其才学，不独与江左同时伦辈相较，断非江左第一流，且亦出北朝当日青、齐俘虏之下（见《魏书》五五及《北史》四二《刘芳传》），而卒能将南朝前期发展之文物制度转输于北朝以开太和时代之新文化，为后来隋唐制度不祧之远祖者，盖别有其故也。考《南齐书》二三《王俭传》云：

少撰《古今丧服记》并文集，并行于世。

又《南史》二二《王昙首传》附俭传（参《通鉴》一三六《齐纪》"永明三年"条）云：

先是宋孝武好文章，天下悉以文采相尚，莫以专经为业。俭弱年便留意《三礼》，尤善《春秋》，发言吐论，造次必于儒教，由是衣冠翕然，并尚经学，儒教于此大兴。何承天《礼论》三百卷，俭抄为八帙，又别抄条目为十三卷，朝仪旧典，晋、宋来施行故事撰次谙忆无遗漏者，所以当朝理事，断决如流，每博议引证，先儒罕有其例，八坐丞郎，无能异者。

《文选》四六任昉《王文宪集序》云：

宋末艰虞，百王浇季，礼崩旧宗，乐倾恒轨，自朝章国记，典彝备物，奏议符策，文辞表记，素意所不蓄，前古所未行，皆取定俄顷，神无滞用。

据此，王俭以熟练自晋以来江东之朝章国故，著名当时。其《丧服记》本为少时所撰，久已流行于世，故掌故学乃南朝一时风尚也。仲宝卒年为永明七年（见《南齐书》《南史》"俭本传"），王肃北奔之岁为北魏太和十七年，即南齐永明十一年，在俭卒以后，是肃必经受其宗贤之流风遗著所熏习，遂能抱持南朝之利器，遇北主之新知，殆由于此欤？牛弘诋斥王俭，而其所修隋朝仪礼，仍不能不采俭书。盖俭之所撰集乃南朝前期制度之总和，既经王肃输入北朝，蔚成太和文治之盛，所以弘虽由政治及地域观点立论，谓"后魏及齐，风牛本隔"，然终于"遥相师祖，故山东之人，浸以成俗"也。又史言弘"撰《仪礼》百卷，悉用东齐仪注以为准"，而奇章反讥前人之取法江左，可谓数典忘祖，无乃南北之见有所蔽耶？或攘其实而讳其名耶？兹举一例以证之：

《隋书》四九《牛弘传》（《北史》七二《牛弘传》同）云：

> 仁寿二年献皇后崩，三公已下不能定其仪注。杨素谓弘曰："公旧学，时贤所仰，今日之事，决在于公。"弘了不辞让，斯须之间，仪注悉备，皆有故实。素叹曰："衣冠礼乐尽在此矣，非吾所及也。"

若仅据此《传》，似献后丧礼悉定自弘，而"斯须之间仪注悉备"，所以杨素有"礼乐尽在此矣"之叹，及检《北史》三八《裴佗传》附矩传（《隋书》六七《裴矩传》略同）云：

> 其年（仁寿二年）文献皇后崩，太常旧无仪注，矩与牛弘、李百药等据《齐礼》参定。

始知弘之能于斯须之间决定大礼者，乃以东齐仪注为依据，且所与共参定之人亦皆出自东齐者也（见《北史》《隋书》"裴矩传"及《旧唐书》七二、《新唐书》一百二《李百药传》）。杨素之赞叹，殆由弘讳言其实，而素又不识其底蕴耶？

又《通鉴》一七九《隋纪》"文帝仁寿二年"条云：

> 闰〔十〕月甲申，诏杨素、苏威与吏部尚书牛弘等修定五礼。

寅恪案：《隋书》《北史》载文帝诏修五礼，在是年闰十月己丑，连接此前之一条即"甲申诏尚书左仆射杨素与诸术者刊定阴阳舛谬"条，今《通鉴》以修五礼之诏移置甲申，颇疑有所脱误也（严衍《通鉴补正》及章钰《通鉴正文校宋记》俱未之及）。更可注意者，则《隋志》明言弘等之修五礼悉以东齐仪注为准，乃最扼要之语，而温公不采及之，似尚未能通解有隋一代礼制之大源，殊可惜也。

又，隋代制礼诸臣其家世所出籍贯所系亦可加以推究，借以阐明鄙意，即前章所言隋唐制度出于（一）（北）魏、（北）齐，（二）梁陈，（三）（西）魏、（北）周之三源者。请据《隋书》二《高祖纪》及《北史》一一《隋本纪》"仁寿二年闰十月诏书"中所命修定五礼诸臣及其他与制礼有关之人，如前引《北史·裴佗传》《隋书·裴矩传》中之裴矩，《隋书》七五、《北史》八二《儒林传》之刘焯、刘炫及《两唐书·李百药传》中之李百药，逐一讨论于下：

《隋书》二《高祖纪下》"仁寿二年闰十月己丑诏书"所命修撰五礼之杨素、苏威俱以宰辅资位摄领修礼，以恒例言之，乃虚名，非实务也。然素与威二人间仍有区别，亦未可以一概论。《隋书》四八《杨素传》（《北史》四一《杨敷传》附素传同）虽云：

> 后与安定牛弘同志好学，研精不倦，多所通涉。

16

然《隋书》四一《苏威传》(《北史》六三《苏绰传》附威传同）则云：

> 上（高祖）因谓朝臣曰："杨素才辩无双，至若斟酌古今，助我宣化，非威之匹也。"

夫修撰五礼即斟酌古今之事，文帝既不以此许素，则素之得与此役，不过以尚书左仆射首辅之资位监领此大典而已。故关于杨素可置不论。

至于苏威虽与杨素同以宰辅之职监领修撰，但事有殊异，可略言之。据前引史文，隋文帝既以斟酌古今特奖威，则威之与闻修撰，匪仅虚名监领，可以推知。又《隋书·苏威传》(《北史》略同）云：

> 俄兼纳言民部尚书。初，威父〔绰〕在西魏，以国用不足，为征税之法，颇称为重，既而叹曰："今所为者，正如张弓，非平世法也。后之君子，谁能弛乎？"威闻其言，每以为己任，至是奏减赋税，务从轻典，上悉从之。隋承战争之后，宪章舛驳，上令朝臣厘改旧法，为一代通典。律令格式，多威所定，世以为能。所修格令章程，并行于当世，然颇伤苛碎，论者以为非简允之法。

凡此史文其意固多指威之修定律令，但礼律关系至密。威本西魏苏绰之子，绰为宇文泰创制立法，实一代典章所从出。威既志在继述父业，文帝称其斟酌古今，必非泛美之词，故威之与素不得同论，而威之预知修礼，亦非止尸空名绝无建树者之比无疑也。考《周书》二三《苏绰传》(《北史》六三《苏绰传》同）云：

> 苏绰，武功人，魏侍中则之九世孙也，累世二千石。父协

武功郡守。绰少好学，博览群书，尤善算术。属太祖（宇文泰）与公卿往昆明池观渔，行至城西汉故仓地，顾问左右，莫有知者，或曰："苏绰博物多通，请问之。"太祖乃召绰，具以状对，太祖大悦。

此节为史记苏绰之所以遇合宇文泰之一段因缘，实可借以觇古今之变迁。盖自汉代学校制度废弛，博士传授之风气止息以后，学术中心移于家族，而家族复限于地域，故魏、晋、南北朝之学术、宗教皆与家族、地域两点不可分离。绰本关中世家，必习于本土掌故，其能对宇文泰之问，决非偶然。适值泰以少数鲜卑化之六镇民族窜割关陇一隅之地，而欲与雄据山东之高欢及旧承江左之萧氏争霸，非别树一帜，以关中地域为本位，融冶胡汉为一体，以自别于洛阳、建邺或江陵文化势力之外，则无以坚其群众自信之心理。此绰所以依托关中之地域，以继述成周为号召，窃取六国阴谋之旧文缘饰塞表鲜卑之胡制，非驴非马，取给一时，虽能辅成宇文氏之霸业，而其创制终为后王所捐弃，或仅名存而实亡，岂无故哉！质言之，苏氏之志业乃以关中地域观念及魏晋家世学术附合鲜卑六镇之武力而得成就者也。故考隋唐制度渊源者应置武功苏氏父子之事业于三源内之第三源，即（西）魏、周源中，其事显明，自不待论。

《隋书》四九《牛弘传》（《北史》七二《牛弘传》略同）略云：

牛弘，安定鹑觚人也。本姓尞氏，祖炽郡中正，父允魏侍中工部尚书临泾公，赐姓为牛氏。开皇初〔弘〕迁授散骑常侍秘书监。弘以典籍遗逸，上表请开献书之路，〔其论书之厄〕曰："永嘉之后，寇窃竞兴，因河据洛，跨秦带赵。论其建国立家，虽传名号，宪章礼乐，寂灭无闻。刘裕平姚，收其图籍，五经子史，才四千卷，皆赤轴青纸，文字古拙。僭伪之盛，莫过二秦。以此而论，足可明矣。故知衣冠轨物，图画记

18

注，播迁之余，皆归江左。晋宋之际，学艺为多，齐梁之间，经史弥盛。"上纳之，于是下诏："献书一卷，赉缣一匹。"一二年间，篇籍稍备。三年，拜礼部尚书，奉敕修撰《五礼》，勒成百卷，行于当世。弘请依古制修立明堂，上以时事草创，未遑制作，竟寝不行。六年，除太常卿。九年，诏改定雅乐，又作乐府歌词，撰定圆丘五帝凯乐，并议乐事，上甚善其议，诏弘与姚察、许善心、何妥、虞世基等正定新乐，事在《音律志》。是后议置明堂，诏弘条上故事，议其得失，事在《礼志》。上甚敬重之，拜吏部尚书。时高祖又令弘与杨素、苏威、薛道衡、许善心、虞世基、崔子发等并召诸儒，论新礼降杀轻重，弘所立议，众咸推服之。仁寿二年，献皇后崩，三公已下不能定其仪注。杨素谓弘曰："公旧学，时贤所仰，今日之事，决在于公。"弘了不辞让，斯须之间，仪注悉备，皆有故实。素叹曰："衣冠礼乐尽在此矣，非吾所及也。"（此节之解释见上文）弘以三年之丧，祥禫具有降杀，暮服十一月而练者，无所象法，以闻于高祖，高祖纳焉。下诏除暮练之礼，自弘始也。〔大业〕三年改为右光禄大夫，从拜恒岳，坛场、珪币、埠畤、牲牢，并弘所定。

史臣曰："牛弘笃好坟籍，学优而仕，采百王之损益，成一代之典章，汉之叔孙不能尚也。"

《隋书》七五《儒林传·辛彦之传》（《北史》八二《儒林传下·辛彦之传》同）略云：

辛彦之，陇西狄道人也。祖世叙魏凉州刺史，父灵辅周渭州刺史。〔彦之〕博涉经史，与天水牛弘同志好学。后入关，遂家京兆。周太祖见而器之，引为中外府礼曹。时国家草创，百度伊始，朝贵多出武人，修定仪注，唯彦之而已。及周闵帝受禅，彦之与少宗伯卢辩专掌仪制，明武时历职典祀太祝乐部御正四曹大夫，开府仪同三司。宣帝即位，拜少宗伯。高祖受禅，除太常少卿，寻转国子祭酒。岁余，拜礼部尚书，与秘书监牛弘撰《新礼》。吴兴沈重名为硕学，高祖尝令彦之与重论议，重不能抗，于是避席而谢曰："辛君所谓金城汤池，无可攻之势。"高祖大悦。彦之撰《坟典》一部、《六官》一部、《祝文》一部、《礼要》一部、《新礼》一部、《五经异义》一部，并行于世。

兹择录牛弘、辛彦之两《传》事迹较详者，盖欲以阐明魏晋以降中国西北隅即河陇区域在文化学术史上所具之特殊性质，其关于西域文明、中外交通等，为世人所习知，且非本书讨论范围，于此可不论。兹所论者，惟此偏隅之地，保存汉代中原之文化学术，经历东汉末、西晋之大乱及北朝扰攘之长期，能不失坠，卒得辗转灌输，加入隋唐统一混合之文化，蔚然为独立之一源，继前启后，实吾国文化史之一大业。昔人未曾涉及，故不揣愚陋，试为考释之于下：

河陇一隅所以经历东汉末、西晋、北朝长久之乱世而能保存汉代中原之学术者，不外前文所言家世与地域之二点，易言之，即公立学校之沦废，学术之中心移于家族，太学博士之传授变为家人父子之世业，所谓南北朝之家学者是也。又学术之传授既移于家族，则京邑与学术之关系不似前此之重要。当中原扰乱京洛丘墟之时，苟边隅之地尚能维持和平秩序，则家族之学术亦得借以遗传不坠。刘石纷乱之时，中原之地悉为战区，独河西一隅自前凉张氏以后尚称治安，故其本土世家之学术既可以保存，外来避乱之儒英亦得就之传授，历时既久，其文化学术遂渐具地域性质，此河陇边隅之地所以与北朝及隋唐文化学术之全体有如是之密切关系也。

《三国志·魏志》一三《王朗传》附子肃传末云：

自魏初征士敦煌周生烈、明帝时大司农弘农董遇等，亦历注经传，颇传于世。

一节下裴《注》云：

《魏》略以遇及贾洪、邯郸淳、薛夏、隗禧、苏林、乐详等七人为儒宗，其序曰：

从初平之元至建安之末，天下分崩，人怀苟且，纲纪既衰，儒道尤甚。至黄初元年之后，新主乃复始扫除太学之灰炭，补旧石碑之缺坏，备博士之员录，依汉甲乙以考课。申告州郡，有欲学者，皆遣诣太学，太学始开，有弟子数百人。至太和、青龙中，中外多事，人怀避就，虽性非解学，多求诣太学。太学诸生有千数，而诸博士率皆粗疏，无以教弟子。弟子本亦避役，竟无能习学，冬来春去，岁岁如是。又虽有精者，而台阁举格太高，加不念统其大义，而问字指墨法点注之间，百人同试，度者未十。是以志学之士遂复陵迟，而末求浮虚者各竞逐也。正始中，有诏议圜丘，普延学士。是时郎官及司徒领吏二万余人，虽复分布，见在京师者尚且万人，而应书与议者略无几人。又是时朝堂公卿以下四百余人，其能操笔者未有十人，多皆相从饱食而退。嗟夫！学业沈陨，乃至于此。是以私心常区区贵乎数公者，各处荒乱之际而能守志弥敦者也。

贾洪，京兆新丰人也。
薛夏，天水人也。
隗禧，京兆人也。

又《魏志》二五《高堂隆传》略云：

始景初中，帝以苏林、秦静等并老，恐无能传业者，乃诏曰：“方今宿生巨儒，并各年高，教训之道，孰为其继？其科郎吏高才解经义者三十人，从光禄勋隆、散骑常侍林、博士

21

静，分受四经三礼，主者具为设课试之法。”数年隆等皆卒，学者遂废。

据上引史文可证明二事：一为自汉末乱后，魏世京邑太学博士传授学业之制徒为具文，学术中心已不在京邑公立之学校矣。二为当东汉末中原纷乱，而能保持章句之儒业，讲学著书，如周生烈、贾洪、薛夏、隗禧之流，俱关陇区域之人，则中原章句之儒业，自此之后已逐渐向西北移转，其事深可注意也。

《晋书》八六《张轨传》略云：

张轨，安定乌氏人。家世孝廉，以儒学显，与同郡皇甫谧善。中书监张华与轨论经义及政事损益，甚器之。谓安定中正为蔽善抑才，乃美为之谈以为二品之精。轨以时方多难，阴图据河西，于是求为凉州，公卿亦举轨才堪御远。永宁初，出为护羌校尉凉州刺史。于时鲜卑反叛，寇盗从横，轨到官，即讨破之，遂威著西州，化行河右。以宋配、阴充、氾瑗、阴澹为股肱谋主，征九郡胄子五百人，立学校，始置崇文祭酒，位视别驾，春秋行乡射之礼。秘书监缪世徵、少府挚虞夜观星象，相与言曰："天下方乱，避难之国唯凉土耳。张凉州德量不恒，殆其人乎？"〔轨〕遣治中张阆送义兵五千及郡国秀孝贡计器甲方物归于京师，令有司可推详立州已来清贞德素、嘉遁遗荣、高才硕学、著述经史等具状以闻，州中父老莫不相庆。太府参军索辅言于轨曰："古以金贝皮币为货，息谷帛量度之耗，二汉制五铢钱，通易不滞，泰始中河西荒废，遂不用钱，裂匹以为段数，缣布既坏，市易又难，徒坏女工，不任衣用，弊之甚也。今中州虽乱，此方安全，宜复五铢，以济通变之会。"轨纳之，立制准布用钱，钱遂大行，人赖其利。（中略）。天锡窘逼，降于〔姚〕苌等，自轨为凉州，至天锡，凡九世七十六年矣。〔符〕坚大败于淮肥时，天锡为符融征南司马，于阵归国。天锡少有文才，流誉远近，及归朝，甚被恩遇。

同书一二二《吕光载记》略云：

吕光，略阳氐人也。〔苻〕坚既平山东，士马强盛，遂有图西域之志，乃授光使持节都督西讨诸军事，以讨西域。龟兹王帛纯拒光，光入其城，大飨将士，赋诗言志。见其宫室壮丽，命参军京兆段业著《龟兹宫赋》以讥之。既平龟兹，有留焉之志……（光于是）大飨文武，博议进止，众咸请还，光从之。光入姑臧，自领凉州刺史、护羌校尉。张掖督邮傅曜考核属县，而丘池令尹兴杀之，投诸空井。曜见梦于光，光寤而犹见，久之乃灭。遣使复之如梦。光怒，杀兴。著作郎段业以光未能扬清激浊，使贤愚殊贯，因疗疾于天梯山，作表志诗《九叹》《七讽》十六篇以讽焉。光览而悦之。

同书八七《凉武昭王传》略云：

武昭王讳暠，字玄盛，陇西成纪人，姓李氏，世为西州右姓。高祖雍、曾祖柔仕晋并历位郡守；祖弇仕张轨为武卫将军安世亭侯；父昶早卒，遗腹生玄盛。少而好学，通涉经史，尤善文义。吕光末京兆段业自称凉州牧，以敦煌太守赵郡孟敏为沙州刺史，署玄盛效谷令。敏寻卒，敦煌护军冯翊郭谦等以玄盛温毅有惠政，推为敦煌太守。及业僭称凉王，进玄盛持节都督凉兴已西诸军事，镇西将军，领护西夷校尉。隆安四年，晋昌太守唐瑶移檄六郡，推玄盛为大都督大将军凉公领秦凉二州牧护羌校尉。〔玄盛〕仍于南门外临水起堂，名曰靖恭之堂，图赞自古圣帝明王、忠臣孝子、烈士贞女，玄盛亲为序颂，以明鉴戒之义，当时文武群像亦皆图焉。又立泮宫，增高门学生五百人，起嘉纳堂于后园，以图赞所志。玄盛谓群僚曰：“昔

23

河右分崩，群豪竞起，吾以寡德为众贤所推，故前遣母弟繇董率云骑，东殄不庭，军之所至，莫不宾下。今惟蒙逊鸱跱一城。自张掖已东，晋之遗黎虽为戎虏所制，吾将迁都酒泉，渐逼寇穴，诸君以为何如？"张邈赞成其议，遂迁居于酒泉。手令诚其诸子曰："僚佐邑宿，尽礼承敬，古今成败，不可不知，退朝之暇，念观典籍，面墙而立，不成人也。此郡世笃忠厚，人物敦雅。天下全盛时，海内犹称之，况复今日？"初，符坚建元之末，徙江汉之人万余户于敦煌，中州之人有田畴不辟者，亦徙七千余户。郭黁之寇武威，武威、张掖已东人西奔敦煌、晋昌者数千户。及玄盛东迁，皆徙之于酒泉，分南人五千户置会稽郡，中州人五千户置广夏郡，余万三千户分置武威、武兴、张掖三郡，筑城于敦煌南子亭，以威南虏。玄盛既迁酒泉，乃敦劝稼穑。群僚以年谷频登，百姓乐业，请勒铭酒泉，玄盛许之。于是使儒林祭酒刘彦明为文，刻石颂德。玄盛上巳日宴于曲水，命群僚赋诗，而亲为之序。玄盛以纬世之量，当吕氏之末，为群雄所奉，遂启霸图，兵无血刃，坐定千里，谓张氏之业指期而成，河西十郡岁月而一。既而秃发侮檀入据姑臧，沮渠蒙逊基宇稍广，于是慨然著《述志赋》焉。先是，河右不生楸、槐、柏、漆，张骏之世，取于秦陇而植之，终于皆死，而酒泉宫之西北隅有槐树生焉，玄盛又著《槐树赋》以寄情，盖叹僻陋遐方，立功非所也。亦命主簿梁中庸及刘彦明等并作文，感兵难繁兴，时俗喧竞，乃著《大酒容赋》以表恬豁之怀。与辛景、辛恭靖同志友善，景等归晋，遇害江南，玄盛闻而吊之。玄盛前妻，同郡辛纳女，贞顺有妇仪，先卒，玄盛亲为之诔。自余诗赋数十篇。（中略）。玄盛以安帝隆安四年立，至宋少帝景平元年灭，据河右凡二十四年。

同书一二六《秃发乌孤载记》云：

秃发乌孤，河西鲜卑人也。

又同书同卷《秃发利鹿孤载记》略云：

利鹿孤谓其群下曰："自负乘在位，三载于兹，务进贤彦，而下犹蓄滞，二三君子其极言无讳。"祠部郎中史嵩对曰："今取士拔才必先弓马，文章学艺为无用之条，非所以来远人，垂不朽也。孔子曰：'不学礼，无以立。'宜建学校，开庠序，选耆德硕儒，以训胄子。"利鹿孤善之，于是以田玄冲、赵诞为博士祭酒，以教胄子。

又同书同卷《秃发傉檀载记》略云：

（姚兴）遣其尚书郎韦宗来观衅，宗还长安，言于兴曰："凉州虽残弊之后，风化未颓，未可图也。"〔秃发〕乌孤以安帝隆安元年僭立，至傉檀三世，凡十九年，以安帝义熙十年灭。

同书一二九《沮渠蒙逊载记》略云：

沮渠蒙逊，临松卢水胡人也。博涉群史，颇晓天文。隆安五年，梁中庸、房晷、田昂等推蒙逊为使持节大都督、大将军、凉州牧、张掖公。以敦煌张穆博通经史，才藻清赡，擢拜中书侍郎，委以机密之任。蒙逊西祀金山，卑和虏率众迎降，遂循海而西，至盐池，祀西王母寺。寺中有《玄石神图》，命其中书侍郎张穆赋焉，铭之于寺前，遂如金山而归。蒙逊以安帝隆安五年自称州牧，义熙八年僭立，后八年而宋氏受禅，以元嘉十年死，在伪位三十三年。子茂虔立，六年，为魏所擒，合三十九载而灭。

同书一一七《姚兴载记上》略云：

兴征凉州刺史王尚还长安，尚既至长安，坐匿吕氏官人，擅杀逃人薄禾等，禁止南台。凉州别驾宗敞，治中张穆，主簿边宪、胡威等上疏理尚曰："臣等生自西州，位忝吏端，主辱臣忧，故重茧披款，惟陛下亮之。"兴览之大悦，谓其黄门侍郎姚文祖曰："卿知宗敞乎？"文祖曰："与臣州里，西方之英隽。"兴曰："有表理王尚，文义甚佳，当王尚研思耳。"文祖曰："尚在南台禁止，不与宾客交通，敞寓于杨桓，非尚明矣。"兴曰："若尔，桓为措思乎？"文祖曰："西方评敞甚重，优于杨桓，敞昔与吕超周旋，陛下试可问之。"兴因谓超曰："宗敞文才何如，可是谁辈？"超曰："敞在西土，时论甚美，方敞魏之陈徐，晋之潘陆。"即以表示超曰："凉州小地，宁有此才乎？"超曰："臣以敞余文比之，未足称多，但当问其文彩何如，不可以区宇格物。"兴悦，赦尚之罪，以为尚书。

同书一四《地理志上》"凉州"条略云：

汉置张掖、酒泉、敦煌、武威郡，其后又置金城郡，谓之河西五郡。〔晋惠帝〕永宁中，张轨为凉州刺史，镇武威，上表请合秦、雍流移人于姑臧西北，置武兴郡。是时中原沦没，元帝徙居江左，轨乃控据河西，称晋正朔，是为前凉。〔张〕天锡降于苻氏，其地寻为吕光所据。吕光都于姑臧，及吕隆降于姚兴，其地三分。〔凉〕武昭王为西凉，建号于敦煌；秃发乌孤为南凉，建号于乐都；沮渠蒙逊为北凉，建号于张掖；而分据河西五郡。

综合上引史文，凡河西区域自西晋永宁至东晋末世，或刘宋初期，百有余年间，其有关学术文化者亦可窥见一二。盖张轨领凉州之后，河西秩序安定，经济丰饶，既为中州人士避难之地，复是流民移徙之区，百余年间纷争扰攘固所不免，但较之河北、山东屡经大乱者，略胜一筹。故托命河西之士庶犹可以苏喘息长子孙，而世族学者自得保身传代以延其家业也。又张轨、李暠皆汉族世家，其本身即以经学文艺著称，故能设学校奖儒业，如敦煌之刘昞即注魏刘劭《人物志》者，魏晋间"才性同异"之学说尚得保存于此一隅，遂以流传至今，斯其一例也（见《北平图书馆季刊》第二卷第一期汤用彤先生《读刘劭〈人物志〉》论文，及一九三七年《清华学报》拙作《〈逍遥游〉向郭义及支遁义探源》）。若其他割据之雄，段业则事功不成而文采特著，吕氏、秃发、沮渠之徒俱非汉族，不好读书，然仍能欣赏汉化，擢用士人，故河西区域受制于胡戎，而文化学术亦不因以沦替，宗敞之见赏于姚兴，斯又其一例也。至于陇右即晋秦州之地，介于雍凉间者，既可受长安之文化，亦得接河西之安全，其能保存学术于荒乱之世，固无足异。故兹以陇右、河西同类并论，自无不可也。

既明乎此，然后可以解释陇右、河西之文化与北魏初期即太武时代中原汉族之文化，及北魏后期即孝文、宣武时代中原汉族文化递嬗同异之关系，请略引旧史以证之（参考《通鉴》一二三《宋纪》"元嘉十六年十二月魏主犹以妹婿待沮渠牧犍"条）。

《魏书》五二以赵逸等十二人为一卷，《北史》三四于赵逸等十二人外复加以游雅、高闾，又别取《魏书》九一《术艺传》之江式合为一卷，寅恪以为游雅、高闾二人非秦凉学者，可不列入；至江式则亦源出河西，与赵逸等并为一卷，体例甚合。故兹节录《魏书》《北史》赵逸等十二人传及江式传，又《魏书》《北史》程骏传，《宋书》《南史》杜骥传，并取《魏书》《北史》所载崔浩、李冲、李韶、常爽、常景、源怀等事迹关涉河西人士文化学术者于下，以资论证（又《魏书》《北史》之《袁式传》虽与河西无涉，但北魏之"外国远方名士"与崔浩有关，故亦节取传文，附于后焉）。

《魏书》五二《赵逸传》（《北史》三四《赵逸传》同）略云：

赵逸，天水人也。好学夙成，仕姚兴，历中书侍郎。为兴将齐难军司，征赫连屈丐。难败，为屈丐所虏，拜著作郎。世祖平统万，见逸所著，曰："此竖无道，安得为此言乎？作者谁也，其速推之。"司徒崔浩进曰："彼之谬述，亦犹子云之美新，皇王之道，固宜容之。"世祖乃止，拜中书侍郎。神䴥三年三月上巳，帝幸白虎殿，命百僚赋诗，逸制诗序，时为称善久之。性好坟素，白首弥勤，年逾七十，手不释卷。凡所著述，诗、赋、铭、颂五十余篇。

同书同卷《胡方回传》（《北史》三四《胡方回传》同）略云：

胡方回，安定临泾人。方回赫连屈丐中书侍郎，涉猎史籍，辞彩可观，为屈丐《统万城铭》《蛇祠碑》诸文，颇行于世。世祖破赫连昌，方回入国，雅有才尚，未为时所知也。后为北镇司马，为镇修表，有所称庆。世祖览之，嗟美，问谁所作。既知方回，召为中书博士，赐爵临泾子。迁侍郎，与太子少傅游雅等改定律制，司徒崔浩及当时朝贤并爱重之。

同书同卷《胡叟传》（《北史》三四《胡叟传》同）略云：

胡叟，安定临泾人也。世有冠冕，为西夏著姓。西入沮渠牧犍，遇之不重，叟乃为诗示所知广平程伯达，其略曰："望卫恸祝鮀，眄楚悼灵均。"伯达见诗，谓叟曰："凉州虽地居戎域，然自张氏以来，号有华风。今则宪章无亏，曷祝鮀之有也？"叟曰："吾之择木，夙在大魏，与子暂违，非久阔也。"岁余，牧犍破降，叟既先归国，朝廷以其识机拜虎威将军，赐爵复始男。高宗时召叟及〔金城宗〕舒，并使作檄刘骏、蠕蠕文，舒文劣于叟。〔广宁常〕顺阳数子禀叟奖示，颇涉文流。〔高〕闲作《宣命赋》，叟为之序。

同书同卷《宋繇传》（《北史》三四《宋繇传》同）略云：

宋繇，敦煌人也。曾祖配、祖悌世仕张轨子孙。父僚张玄靓龙骧将军武兴太守。〔繇〕遂随〔张〕彦至酒泉，追师就学，闭室诵书，昼夜不倦，博通经史，诸子群言，靡不览综。吕光时举秀才，除郎中。后奔段业，业拜繇中散常侍。西奔李暠，历位通显。家无余财，雅好儒学，虽在兵难之间，讲诵不废。每闻儒士在门，常倒屣出迎，停寝政事，引谈经籍。沮渠蒙逊平酒泉，于繇室得书数千卷，叹曰："孤不喜克李歆，欣得宋繇耳。"拜尚书吏部郎中，委以铨衡之任。蒙逊之将死也，以子牧犍委托之。世祖并凉州，从牧犍至京师，卒。

同书同卷《张湛传》（《北史》三四《张湛传》同）略云：

张湛，敦煌人，魏执金吾恭九世孙也。湛弱冠知名凉土，好学能属文。仕沮渠蒙逊，凉州平，入国，年五十余矣。司徒崔浩识而礼之。浩注《易》，叙曰："国家西平河右，敦煌张湛、金城宗钦、武威段承根三人皆儒者，并有俊才，见称于西州，每与余论《易》，余以《左氏传》卦解之，遂相劝为注，故因退朝之余暇而为之解焉。"其见称如此。湛至京师，家贫不粒，操尚无亏。浩常给其衣食，荐为中书侍郎。湛知浩必败，固辞，每赠浩诗颂，多箴规之言。浩亦钦敬其志，每常报答，极推崇之美（此三十八字《北史》文）。及浩被诛，湛惧，悉烧之。兄怀义，崔浩礼之与湛等（此七字《北史》文）。

同书同卷《宗钦传》（《北史》三四《宗钦传》同）略云：

宗钦，金城人也。父燮，吕光太常卿。钦少而好学，有儒者之风，博综群言，声著河右。仕沮渠蒙逊，为中书郎、世子洗马。钦上《东宫侍臣箴》。世祖平凉州，入国，拜著作郎。与高允书赠诗，允答书并诗，甚相褒美（此十五字《北史》文）。崔浩之诛也，钦亦赐死。钦在河西，撰《蒙逊记》十卷，无足可称。

同书同卷《段承根传》（《北史》三四《段承根传》同）略云：

段承根，武威姑臧人。父晖，乞伏炽磐以晖为辅国大将军凉州刺史御史大夫西海侯。磐子暮末袭位，国政衰乱，晖父子奔吐谷浑暮瑷。暮瑷内附，晖与承根归国，世祖素闻其名，颇重之，以为上客。后晖从世祖至长安，有人告晖欲南奔，世祖密遣视之，果如告者之言，斩之于市。承根好学，机辩有文思，而性行疏薄，有始无终。司徒崔浩见而奇之，以为才堪著述，言之世祖，请为著作郎，引与同事。世咸重其文而薄其行，甚为敦煌公李宝所敬待。浩诛，承根与宗钦等俱死。

同书同卷《阚骃传》（《北史》三四《阚骃传》同）略云：

阚骃，敦煌人也。祖倞有名于西土，父玟为一时秀士。骃博通经传，聪敏过人，三史群言，经目则诵，时人谓之宿读。注王朗《易传》，学者借以通经，撰《十三州志》，行于世。[沮渠]蒙逊甚重之，拜秘书考课郎中，给文吏三十人，典校经籍，刊定诸子三千余卷。姑臧平，乐平王丕镇凉州，引为从事中郎。王薨之后，还京师，卒，无后。

同书同卷《刘昞传》（《北史》三四《刘延明传》同）略云：

刘昞，字延明，敦煌人也。父宝以儒学称。昞年十四，就博士郭瑀学，瑀遂以女妻之。昞后隐居酒泉，不应州郡之命，弟子受业者五百余人。李暠私署，征为儒林祭酒从事中郎。暠好尚文典，书史穿落者亲自补治，昞时侍侧，前请代暠，暠曰："躬自执者，欲人重此典籍。吾与卿相值，何异孔明之会玄德！"迁抚夷护军，虽有政务，手不释卷。昞以三史文繁，著《略记》百三十篇八十四卷。《凉书》十卷，《敦煌实录》二十卷，《方言》三卷，《靖恭堂铭》一卷，注《周易》《韩子》《人物志》《黄石公三略》，并行于世。〔沮渠〕蒙逊平酒泉，拜秘书郎，专管注记。筑陆沉观于西苑，躬往礼焉，号玄处先生，学徒数百，月致羊酒。牧犍尊为国师，亲自致拜，命官属以下皆北面受业焉。时同郡索敞、阴兴为助教，并以文学见举，每巾衣而入。世祖平凉州，士民东迁，凤闻其名，拜乐平王从事中郎。世祖诏诸年七十以上听留本乡，一子扶养。昞时老矣，在姑臧，岁余，思乡而返，至凉州西四百里韭谷窟，遇疾而卒。昞六子，次仲礼，留乡里。太和十四年尚书李冲奏："昞河右硕儒，今子孙沉屈，未有禄润，贤者子孙宜蒙显异。"于是除其一子为郢州云阳令。正光三年，太保崔光奏曰："故乐平王从事中郎敦煌刘昞，著业凉城，遗文在兹，篇籍之美，颇足可观。况乃维祖逮孙，相去未远，而令久沦皂隶，不获收异，儒学之士，所为窃叹，乞敕尚书，推检所属，甄免碎役。"四年六月诏曰："昞德冠前世，蔚为儒宗，太保启陈，深合劝善，其孙等三家，特可听免！"河西人以为荣。

同书同卷《赵柔传》（《北史》三四《赵柔传》同）略云：

赵柔，金城人也。少以德行才学知名河右，沮渠牧犍时为金部郎。世祖平凉州，内徙京师。高宗践阼，拜为著作郎。

同书同卷《索敞传》（《北史》三四《索敞传》同）略云：

索敞，敦煌人。为刘昞助教，专心经籍，尽能传昞之业。凉州平，入国，以儒学见拔，为中书博士。笃勤训授，肃而有礼。京师大族贵游之子，皆敬惮威严，多所成益，前后显达，位至尚书牧守者数十人，皆授业于敞。敞遂讲授十余年。敞以丧服散在众篇，遂撰比为《丧服要记》。

同书同卷《阴仲达传》（《北史》三四《段承根传》附阴仲达事迹）略云：

阴仲达，武威姑臧人，少以文学知名。世祖平凉州，内徙代都。司徒崔浩启仲达与段承根云，二人俱凉土才华。同修国史，除秘书著作郎，卒。

同书《术艺传·江式传》（《北史》三四《江式传》同）略云：

江式，陈留济阳人也。六世祖琼晋冯翊太守，善虫篆诂训。永嘉大乱，弃官西投张轨，子孙因居凉土，世传家业。祖强字文威，太延五年凉州平，内徙代京，上书三十余法，各有体例，又献经史诸子千余卷，由是擢拜中书博士。父绍兴，高允奏为秘书郎，掌国史二十余年。式少传家学，寻除殄寇将军、符节令，以书文昭太后尊号谥册，特除奉朝请，仍符节令，篆体尤工，洛京宫殿诸门板题，皆式书也。延昌三年三月，式上表曰："臣六世祖琼，家世陈留，往晋之初，与从父兄应元，俱受学于卫觊，古篆之法，《仓》《雅》《方言》《说文》之谊，当时并收善誉。而祖官至太子洗马，出为冯翊郡，值洛阳之乱，避地河西，数世传习，斯业所以不坠也。世祖太延中，皇威西被，牧犍内附，臣亡祖文威杖策归国，奉献五世传掌之书，古篆八体之法，时蒙褒录，叙列于儒林，官班文省，家号世业。暨臣阘短，识学庸薄，渐渍家风，参预史官，题篆官禁，是以敢借六世之资，奉遵祖考之训，辄求撰集古来文字，以许慎《说文》为主，爰采孔氏《尚书》、《五经》音注、《籀篇》《尔雅》《三仓》《凡将》《方言》《通俗文》《祖文宗》《埤仓》《广雅》《古今字诂》《三字石经》《字林》《韵集》诸赋文字有六书之谊者，皆以次编联，文无复重，纠为一部。其古籀、奇惑、俗隶诸体，咸使班于篆下，各有区别。诂训假借之谊，佥随文而解。音读楚、夏之声，并逐字而注。其所不知者，则阙如也。"诏曰："可如所请。"于是撰集字书，号曰《古今文字》，凡四十卷，大体依许氏说文为本，上篆下隶，其书竟未能成。

同书六十《程骏传》（《北史》四十《程骏传》略同）略云：

程骏，本广平曲安人也。六世祖良，晋都水使者，坐事流于凉州；祖父肇，吕光民部尚书。骏少孤贫，居丧以孝称，师事刘昞，性机敏好学，昼夜无倦。骏谓昞曰："今世名教之儒，咸谓老庄其言虚诞，不切实要，弗可以经世，骏意以为不然·夫老子著抱一之言，庄生申性本之旨，若斯者可谓至顺矣。人若乖一，则烦伪生，若爽性则冲真丧。"昞曰："卿年尚稚，言若老成，美哉！"由是声誉益播，沮渠牧犍擢为东宫侍讲。太延五年，世祖平凉，迁于京师，为司徒崔浩所知。文成践阼，拜著作佐郎，未几迁著作郎。显祖屡引骏与论《易》《老》之义，顾谓群臣曰："朕与此人言，意甚开畅。"拜秘书令，沙门法秀谋反伏诛，骏上《庆国颂》十六章，并序巡狩、甘雨之德焉。又奏《得一颂》，始于固业，终于无为，十篇。太和九年卒，所制文笔，自有集录，弟子灵虬。

《北史》二一《崔宏传》附崔浩传云：

浩有鉴识，以人伦为己任。明元、太武之世，征海内贤才，起自仄陋，及所得外国远方名士，拔而用之，皆浩之由也（寅恪案：《魏书》三五《崔浩传》无此节）。至于礼乐宪章，皆归宗于浩。

《魏书》五三《李冲传》（《北史》一百《序传》同）略云：

李冲，陇西人，敦煌公宝少子也。显祖末为中书学生，高祖初，以例迁秘书中散，典禁中文事，以修整敏惠，渐见宠待，迁内秘书令、南部给事中。旧无三长，惟立宗主督护，所以民多隐冒，五十、三十家方为一户。冲以三正治民，所由来远，于是创三长之制而上之。文明太后览而称善，赐爵顺阳侯，遂立三长，公私便之。迁中书令，寻转南部尚书。冲为文明太后所幸，恩宠日盛，赏赐月至数十万，进爵陇西公，密致珍宝御物以充其第，外人莫得而知焉。冲家素清贫，于是始为富室，而谦以自牧，积而能散，近自姻族，逮于乡闾，莫不分及。虚己接物，垂念羁寒，衰旧沦屈由之跻叙者，亦以多矣。是时循旧，王公重臣皆呼其名，高祖常谓冲为中书而不名之。文明太后崩后，高祖居丧，引见接待有加。及议礼仪律令，润饰辞旨，刊定轻重，高祖虽自下笔，无不访决焉。于是天下翕然，及殊方听望，咸宗奇之。高祖亦深相杖信，亲敬弥甚，君臣之间，情义莫二。及改置百司，开建五等，以冲参定典式，封荣阳郡开国侯，食邑八百户，拜廷尉卿，寻迁侍中、吏部尚书。诏曰："明堂太庙已成于昔年，将以今春营改正殿，尚书冲器怀渊博，经度明远，可领将作大匠，司空长乐公〔穆〕亮可与大匠共监兴缮。"定都洛阳，以冲为镇南将军，委以营构之任，迁尚书左仆射。冲机敏有巧思，北京明堂圜丘太庙及洛都初基，安处郊兆，新起堂寝，皆资于冲。旦理文簿，兼营匠制，几案盈积，剖厥在手，终不劳厌也。然显贵门族，务益六姻；是其亲者，虽复痴聋，无不超越官次。冲卒，时年四十九。高祖为举哀于悬瓠，发声悲泣，不能自胜。诏曰："太和之始，朕在弱龄，早委机密，实康财务，鸿渐瀍洛，朝选开清，升冠端右，可谓国之贤也，朝之望也。"赠司空公，有司奏谥曰文穆，葬于覆舟山，近杜预冢，高祖之意也。后车驾自邺还洛，路经冲墓，左右以闻，高祖卧疾，望坟掩泣久之，诏曰："可遣太牢之祭，以申吾怀。"及与留京百官相见，皆叙冲亡没之故，言及流泪。高祖得留台启知冲患状，谓右卫宋弁曰："仆射执我枢衡，总厘朝务，委以台司之寄，使我出境无后顾之忧，一朝忽有此患，朕甚怀怆慨。"其相痛惜如此。

同书三九《李宝传》（《北史》一百《李宝传》同）略云：

宝有六子：承、茂、辅、佐、公业、冲。〔承〕长子韶，延兴中，补中书学生，袭爵姑臧侯，除仪曹令。时修改车服及羽仪制度，皆令韶典焉。高祖将创迁都之计，诏引侍臣访以古事。诏对："洛阳九鼎旧所，七百攸基，地则土中，实均朝贡，惟王建国，莫尚于此。"高祖称善。起兼将作大匠，敕参定朝仪律令。

同书八四《儒林传·常爽传》（《北史》四二《常爽传》同）略云：

常爽，河内温人，魏太常卿林六世孙也。祖珍，苻坚南安太守，因世乱遂居凉州；父坦，乞伏世镇远将军、大夏镇将、显美侯。〔爽〕笃志好学，博闻强识，明习纬候，《五经》百家多所研综，州郡礼命皆不就。世祖西征凉土，爽与兄仕国归款军门，世祖嘉之，赐仕国爵五品显美男，爽为六品，拜宣威将军。是时戎车屡驾，征伐为事，贵游子弟，未遑学术，爽置馆温水之右，教授门徒七百余人，京师学业，翕然复兴。爽立训甚有劝罚之科，弟子事之若严君焉。尚书左仆射元赞、平原太守司马真安、著作郎程灵虬，皆是爽教所就，崔浩、高允并称爽之严教，奖励有方。允曰："文翁柔胜，先生刚克，立教虽殊，成人一也。"其为通识叹服如此。因教授之暇，述《六经略注》，以广制作，甚有条贯，其《略注》行于世。爽不事王侯，独守闲静，讲肄经典二十余年，时人号为儒林先生，年六十三，卒于家。子文通，历官至镇西司马南天水太守西翼校尉。文通子景别有《传》。

同书八二《常景传》（《北史》四二《常景传》同）略云：

景少聪敏，及长有才思，雅好文章。廷尉公孙良举为律学博士，高祖亲得其名，既而用之。后为门下录事、太常博士。正始初，诏尚书、门下于金墉中书外省考论律令，敕景参议。先是，太常刘芳与景等撰朝令，未及班行。别典仪注，多所草创，未成，芳卒，景纂成其事。及世宗崩，诏景〔自长安〕赴京，还修仪注，又敕撰太和之后朝仪已施行者，凡五十余卷。永熙二年，监议事（寅恪案：徐崇补《南北史·艺文志》"魏五礼"条云疑"监议"下脱去"五礼"二字）。

《隋书》三三《经籍志》"史部仪注类"载：

《后魏仪注》五十卷。

《旧唐书》四六《经籍志》"史部仪注类"载：

> 《后魏仪注》三（寅恪案：三疑五之误）十二卷，常景撰。

《新唐书》五八《艺文志》"仪注类"载：

> 常景《后魏仪注》五十卷。

《魏书》四一《源贺传》（《北史》二八《源贺传》同）略云：

> 源贺，自署河西王秃发傉檀之子也。傉檀为乞伏炽盘所灭，贺自乐都来奔，世祖素闻其名，谓贺曰："卿与朕源同，因事分姓，今可为源氏。"长子延，延弟思礼，后赐名怀，迁尚书令，参议律令。

《北史》二八《源贺传》附玄孙师传（参考《北齐书》五十《恩幸传·高阿那肱传》，又《隋书》六六《源师传》删略"汉儿"语殊失其真）略云：

> 师少知名，仕齐为尚书左外兵郎中，又摄祠部。后属孟夏，以龙见请雩。时高阿那肱为录尚书事，谓为真龙出见，大惊喜，问龙所在，云作何颜色。师整容云："此是龙星初见，依礼当雩祭郊坛，非谓真龙别有所降。"阿那肱忿然作色曰："汉儿多事，强知星宿，祭事不行。"师出，窃叹曰："国家大事，在祀与戎，礼既废也，其能久乎？齐亡无日矣。"寻周武帝平齐。

《通鉴》一七一《陈纪》"太建五年夏四月"载此事，胡

《注》云：

> 诸源本出于鲜卑秃发，高氏生长于鲜卑，自命为鲜卑，未尝以为讳，鲜卑遂自谓贵种，率谓华人为汉儿，率侮诟之。诸源世仕魏朝，贵显习知典礼，遂有雩祭之请，冀以取重，乃以取诟。《通鉴》详书之，又一慨也。

同书一二三《宋纪》"元嘉十六年十二月，凉州自张氏以来号为多士"条，胡《注》云：

> 永嘉之乱，中州之人士避地河西，张氏礼而用之。子孙相承，衣冠不坠，故凉州号为多士。

《宋书》六五《杜骥传》（《南史》七十《循吏传·杜骥传》同）略云：

> 杜骥，京兆杜陵人也。高祖预晋征南将军，曾祖耽避难河西，因仕张氏，苻坚平凉州，父祖始还关中。兄坦颇涉史传，高祖征长安，席卷随从南还，太祖元嘉中任遇甚厚。晚度北人朝廷常以伧荒遇之，虽复人才可施，每为清途所隔，坦以此慨然，尝与太祖言曰："臣本中华高族，亡曾祖晋氏丧乱，播迁凉土，世业相承，不殒其旧，直以南度不早，便以荒伧赐隔。"（寅恪案：杜坦所言，亦可与《晋书》八四《杨佺期传》参证。）

《魏书》三八《袁式传》（《北史》二七《袁式传》同）略云：

> 袁式，陈郡阳夏人。父渊司马昌明侍中。式在南，历武陵王遵谘议参军，与司马文思等归姚兴。泰常二年归国，为上

客，赐爵阳夏子。与司徒崔浩一面，便尽国士之交。是时，朝仪典章悉出于浩，浩以式博于古事，每所草创，恒顾访之。式沉靖乐道，周览书传，至于诂训、《仓》《雅》，偏所留怀，作《字释》，未就。

寅恪案：《崔浩传》所谓外国远方名士，当即指河西诸学者或袁式而言。其以《左传》卦解《易》，张湛、宗钦、段承根俱主其说，实为汉儒旧谊，今日得尚秉和先生《易林解诂》一书，愈可证明者也。盖当日中原古谊，久已失传，崔浩之解，或出其家学之仅存者，然在河西则遗说犹在，其地学者，类能言之。此浩所以喜其与家学冥会，而于河西学者所以特多荐拔之故欤？刘昞之注《人物志》，乃承曹魏才性之说者，此亦当日中州绝响之谈也。若非河西保存其说，则今日亦无以窥见其一斑矣。程骏与刘昞之言，乃周孔名教与老庄自然合一之论，此说为晋代清谈之焦点，王、阮之问答（《世说新语·文学篇》"阮宣子有令问"条，以为阮修答王衍之言，《晋书》四九《阮瞻传》则以为阮瞻对王戎之语，其他史料关于此者亦有歧异，初视之似难定其是非。其实此问若乃代表当时通性之真实，其个性之真实虽难确定，然不足致疑也。又此问题当时有实际政治及社会之关系，不仅限于玄谈理论，寅恪别有文考之，兹不详论），所谓"将无同"三语，即实同之意，乃此问题之结论，而袁宏《后汉纪》之议论，多为此问题之详释也（《后汉纪》二二"延嘉九年"及二三"建宁二年"之所论乃其最显著者，其余散见诸卷，不可悉举）。自晋室南渡之后，过江名士尚能沿述西朝旧说，而中原旧壤久已不闻此论，斯又河西一隅之地尚能保存典午中朝遗说之一证也。至李冲者，西凉李暠之曾孙，虽以得幸文明太后遂致贵显，然孝文既非庸暗之主，且为酷慕汉化之君，其付冲以端揆重任，凡制定礼仪律令，及营建都邑宫庙诸役，以及其他有关变革夷风摹拟汉化之事，无不使冲参决监令者，盖几以待王肃者待冲，则冲之为人必非庸碌凡流，实能保持其河西家世遗传之旧学无疑也。魏初宗主督护之制（参考《魏书》一一〇《食货志》），盖与道武时离散部落为编户一事有关，实本胡部之遗迹（参考《魏书》一一三《官氏志》，及《北史》八十《外戚传·贺讷传》、九八《高车传》等，兹不详论。《魏书·贺讷传》《高车传》皆取之《北史》），不仅普通豪族之兼并已也。李冲请改宗主督护制为三长制，亦用夏变夷之政策，为北魏汉化历程之一重要阶段。其事发于李冲，岂偶然哉！又史言冲以过于笃厚亲旧见讥，如《北史》一六《广阳王建附深（渊）传》所言：

> 深（渊）上书曰："及太和在历，仆射李冲当官任事，凉州土人悉免厮役，丰沛旧门仍防边戍。"

当即指上引《刘昞传》中李冲请褒显刘昞子孙之类而言，但太和以后正光之时，崔光复请免昞孙碎役。夫光为由南入北之汉族世家，与凉州人士绝无关涉，太和之后李冲久死，光之请免役，自由于爱慕河西汉族文化所致，而元渊之所谓"丰沛旧门"即指六镇鲜卑及胡化汉人，岂可与之并论乎？又李韶者，宝之嫡孙，冲之犹子也。孝文帝用夏变夷改革车服羽仪诸制度，悉令韶典之，则韶亦能传其河西家世之学无疑。又迁都洛阳乃北魏汉化政策中一大关键，当日鲜卑旧人均表反对，韶既显赞其谋，冲又卒成其事，迁洛之役，李氏父子始终参预，然则竟谓北魏迁洛与河西文化有关，亦无不可也，其详当于后论都城建筑师中述之。常爽出自凉州世族，而为北魏初大师，代京学业之兴，实由其力，其见重于崔浩、高允诸人，固其宜矣。常景为太和以后礼乐典章之宗主，河西文化于北朝影响之深巨，此亦一例证也。源氏虽出河西戎类，然其家世深染汉化，源怀之参议律令尤可注意，观高阿那肱之斥源师为汉儿一事，可证北朝胡汉之分，不在种族，而在文化，其事彰彰甚明，实为论史之关要，故略附著鄙意于此，当详悉别论之。若胡梅硐所言，尚不足以尽此问题也。至江式请撰《古今文字表》中所述，其家自西晋以来避乱凉州，文字之学，历世相传不坠诸事实，足知当日学术中心在家族而不在学校，凉州一隅，其秩序较中原为安全，故其所保存者亦较中原为多。此不独江氏一族文字之学如是，即前引秦凉学者及杜骥诸传所载，其家世之学亦无不与江氏相同。由此言之，秦凉诸州西北一隅之地，其文化上续汉、魏、西晋之学风，下开（北）魏、（北）齐、隋、唐之制度，承前启后，继绝扶衰，五百年间延绵一脉，然后始知北朝文化系统之中，其由江左发展变迁输入者之外，尚别有汉、魏、西晋之河西遗传。但其本身性质及后来影响，昔贤多未措念，寅恪不自揣谫陋，草此短篇，借以唤起今世学者之注意也。

又北魏之取凉州，士人年老者如刘昞之流，始听其一子留乡里侍养，似河西文化当亦随之而衰歇。但其邻近地域若关陇之区，既承继姚秦之文化，复享受北魏长期之治安，其士族家世相传之学术必未尽沦废，故西北一隅偏塞之区，值周、隋两朝开创之际，终有苏氏父子及牛辛诸贤者，以其旧学，出佐兴王，卒能再传而成杨隋一代之制，以传之有唐，颇与北魏河西学者及南朝旧族俱以其乡土家世之学术助长北魏之文化，凝铸混和，而成高齐一代之制度，为北朝最美备之结果以传于隋唐者，甚相类也。至其例证，非本章所能尽具，当于论职官、刑律诸章更详言之。

上文已将隋唐制度三源中之（西）魏、周一源及南朝河西文化之影响约略述之矣。兹于（北）魏、（北）齐一源之中，除去关涉南朝及河西文化者不重复论述外，专就元魏孝文以后，迄于高齐之末，洛阳邺都文化之影响于隋唐制度者考证之。

夫拓跋部族自道武帝入居中原，逐渐汉化，至孝文帝迁都洛阳后，其汉化之程度虽较前愈深，然孝文之所施为，实亦不过代表此历代进行之途径，益加速加甚而已。在孝文同时，其鲜卑旧族如穆泰等（见《魏书》二七、《北史》二十《穆崇传》），其对于汉化政策固不同意，即孝文亲子如废太子恂（见《魏书》二二、《北史》一九《废太子恂传》）亦"谋召牧马，轻骑奔代"，则鲜卑族对汉化政策反抗力之强大，略可窥见。因以愈知孝文之假辞南侵，遂成迁都之计者（见《魏书》五三《李冲传》、《北史》一百《序传》），诚为不得已也。故自宣武以后，洛阳之汉化愈深，而腐化乃愈甚，其同时之代北六镇保守胡化亦愈固，即反抗洛阳之汉化腐化力因随之而益强，故魏末六镇之乱，虽有诸原因，如饥馑、虐政及府户待遇不平之类，然间接促成武泰元年四月十三日尔朱荣河阴之大屠杀，实胡族对汉化政策有意无意中之一大表示，非仅尔朱荣、费穆等一时之权略所致也（见《魏书》七四、《北史》四八《尔朱荣传》及《洛阳伽蓝记》一《永宁寺像》）。其后高欢得六镇流民之大部，贺拔岳、宇文泰得其少数（见《北齐书》一《神武纪》、《北史》六《齐本纪》、《隋书》二四《食货志》等），东西两国俱以六镇流民创业，初自表面观察，可谓魏孝文迁都洛阳以后之汉化政策遭一大打击，而逆转为胡化，诚北朝政治社会之一大变也。

虽然，高欢本身，生于六镇，极度胡化，其渤海世系即使依托，亦因以与当日代表汉化之山东士族如渤海之高氏、封氏及清河博陵之崔氏等不得不发生关系（见《北齐书》二一《高乾、封隆之传》，《北史》三一《高允传》、二四《封懿传》；《北齐书》二三《崔悛传》，《北史》二四《崔逞传》；《北齐书》三十《崔暹传》，《北史》三二《崔挺传》；《北齐书》三九《崔季舒传》，《北史》三二《崔挺传》；《北齐书》三十《高德政传》，《北史》三一《高允传》等）。其子澄尤为汉化，据《北齐书》三《文襄纪》（《北史》六《齐本纪》同）云：

> 元象元年，摄吏部尚书。魏自崔亮以后，选人常以年劳为制。文襄乃厘改前式，铨擢唯在得人。又沙汰尚书郎，妙选人地以充之。至于才名之士，咸被荐擢，假有未居显位者，皆致之门下，以为宾客。每山园游宴，必见招携，执射赋诗，各尽其所长，以为娱适。

夫当时所谓"妙选人地"，即"选用汉化士族"之意义，故高氏父子既执魏政，杨（愔）、王（昕及晞）既因才干柄用，而邢（邵）、魏（收）亦以文采收录（见《北齐书》三四《杨愔传》，《北史》四一《杨播传》；《北齐书》三一《王昕传》，《北史》二四《王宪传》；《北齐书》三六《邢邵传》，《北史》四三《邢峦传》；《北齐书》三七《魏收传》，《北史》五六《魏收传》）。洛阳文物人才虽经契胡之残毁，其遗烬再由高氏父子之收掇，更得以恢复炽盛于邺都。魏孝文以来，文化之正统仍在山东，遥与江左南朝并为衣冠礼乐之所萃，故宇文泰所不得不深相畏忌，而与苏绰之徒别以关陇为文化本位，虚饰《周官》旧文以适鲜卑野俗，非驴非马，借用欺笼一时之人心，所以至其子（武帝）并齐之后，成陵之鬼馁，而开国制度已渐为仇雠敌国之所染化（见下章论职官、刑律、兵制诸书）。然则当日山东邺都文化势力之广大可以推知也。《隋书》二《高祖纪下》"仁寿二年十月己丑诏书"所命修撰五礼之薛道衡、王劭及与制礼有关之人如裴矩、刘焯、刘炫、李百药等，其本身或家世皆出自北齐，以广义言，俱可谓之齐人也。兹节引史传证之如下：

《隋书》五七《薛道衡传》（《北史》三六《薛辩传》同）略云：

> 薛道衡，河东汾阴人也。〔齐后主〕武平初，诏与诸儒修定五礼，除尚书左外兵郎。待诏文林馆，与范阳卢思道、安平李德林齐名友善。复以本官直中书省，寻拜中书侍郎，仍参太子侍读。后主之时，渐见亲用，于时颇有附会之讥。后与斛律孝卿参预政事。及齐亡，周武引为御史二命士，后归乡里。高祖作相，从元帅梁睿击王谦，摄陵州刺史。高祖受禅，坐事除名。河间王弘北征突厥，召典军书，还除内史舍人。还除吏部侍郎。后坐抽擢人物，有言其党苏威，任人有意故，除名，配防岭表。寻诏征还，直内史省，后数岁，授内史侍郎。

寅恪案：道衡家世本出北齐，其本身于北齐又修定五礼，参预政事，及齐亡历周入隋，复久当枢要，隋文命其修定隋礼，自为适宜，而道衡依其旧习，效力新朝，史言隋礼之修"悉用东齐仪注以为准"自所当然也。

《隋书》六九《王劭传》（《北史》三五《王慧龙传》同）略云：

> 王劭，太原晋阳人也。父松年齐通直散骑侍郎。齐尚书仆射魏收辟〔劭〕参开府军事，累迁太子舍人，待诏文林馆，后迁中书舍人。齐灭入周，不得调，高祖受禅，授著作佐郎。

《北史》三八《裴佗》附矩传（《隋书》六七《裴矩传》略同）略云：

> 裴佗字元化，河东闻喜人也。六世祖诜仕晋，位太常卿，因晋乱，避地凉州，苻坚平河西，东归，因居解县，世以文学显（寅恪案：此亦河西文化世家也）。〔孙〕矩仕齐为高平王文学，齐亡不得调。隋文帝为定州总管，补记室，甚亲敬之，以母忧去职。及帝作相，遣使驰召之，参相府记室事。受禅，迁给事郎，奏舍人事，除户部侍郎，迁内史侍郎。上以启人可汗初附，令矩抚慰之。还，为尚书左丞。其年（仁寿二年）文献皇后崩，太常旧无仪注。矩与牛弘、李百药（《隋书·裴矩传》不载李百药名）等据齐礼参定（此条大部前已征引，并附论证，见上文）。

《隋书》七五《儒林传·刘焯传》（《北史》八二《儒林传下·刘焯传》同）略云：

> 刘焯，信都昌亭人也。父洽，郡功曹。少与河间刘炫结盟

为友，遂以儒学知名，为州博士，举秀才，射策甲科。与著作郎王劭同修国史，兼参议律历。刘炫聪明博学，名亚于焯，故时人称二刘焉。天下名儒后进，质疑受业，不远千里而至者，不可胜数。论者以为数百年已来博学通儒，无能出其右者，焯又与诸儒修定礼律，除云骑尉。

同书同卷《刘炫传》（《北史》八二《儒林传下·刘炫传》同）略云：

> 刘炫，河间景城人也。少以聪敏见称，与信都刘焯闭户读书，十年不出。周武帝平齐，瀛州刺史宇文亢引为户曹从事，后奉敕与著作郎王劭同修国史，又与诸术者修天文律历，又与诸儒修定《五礼》，授旅骑尉。吏部尚书牛弘建议，以为礼诸侯绝旁期，大夫降一等，今之上柱国，虽不同古诸侯，比大夫可也。官在第二品，宜降旁亲一等。议者多以为然。炫驳之曰："古之仕者，宗一人而已，庶子不得进。由是先王重适，其宗子有分禄之义。族人与宗子虽疏远，犹服缌三月，良由受其恩也。今之仕者，位以才升，不限适庶，与古既异，何降之有？"遂寝其事。炀帝即位，牛弘引炫修律令。高祖之世，以刀笔吏类多小人，年久长奸，势使然也。又以风俗陵迟，妇人无节，于是立格，州县佐吏，三年而代之，九品妻无得再醮。炫著论以为不可，弘竟从之。诸郡置学官，及流外给廪，皆发自于炫。

同书四二《李德林传》（《北史》七二《李德林传》同）略云：

> 李德林，博陵安平人也。齐主留情文雅，召入文林馆，又令与黄门侍郎颜之推同判文林馆事。及周武帝克齐，入邺之

日，敕小司马唐道和就宅宣旨慰喻，云："平齐之利，唯在于尔。朕本畏尔逐齐主东走，今闻犹在，大以慰怀，宜即入相见。"道和引之入内，遣内史宇文昂访问齐朝风俗政教、人物善恶，即留内省，三宿乃归。仍遣从驾，至长安，授内史上士。自此以后诏诰格式及用山东人物，一以委之。开皇元年，敕令与太尉任国公于翼、高颎等同修律令。事讫奏闻，别赐九环金带一腰、骏马一匹，赏损益之多也。

《旧唐书》七二《李百药传》（《新唐书》一百二《李百药传》同）略云：

> 李百药，定州安平人。隋内史令安平公德林子也。开皇初，授东宫通事舍人，迁太子舍人，兼东宫学士。或嫉其才而毁之者，乃谢病免去，十九年，追赴仁寿宫，令袭父爵。左仆射杨素、吏部尚书牛弘雅爱其才，奏授礼部员外郎。皇太子勇又召为东宫学士。诏令修五礼，定律令，撰阴阳书。〔唐太宗〕贞观元年召拜中书舍人，赐爵安平县男，受诏修定《五礼》及律令，撰《齐书》。

寅恪案：王劭、刘焯、刘炫皆北齐儒学之士，而二刘尤为北朝数百年间之大儒。观炫驳牛弘二从官降旁亲服一等之议，则知山东礼学远胜于关陇也。裴矩用东齐《仪注》以佐牛弘定独孤后丧礼，已于前文论之。李德林为齐代文宗，周武得之，特加奖擢。百药承其家学，既参定隋文献皇后丧议，复于唐贞观世修定五礼，则隋唐礼制与北齐人士有密切关系，于此可见也。

论隋唐制度（北）魏、（北）齐之源既竟，兹略考其梁、陈之源，凡隋高祖仁寿二年闰十月己丑诏书所命修定五礼诸臣中如许善心、虞世基，以及其名不见于此诏书中而亦预闻修定礼仪制度之明克让、裴政、袁朗等，俱属于梁陈系统者也。以后略依时代先后，节录史传之文，证之如下：

《隋书》五八《明克让传》（《北史》八三《文苑传·明克让传》同）略云：

> 明克让，平原鬲人也，父山宾梁侍中。克让博涉书史，所览将万卷，《三礼》礼论尤所研精。释褐湘东王法曹参军，仕历司徒祭酒，尚书都官郎中、散骑侍郎，兼国子博士、中书侍郎。梁灭，归于长安，周明帝引为麟趾殿学士。〔隋〕高祖受禅，拜太子内舍人，转率更令，进爵为侯。太子以师道处之，恩礼甚厚。于时东宫盛征天下才学之士，至于博物洽闻，皆出其下。诏与太常牛弘等修礼议乐，当朝典故多所裁正。开皇十四年，以疾去官，卒年七十。

寅恪案：《梁书》二七《明山宾传》（《南史》五十《明僧绍附山宾传》同）略云：

> （山宾）十三，博通经传。梁台建，为尚书驾部郎，迁治书侍御史，右军记室参军，掌治吉礼。时初置《五经》博士，山宾首膺其选，所著《吉礼仪注》二百二十四卷、《礼仪》二十卷、《孝经丧礼服义》十五卷。（参上文所引《隋书》三三《经籍志》"史部仪注类梁吉礼仪注"条。）

据此，山宾为梁代修定仪注之人，以礼学名世；克让承其父学，据梁朝之故事，修隋室之新仪；牛弘制定五礼，欲取资于萧梁，而求共事之人，则克让实其上选无疑也。

《隋书》八《礼仪志》略云：

> 开皇中，乃诏太常卿牛弘、太子庶子裴政，撰宣露布礼。

《梁书》二八《裴邃传》附之礼传(《南史》五八《裴邃传》同）云：

> 子政，承圣中，官至给事黄门侍郎。江陵陷，随例入西魏。

《隋书》六六《裴政传》(《北史》七七《裴政传》同）略云：

> 裴政，河东闻喜人也。高祖寿孙从宋武帝徙家于寿阳，祖邃梁侍中左卫将军豫州大都督，父之礼，廷尉卿。政幼明敏，博闻强记，达于时政，为当时所称。会江陵陷，与城中朝士俱送于京师，授员外散骑侍郎，引事相府，命与卢辩依《周礼》建六卿，设公卿大夫士，并撰次朝仪，车服器用，多遵古礼，革汉魏之法，事并施行。寻授刑部下大夫，转少司宪。政明习故事，又参定《周律》，用法宽平，无有冤滥。又善钟律。宣帝时，以忤旨免职。高祖摄政，召复本官。开皇元年，转率更令，诏与苏威等修定律令。政采魏晋刑典，下至齐梁，沿革轻重，取其折衷，同撰著者十有余人，凡疑滞不通，皆取决于政。

寅恪案：裴政为南朝将门及刑律世家，其与卢辩之摹仿《周礼》，为宇文泰文饰胡制，童牛角马，贻讥通识，殆由亡国俘囚受命为此，谅非其所长及本心也。故一入隋代，乃能与苏威等为新朝创制律令，上采魏晋，下迄齐梁，是乃真能用南朝之文化及己身之学业，以佐成北朝完善之制度者，与其在西魏、北周时迥不相同，今以其属于刑律范围，俟于后"刑律"章论之。

《隋书》五八《许善心传》(《北史》八三《文苑传·许善心传》同）略云：

许善心，高阳北新城人也。祖茂，父亨。善心家有旧书万余卷，皆遍通涉。祯明二年，加通直散骑常侍，聘于隋。遇高祖伐陈，礼成而不获反命，累表请辞。上不许，留絷宾馆。及陈亡，高祖敕以本官直门下省。〔开皇〕十七年，除秘书丞。〔仁寿〕二年，加摄太常少卿，与牛弘等议定礼乐。

寅恪案：《梁书》四十《许懋传》（《南史》六十《许懋传》同）略云：

尤晓故事，称为仪注之学。天监初，吏部尚书范云举懋参详五礼。时有请封会稽禅国山者，高祖雅好礼，因集儒学之士，草封禅仪，将欲行焉，懋以为不可，因建议，高祖嘉纳之，因推演懋议，称制旨以答，请者由是遂停。宋、齐旧仪，郊天祀帝皆用衮冕，至天监七年，懋始请造大裘。至是，有事于明堂，仪注犹云服衮冕。懋驳云：“《礼》云：‘大裘而冕，祀昊天上帝亦如之。’良由天神尊远，须贵诚质。今泛祭五帝，理不容文。”改服大裘，自此始也。又降敕问：“凡求阴阳，应各从其类，今雩祭燔柴，以火祈水，意以为疑。”懋答曰：“雩祭燔柴经无其文，良由先儒不思故也，请停用柴，其牲牢等物，悉从坎瘗，以符周宣《云汉》之说。”诏并从之。凡诸礼仪，多所刊正。

据此，许懋尤晓故事，以仪注之学著名梁时，又参详五礼，凡诸礼仪多刊正，则善心之预修隋礼，其梁陈故事，足供采择者，乃其家世专门之业也。

《隋书》六七《虞世基传》（《北史》八三《文苑传·虞世基传》同）略云：

虞世基，会稽余姚人也。父荔，陈太子中庶子。世基博学有高才，兼善草隶。陈中书令孔奂见而叹曰："南金之贵，属在斯人。"少傅徐陵一见而奇之，顾谓朝士曰："当今潘陆也。"因以弟女妻焉。仕陈，释褐建安王法曹参军事，迁中庶子散骑常侍尚书左丞。及陈灭归国，为通直郎，直内史省，未几，拜内史舍人。

《旧唐书》一九十上《文苑传·袁朗传》（《新唐书》二百一《文艺传上·袁朗传》同）略云：

> 袁朗，陈尚书左仆射枢之子。其先自陈郡仕江左，世为冠族，陈亡，徙关中。朗勤学，好属文，在陈，释褐秘书郎，甚为尚书令江总所重。尝制千字诗，当时以为盛作。陈后主闻而召入禁中，使为《月赋》，朗染翰立成。后主曰："观此赋，谢希逸不能独美于前矣。"又使为《芝草》《嘉莲》二颂，深见优赏，迁秘书丞。陈亡，仕隋为尚书仪曹郎。

寅恪案：明克让、裴政俱以江陵俘虏入西魏，许善心以陈末聘使值国灭而不归，其身世与庾信相似，虞世基、袁朗在陈时即有才名，因见收擢，皆为南朝之名士，而家世以学业显于梁、陈之时者也。隋修五礼，欲采梁、陈以后江东发展之新迹，则兹数子者，亦犹北魏孝文帝之王肃、刘芳，然则史所谓隋"采梁仪注以为五礼"者，必经由此诸人所输入，无疑也。（袁朗参预制定衣冠事见《隋书》一二《礼仪志》"大业元年诏"，《两唐书·朗本传》未载。）

今已略据史传，以考隋制五礼之三源，请更举《隋书·礼仪志》之文，以为例证。主旨在阐明隋文帝虽受周禅，其礼制多不上袭北周，而转仿北齐或更采江左萧梁之旧典，与其政权之授受，王业之继承，迥然别为一事，而与后来李唐之继杨隋者不同。此本极显著之常识，但近世之论史者，仍颇有误会，故不惮繁琐，重为申证，惟前文已征引者，则从略焉。

《隋书》六《礼仪志》略云：

> 后周宪章姬周，祭祀之式，多依《仪礼》。〔隋〕高祖受命，欲新制度，乃命国子祭酒辛彦之议定祀典。

寅恪案：此隋祀典不袭北周之例证也。
又同书同卷略云：

> 明堂在国之阳。梁初，依宋、齐，其祀之法，犹依齐制。礼有不通者，武帝更与学者议之。

寅恪案：此梁更易齐制，乃南朝后期与其前期演变不同之例证。隋制五礼既用代表南朝前期之（北）魏、（北）齐制，又不得不采代表南朝后期之梁制，以臻完备也。
又同书七《礼仪志》略云：

> 隋初因周制，定令亦以孟冬下亥蜡百神，腊宗庙，祭社稷。其方不熟，则阙其方之蜡焉。开皇四年十一月，诏曰："古称腊者，接也。取新故交接。前周岁首，今之仲冬，建冬之月，称蜡可也。后周用夏后之时，行姬氏之蜡，考诸先代，其义有违。其十月行蜡者停，可以十二月为腊。"于是始革前制。

寅恪案：此隋祀典不袭北周制之例证也。
又同书八《礼仪志》略云：

> 后魏每攻战克捷，欲天下知闻，乃书帛，建于竿上，名为露布。其后相因施行。开皇中，乃诏太常卿牛弘、太子庶子裴政撰宣露布礼。及九年平陈，元帅晋王以驿上露布，兵部奏请

依新礼宣行。

寅恪案：此为隋代修礼，承袭北魏遗产，而更与南朝专家考定之一例证。裴政本江陵陷后朝士被俘之一人，而以律学显名者也。详上文所引史传，兹不备述。

又同书十《礼仪志》略云：

> 舆辇之别，盖先王之所以列等威也。然随时而变，代有不同。梁初尚遵齐制，其后武帝既议定礼仪，乃渐有变革。
> 陈承梁末，王琳纵火，延烧车府。至天嘉元年，敕守都官尚书宝安侯到仲举议造玉、金、象、革、木等五辂及五色副车。此后渐修，具依梁制。

寅恪案：此南朝后期文物发展变迁，梁创其制而陈因之之例证也。

又同书同卷略云：

> 后魏天兴初诏仪曹郎董谧撰朝飨仪，始制轩冕，未知古式，多违旧章。孝文帝时，仪曹令李韶更奏详定，讨论经籍，议改正之，唯备五辂，各依方色，其余车辇，犹未能具。至熙平九年，明帝又诏侍中崔光与安丰王延明、博士崔瓒采其议，大造车服。自斯以后，条章粗备，北齐咸取用焉。其后因而著令，并无增损。

寅恪案：李韶、崔光传文前已征引，韶之家世代表河西文化，光之家世代表南朝前期文化，据此可知魏初之制多违旧章，得河西南朝前期之文化代表人物，始能制定一代新礼，足资后来师法。故北齐咸取用焉，其后因而著令，并无增损，是北齐文物即河西及南朝前期之遗产，得此为证，其事益明显矣。

又同书同卷略云：

> 及〔周〕平齐，得其舆辂，藏于中府，尽不施用。至大象初，遣郑译阅视武库，得魏旧物，取尤异者，并加雕饰，分给六宫，合十余乘，皆魏天兴中之所制也。宣帝至是，咸复御之。开皇元年，内史令李德林奏："周、魏舆辇乖制，请皆废毁。"高祖从之，唯留魏太和时仪曹令李韶所制五辂，齐天保所遵用者，又留魏〔肃宗〕熙平中太常卿穆绍议皇后之辂。

寅恪案：周袭魏天兴旧制，虽加雕饰，仍不合华夏文化正式系统也。李德林本北齐旧臣，当时礼制典章，尤所谙练（见前文所引），故请毁废而用魏太和、熙平，齐天保之制度，而此制度即魏孝文及其后嗣所采用南朝前期之文物，经北齐遂成为一系统结集者。此隋在文物上不继周而因齐之例证也。

又同书同卷略云：

> 象辂已下，旒及就数，各依爵品，虽依礼制名，未及创造。开皇三年闰十二月，并诏停造，而尽用旧物。至九年平陈，又得舆辇，旧著令者，以付有司，所不载者，并皆毁弃，虽从俭省，而于礼多阙。十四年，诏又以见所乘车辂，因循近代，事非经典，令更议定于是命有司详考故实，改造五辂及副。

> 大业元年，更制车辇，五辂之外，设副车。诏尚书令楚公杨素、吏部尚书奇章公牛弘、工部尚书安平公宇文恺、内史侍郎虞世基、礼部侍郎许善心、太府少卿何稠、朝请郎阎毗等，详议奏决，于是审择前朝故事，定其取舍云。

寅恪案：舆辇之制，隋文帝受禅不袭周而因齐，即因袭南朝前期之文物，经过魏太和、齐天保之结集者，而制度尚有所未备者，则南朝后期梁、陈之文物未能采用故也。开皇九年平陈，初持保守主义，其乘用以限于旧令所著，是以于礼多阙，盖欲求备礼，非更以南朝后期即梁、陈二代之发展者增补之不可，此开皇十四年所以有更议之诏也。又大业元年所命议制车辇诸臣，其中大部分前已论及，而虞世基、许善心则南朝后期文物即梁、陈文化之代表者，可为鄙说之例证也。至宇文恺、何稠、阎毗三人，俱特以工巧知名，其参与此役，盖由于此，将于下文"附论都城建筑"节中考证之，兹姑不涉及，以免枝蔓淆混焉。

又同书同卷略云：

> 属车（秦）为八十一乘。汉遵不改。法驾三十六乘，小驾十二乘。开皇中，大驾十二乘，法驾减半。大业初，属车备八十一乘，至三年二月，帝嫌其多，问起部郎阎毗。毗曰："臣共宇文恺参详故实，此起于秦，遂为后式，又据宋孝建时，有司奏议，晋迁江左，唯设五乘。尚书令建平王宏曰：'八十一乘，无所准凭，江左五乘，俭不中礼，今宜准此，设十二乘。'开皇平陈，因以为法令，宪章往古，大驾依秦，法驾依汉，小驾依宋，以为差等。"帝曰："大驾宜用三十六，法驾宜用十二，小驾除之可也。"

> 皇后属车三十六乘。初宇文恺、阎毗奏定，请减乘舆之半。礼部侍郎许善心奏驳曰："又宋孝建时，议定舆辇，天子属车，十有二乘。至大明元年九月，有司奏皇后副车，未有定式，诏下礼官，议正其数。博士王燮之议："谓十二乘通关为允"。宋帝从之，遂为后式，今请依乘舆，不须差降。"制曰："可。"

寅恪案：属车之数，晋迁江左为五乘，宋改十二乘，开皇平陈，因以为法令，虽曰依宋，实因平陈之故得以效法。至许善心驳皇后属车之数不应差降，请从宋制为准，则南朝旧臣以其所习为隋代制度之准凭，于此可见。此隋文制礼兼采南朝文物之例证也。

又同书——《礼仪志》略云：

> 自晋左迁，中原礼仪多缺。后魏天兴六年，诏有司始制冠
> 冕，各依品秩，以示等差，然未能皆得旧制。至太和中，方考
> 故实，正定前谬，更造衣冠，尚不能周洽。及至熙平二年，太
> 傅清河王怿、黄门侍郎韦廷祥等，奏定五时朝服，准汉故事，
> 五郊衣帻，各如方色焉。及后齐因之。河清中，改易旧物，着
> 令定制云。
>
> 后周设司服之官，掌皇帝十二服。〔又〕诸公、侯、伯、
> 子、男、三公、三孤、公卿、上中下大夫、士之服。
>
> 〔又〕皇后衣十二等。
>
> 〔周〕宣帝即位，受朝于路门，初服通天冠，绛纱袍。群
> 臣皆服汉魏衣冠。

寅恪案：周宣帝即位当时已服汉魏衣冠。所谓汉魏衣冠，即自
北魏太和迄北齐河清时期北朝所输入之晋南迁以后江左之文物也。
周灭齐不久，即已采用齐之制度，然则隋之采用齐制，不过随顺当
日之趋势，更加以普遍化而已。此点当于后论府兵制时详之，兹即
就礼制言，亦最显之例证也。

又《通鉴》一七三《陈纪》"太建十一年春正月癸巳周主受朝
于露门，始与群臣服汉魏衣冠"条，胡《注》云：

> 以此知后周之君臣，前此盖胡服也。

寅恪案：前此后周之君臣平时常服或杂胡制，而元旦朝贺，即
服用摹拟《礼经》古制之衣冠，《隋书》一一《礼仪志》文，后周
设司服之官下所列君臣衣冠诸制是也。此种摹仿古制之衣冠，当然
于正式典礼如元旦朝贺时服用之。史载宣帝君臣服用汉魏衣冠者，

乃不依后周先例服用摹仿礼经古制之衣冠，而改用东齐所承袭南朝北魏制度之意。旧史论官制时往往以《周官》与汉魏对文亦此意也。若依胡氏之说，岂后周既仿古制定衣冠，而不于正式典礼时用之，更将于何时用之乎？梅碃本通人，于此尚偶有未照，然则此书之分析系统，追溯渊源，其语似甚繁，其事似甚琐，而终不能不为之者，盖有所不得已也。

又《隋书》一二《礼仪志》略云：

〔隋〕高祖初即位，将改周制，乃下诏曰："祭祀之服，须合礼经，宜集通儒，更可详议！"太子庶子摄太常少卿裴正（寅恪案："正"疑当作"政"，但《隋书》《北史》"裴政传"俱言"政"，转左庶子，而未载其摄太常少卿，俟考）奏曰："窃见后周制冕，加为十二，既与前礼数乃不同，而色应五行，又非典故，且后魏以来，制度咸阙。天兴之岁，草创缮修，所造车服，多参胡制，故魏收论之，称为违古，是也。周氏因袭，将为故事，大象承统，咸取用之。舆辇衣冠甚多迂怪。今皇隋革命，宪章前代，其魏、周辇辂不合制者，已敕有司尽令除废。然衣冠礼器，尚且兼行。乃有立夏衮衣，以赤为质，迎秋平冕，用白成形，既越典章，须革其谬。谨案《续汉书·礼仪志》云："立春之日京都皆着青衣。"秋夏悉如其色。逮于魏晋，迎气五郊，行礼之人，皆同此制。考寻故事，唯帻从衣色。今请冠及冕，色并用玄，唯应着帻者，任依汉晋。"制曰："可！"于是定令，采用东齐之法。

寅恪案：此隋制礼服不袭周而因齐之例证也。齐又袭魏太和以来所采用南朝前期之制，而江左之制源出自晋，上溯于汉，故曰汉晋，其引《续汉书·礼仪志》以为依据，尤其明征也。至其目北周车服为迂怪，乃以古礼文饰胡俗所必致，大抵宇文泰之制作皆可以迂怪目之，岂仅车服而已，后之论史者往往称羡宇文氏之制度，若

56

闻裴氏之言，当知其误矣。

又同书同卷略云：

〔隋〕高祖元正朝会，方御通天服，郊丘宗庙，尽用龙衮衣，大裘冕祛皆未能备。至平陈，得其器物，衣冠法服，始依礼具。然皆藏御府，弗服用焉。及大业元年，炀帝始诏吏部尚书牛弘、工部尚书宇文恺、兼内史侍郎虞世基、给事郎许善心、仪曹郎袁朗等，宪章古制，创造衣冠，自天子逮于胥皂，服章皆有等差。若先所有者，则因循取用。弘等议定乘舆服，合八等焉。

寅恪案：史言隋高祖平陈，得其器物，衣冠法物，始依礼具，然则南朝后期文物之发展与隋代制度之关系密切如此。故梁、陈旧人若虞世基、许善心、袁朗等尤为制定衣冠不可少之人，此隋制礼兼资梁、陈之例证也。

又同书同卷略云：

通天冠之制，《晋起居注》成帝咸和五年制诏殿内曰："平天通天冠，并不能佳，可更修理之。"虽在《礼》无文，故知天子所冠，其来久矣。

寅恪案：虽在《礼》无文，而为东晋南朝所习用者，即为典据，盖与北周制法服之泥执《周官》者不同。此隋制礼径据江东习俗为典据，而不泥经典旧文以承北周制度之例证也。

又同书同卷略云：

始后周采用《周礼》，皇太子朝贺，皆衮冕九章服。开皇初，自非助祭，皆冠远游冠。至此，牛弘奏云："皇太子冬正大朝，请服衮冕。"帝问给事郎许善心曰："太子朝谒着远游

57

冠，有何典故？"对曰："晋令皇太子给五时朝服远游冠。至宋泰始六年，更议《仪注》，仪曹郎丘仲起议：'案《周礼》，公自衮冕已下，至卿大夫之玄冕，皆其朝聘之服也。谓宜式遵盛典，服衮朝贺。'兼左丞陆澄议：'服冕以朝，实著经典，自秦除六冕之制，后汉始备古章。魏晋以来，非祀宗庙，不欲令臣下服于衮冕，故太子入朝，因亦不着。宜遵前王之令典，革近代之陋制，皇太子朝，请服冕。'自宋以下，始定此仪。至梁简文之为太子，嫌于上逼，还冠远游，下及于陈，皆依此法，后周之时，亦言服衮入朝，至于开皇，复遵魏晋故事。臣谓皇太子着远游谦不逼尊，于礼为允。"帝曰："善！"竟用开皇旧式。

寅恪案：此节可取作例以为证明者，即隋代制礼实兼采梁、陈之制，虽北周之制合于经典，牛弘亦所同意，然炀帝从许善心之言，依魏晋故事，不改开皇旧式，盖不欲泥经典旧文，而以江东后期较近之故事为典据，可知北齐间接承袭南朝前期之文物尚有所不足，不得不用梁、陈旧人以佐参定也。

又同书同卷略云：

> 梁武受禅于齐，侍卫多循其制，陈氏承梁，亦无改革。齐文宣受禅之后，警卫多循后魏之仪。及河清中定令，宫卫之制云云。(从略)
> 后周警卫之制，置左右宫伯，掌侍卫之禁，各更直于内。
> 〔隋〕高祖受命，因周、齐宫卫，微有变革。

寅恪案：宫卫之制关涉兵制，当于后"兵制"章详之，兹姑置不论。但史述隋宫卫之制谓因于周、齐而微有变革，绝与南朝梁、陈无涉，此为论隋唐兵制之要见，亦隋兼袭齐制之例证也。

隋修五礼，其所据之三源已略考证之矣。李唐承隋礼制，亦因其旧，此学者所共知，无待详考，今惟略引一二旧文，以备佐证云尔。《唐会要》三七《五礼篇目门》（《旧唐书》二十一《礼仪志》略同）云：

武德初，朝廷草创，未遑制作，郊祀享宴，悉用隋代旧制。至贞观初，诏中书令房玄龄、秘书监魏徵、礼官学士备考旧礼，著《吉礼》六十一篇、《宾礼》四篇、《军礼》二十篇、《嘉礼》四十二篇、《凶礼》六篇、《国恤礼》五篇，总一百三十八篇，分为一百卷。初玄龄与礼官建议，以为《月令》蜡法，唯祭天宗，谓日月以下，近代褅，五天帝、五人帝、五地祇皆非古典，今并除之。神州者国之所托，余八州则义不相及，近代通祭九州，今唯祭皇地祇及神州，以正祀典。又皇太子入学及太常行山陵、天子大射、合朔、陈五兵于太社、农隙讲武、纳皇后行六礼、四孟月读时令、天子上陵、朝庙、养老于辟雍之礼，皆周、隋所阙，凡增二十九条，余并依古礼。七年正月二十四日献之，诏行用焉。

《新唐书》一一《礼乐志》云：

唐初，即用隋礼。至太宗时中书令房玄龄、秘书监魏徵，典礼官、学士等因隋之礼，增以天子上陵、朝庙、养老、大射、讲武、读时令、纳皇后、皇太子入学、太常行陵、合朔、陈兵太社等为《吉礼》六十一篇、《宾礼》四篇、《军礼》二十篇、《嘉礼》四十二篇、《凶礼》十一篇，是为《贞观礼》。高宗又诏太尉长孙无忌等增之为一百三十卷，是为《显庆礼》。（玄宗开元）十四年，通事舍人王喦上疏，请删去《礼记》旧文，而益以今事，诏付集贤院议。学士张说以为唐《贞观》《显庆礼》仪注前后不同，宜加折衷，以为唐礼。乃诏集贤院学士右散骑常侍徐坚、左拾遗李锐及太常博士施敬本撰述，历年未就而锐卒，萧嵩代锐为学士，奏起居舍人王仲丘撰定，为一百五十卷，是为《大唐开元礼》。由是，唐之五礼之文始备，而后世用之，虽时小有损益，不能过也。

寅恪案：《唐会要》及《旧唐书》之所谓古礼，参以《新唐书》之文，足知即为隋礼。然则唐高祖时固全袭隋礼，太宗时制定之《贞观礼》，即据隋礼略有增省，其后高宗时制定之《显庆礼》，亦不能脱此范围，玄宗时制定之《开元礼》，乃折中《贞观》《显庆》二礼者，故亦仍间接袭用隋礼也。既"后世用之不能大过"，是唐礼不亡即隋礼犹存，其所从出之三源者，亦俱托唐礼而长存也。然则治李唐一代之文物制度者，于上所列举之三源，究其所出，穷其所变，而后其嬗蜕演化之迹象，始有系统可寻矣。

附：都城建筑

唐之宫城承隋之旧，犹清之宫城承明之旧，但其事至明显，无取多述，但举一证，如《旧唐书》三八《地理志·关内道》所云：

> 京师，秦之咸阳，汉之长安也。隋开皇二年，自汉长安故城东南移二十里置新都，今京师是也。

即已足矣，然隋创建新都大兴城，其宫市之位置与前此之长安不同，世有追究其所以殊异之原因，而推及隋代营造新都者家世之所出，遂以为由于北魏胡族系之实行性者（见《桑原骘藏还历纪念东洋史论丛》、那波利贞氏《从支那首都计画史上考察唐之长安城》）。寅恪则谓，隋创新都，其市朝之位置所以与前此之长安殊异者，实受北魏孝文营建之洛阳都城及东魏、北齐之邺都南城之影响，此乃隋代大部分典章制度承袭北魏太和文化之一端，与其以北魏胡族系之实行性一点为解释，毋宁就杨隋一代全部典章制度立论较易可通，或竟以太和洛都新制归功于河西系汉族之实行性，似尚可备一说，以资参考也。又隋代新都其市朝位置之异于前者，虽非由于北魏胡族系之实行性，然隋代之技术人才则颇与西胡种族有关，此固别为一事，以其与前所论中古时代汉族之家学一点相类，亦不可置而不论，故兹先论隋唐两朝制度与北魏太和文化之关系，后附述隋代技术人才之家世，所以补上文论"隋大业元年制定车辇"条之所未备言者也。

《周官·考工记·匠人》云：

面朝背市。

其解释虽谓宫在正中，朝在其南，而市在其北。然仅从宫与市位置言，即是宫位于市之南，或市位于宫之北也。《考工记》之作成时代颇晚，要乃为儒家依据其所得之材料，而加以理想化之书，则无可疑，故其所依据《匠人》营国之材料其中必有为当时真正之背景者。据古今学人论汉初南北军制之言（详见前中央研究院社会科学研究所"兵制研究专号"上贺昌群先生南北军论文中所征引），推知西汉首都之长安"司马门在未央宫之南，直抵长安城垣，并无坊市，而未央宫、长乐宫则六街三市"，是与隋唐首都之大兴、长安城其宫位于首都之北部，市则位于南部者适为相反。然则西汉首都宫市之位置与《考工记·匠人》之文可谓符合，岂与是书作成之时代有关耶？至唐代则守卫宫城北门之禁军，以其驻屯地关系之故，在政变之际，其向背最足为重轻，此李唐一代中央政治革命之成败所以往往系于玄武门卫军之手者也。（此点本甚明显，一检史文便可证知，惟唐武德九年六月四日玄武门之变，太宗所以能制胜建成、元吉者，其关键实在守玄武门之禁军，而旧史记载殊多隐讳，今得巴黎图书馆藏敦煌写本伯希和号二六四十李义府撰《常何墓志铭》以供参证，于当日成败所以然之故益了然可知矣。）

又若依寅恪前所持文化渊源之说，则太和洛阳新都之制度必与江左、河西及平城故都皆有关无疑，《南齐书》五七《魏虏传》略云：

> 平城南有干水，出定襄堺，流入海，去城五十里，世号为索干都。土气寒凝，风砂恒起，六月雨雪。议迁都洛京。〔永明〕九年，遣使李道固、蒋少游报使。少游有机巧，密令观京师宫殿楷式。清河崔元祖启世祖曰："少游，臣之外甥，特有公输之思。宋世陷虏，处以大匠之官。今为副使，必欲模范宫阙。岂可令毡乡之鄙，取象天宫？臣谓且留少游，令使主反命。"世祖以非和通意，不许。少游，乐安人。虏宫室制度，皆从其出。

寅恪案：建康台城虽颇近城北，然其宫城对于其地山川形势与北魏洛都有异，故洛都全体计画，是否真与建康有关，殊难论断。但《魏书》《北史》"蒋少游传"（见前引）言："后于平城将营太庙太极殿，遣少游乘传诣洛，量准魏晋基址。后为散骑侍郎，副李彪使江南"，故魏孝文之遣少游使江左，自有摹拟建康宫阙之意。崔元祖之言不为虚发，但恐少游所摹拟或比较者，仅限于宫殿本身，如其量准洛阳魏晋庙殿之例，而非都城全部之计画。史言"虏宫室制度皆从此出"，则言过其实，盖北魏洛阳新都之全体计画中尚有平城、河西二因子，且其规画大计亦非少游主之。然则不得依《南齐书·魏虏传》之文，遽推断北魏洛都新制悉仿江左之建康明矣。

至平城旧都规制必有影响于洛阳新都，自无疑义，但当日平城宫城规制颇不易考知，《南齐书》五七《魏虏传》略云：

> 什翼珪始都平城，犹逐水草，无城郭，木末始土著居处。佛狸破梁（凉？）州（指北凉沮渠氏），黄龙（指北燕冯氏），徙其居民，大筑郭邑。截平城西为宫城，其郭城绕宫城南，悉

筑为坊，坊开巷。坊大者容四五百家，小者六七十家。

寅恪案：魏徙凉州之人民于平城，建筑雕刻艺术受其影响，如云冈石窟即其例证，故魏平凉州后，平城之新建筑如郭城绕宫城南，悉筑为坊一点，与后之东魏邺都南城之制颇有近似之处，盖皆就已成之现实增修，以摹拟他处名都之制者（平城新制拟凉州都会，而邺都南城不得不拟洛阳新都）。如是迁就，其详容后证述，总之史料既太略，魏平城新制所受河西文化之程度如何，则不宜辄加论断也。

但依较详之史料考察，关于北魏洛都新制所受河西文化之影响，可得而言者，则有主建洛阳新都之人即李冲之家世一端。其人与河西关系密切，不待详述，故引史文以资论证，并据简略史料推测凉州都会姑臧宫城之规制。若所推测者不误，则是平城规制之直接影响于洛阳新都者亦即河西文化之间接作用也。《魏书》七下《高祖纪》（《北史》三《魏本纪》同）云：

（太和十七年）冬十月戊寅朔，幸金墉城。诏司空穆亮与尚书李冲、将作大匠董爵经始洛京。

寅恪案：北魏孝文帝迁都洛阳，其营建之任委之穆亮、李冲及董爵（《通鉴》一三九"齐纪永明十一年"作董尔）三人。此三人中穆亮仍代北旧人具有勋贵之资望，且职为司空，营国之事本冬官所掌，故以之领护此役；董爵则官将作大匠，建筑是其职务，故不得不使之参预其事；其实洛阳新都之规制悉出自李冲一人。《魏书·李冲传》所谓："冲机敏有巧思，及洛都初基，安处郊兆，新起堂寝，皆资于冲。"（前文已引。）者，是其明证也。北魏太和洛阳营建规制今日尚可于杨衒之《洛阳伽蓝记》一书约略得知，而其显异于前北国都皇居在南市场在北之特点，亦可于吴若准《洛阳伽蓝记集证》、唐晏《洛阳伽蓝记钩沉》所附图见之，不待详证也。

然则北魏洛都新制所以异于经典传统面朝背市之成规者，似不得不于河西系汉族李冲本身求之，而凉州都会之规模，及其家世旧闻之熏习，疑与此洛都新制不无关涉。兹设此假想，分别证述之如下：

《魏书·李冲传》云：

> 葬于覆舟山，近杜预冢，高祖之意也。（前文已引。）

盖晋之杜预以儒者而有巧思，其所创制颇多，见《晋书》三四《杜预传》，兹不具述，惟其中请建河桥于富平津一事尤与西晋首都洛阳之交通繁盛有关，甚为晋武帝赞赏。魏孝文之令李冲葬近杜预冢非仅有取于预遗令俭约之旨，亦实以冲之巧思有类乎预，故以此二人相比方也。《洛阳伽蓝记》三，其叙城南略云：

> 宣阳门外四里，至洛水上，作浮桥，所谓永桥也。永桥以南，圜丘以北，伊、洛之间，夹御道，东有四夷馆：西夷来附者，处崦嵫馆，赐宅慕义里。自葱岭以西，至于大秦，百国千城，莫不款附。商胡贩客，日奔塞下。所谓尽天地之区矣。乐中国土风因而宅者，不可胜数，是以附化之民，万有余家。门巷修整，阊阖填列。青槐荫陌，绿柳垂庭。天下难得之货，咸悉在焉。别立市于洛水南，号曰四通市，民间谓永桥市。伊、洛之鱼，多于此卖，士庶须脍，皆诣取之。鱼味甚美。京师语曰："洛鲤伊鲂，贵于牛羊。"

据此，北魏洛阳城伊洛水旁乃市场繁盛之区，其所以置市于城南者，殆由伊洛水道运输于当日之经济政策及营造便利有关，此非全出假想也，请更证之以《魏书》七九《成淹传》（《北史》四六《成淹传》同），其传文略云：

> 成淹，上谷居庸人也。自言晋侍中粲之六世孙。祖昇家于

北海，父洪名犯显祖庙讳，仕刘义隆，为抚军府中兵参军。刘彧以为员外郎，假龙骧将军，领军主，令援东阳、历城。皇兴中，降慕容白曜，赴阙，授著作郎。太和中，文明太后崩，萧赜遣其散骑常侍裴昭明、散骑侍郎谢竣等来吊，欲以朝服行事，执志不移。高祖敕尚书李冲，令选一学识者更与论执，冲奏遣淹。既而高祖遣李冲问淹昭明所言，淹以状对。高祖诏冲曰："我所用得人。"赐淹果食。高祖幸徐州，敕淹与闾龙驹等主舟楫，将泛泗入河，溯流还洛，军次碻磝，淹以黄河浚急，虑有倾危，乃上疏陈谏。高祖敕淹曰："朕以恒代无运漕之路，故京邑民贫，今移都伊洛，欲通运四方，而黄河急浚，人皆难涉。我因有此行，必须乘流，所以开百姓之心，知卿至诚，而今者不得相纳。"敕赐骅骝马一匹，衣冠一袭。于时官殿初构，经始务广，兵民运材，日有万计，伊、洛流渐，苦于厉涉，淹遂启求，敕都水造浮航。高祖赏纳之，意欲荣淹于众，朔旦受朝，百官在位，乃赐帛百匹，知左右二都水事。

据此，得知魏孝文迁洛原因，除汉化及南侵二大计画外，经济政策亦为其一。夫迁都既有经济原因，则建置新都之宫阙、市场，更不能不就经济观点加以考虑。洛阳之地，本西晋首都旧址，加以扩充，则城南伊、洛二川之傍水道运输颇为便利，设置市场，乃最适宜之地。又成淹以南朝降人而受孝文帝之知赏，固由李冲之荐引，亦因淹本籍青州，习于水道运输。观其请建浮航及孝文令其主舟楫并知左右都水事等，可以推知。盖与蒋少游之隶籍青州（乐安博昌），故孝文修船乘，任之为都水使者，其事相类也（见前引《魏书·蒋少游传》）。但此经济政策其最高主动者虽为孝文帝本身，然洛都营建，李冲实司其事，故一反传统面朝背市之制，而置市场于城南者，当出于李冲之规画。盖李冲乃就地施工主持建设之人，此事非与之有关不可。此寅恪所以言与其就北魏胡族系之实行性以为解释，毋宁归功于河西系汉族李冲之实行性，较易可通也。

至于关系李冲河西家世一点，姑就假想试为略论，聊备一说而已，殊不可视作定论也。

李冲为西凉李暠之曾孙，其对于凉州之亲故乡里，尤所笃爱，至以此获讥于世。前引《李冲传》文以论河西文化节中已言之，兹不复详。故由史文推证，可知冲乃一保存乡里土风国粹（西凉国也）之人物无疑也。今据一二简略史文推测，似凉州都邑颇有官在城北而市在城南之状况，如《晋书》一二二《吕纂载记》所载：

> 纂，光之庶长子也。符坚时入太学，及坚乱，西奔上邽，转至姑臧，拜武贲中郎将，封太原公。光死，绍嗣伪位。〔吕〕遣尚书姜纪密告纂曰："辙欲远追废昌邑之义，以兄为中宗，何如？"纂于是夜率壮士数百，逾北城，攻广夏门，弘率东苑之众研洪范门。左卫齐从守融明观，逆问之曰："谁也？"众曰："太原公。"从曰："国有大故，主上新立，太原公行不由道，夜入禁城，将为乱邪？"因抽剑直前，研纂中额，纂左右擒之，纂曰："义士也，勿杀！"绍遣武贲中郎将吕开率其禁兵距战于端门。众素惮纂，悉皆溃散。纂入自青角门，升于谦光殿，绍登紫阁自杀。

《水经注》四十"都野泽"条引王隐《晋书》（参《艺文类聚》六三及《太平御览》一九七所引）云：

> 凉州有龙形，故曰卧龙城，南北七里，东西三里，本匈奴所筑。也乃张氏之世居也，又增筑四城箱各千步。东城殖园果，命曰讲武场；北城殖园果，命曰玄武圃，皆有官殿。中城内作四时官，随节游幸。并旧城为五，街衢相通，二十二门。大缮宫殿观阁，采绮妆饰，拟中夏也。

《通鉴》一一一"晋纪隆安三年凉王光疾甚"条，胡注云：

广夏门、洪范门，皆中城门也。青角门，盖凉州中城之东门也。

《太平御览》一六五《州郡部》"凉州"条引《晋书》云：

惠帝末，张轨求为凉州，于是大城此城（姑臧），为一府会以据之，号前凉，吕光复据之，号后凉。

若详绎上引简略残缺之史料，则知姑臧之中城即张氏、吕氏有国之宫城，齐从所谓"禁城"者是也。张氏筑宫摹拟中夏，则前后二凉，其城门之名，必多因袭晋代洛阳之旧，考《〈洛阳伽蓝记〉序》云：

太和十七年，后魏高祖迁都洛阳，诏司空穆亮营造宫室，洛阳城门依魏晋旧名。北面有二门：西头曰大夏门，汉曰夏门，魏晋曰大夏门；东头曰广莫门，汉曰谷门，魏晋曰广莫门，高祖因而不改。自广莫门以西，至于大夏门，宫观相连，被诸城上也。

据此，则吕纂逾姑臧北城所攻之广夏门，必略与晋代洛阳之大夏门、广莫门相当，乃其中城即宫城或禁城之北门。又依王隐所记张氏增筑北城，命之曰圃，既殖园果，复有宫殿，是由增筑之北城直抵王宫，其间自不能容市场之存在，盖与经典传统背市之说不合。夫姑臧之宫既在中城，其增筑之北城及东城皆殖果木，俱无容纳市场之余地，自不待言。且其城南北长、东西狭，故增筑之东西城地域甚小，而增筑之南城则面积颇广，然则以通常情势论，姑臧市场在增筑之南城，即当中城前门之正面，实最为可能。若所推测者不误，是前后凉之姑臧与后来北魏之洛阳就"宫在北、市在南"一点言之，殊有相似之处。又姑臧本为凉州政治文化中心，复经张氏增修，遂成河西模范标准之城邑，亦如中夏之有洛阳也。但其城本为匈奴旧建，当张氏增筑时其宫市位置为迁就旧址之故，不能与中国经典旧说符合。李冲受命规画洛阳新制，亦不能不就西晋故都遗址加以改善，殆有似张氏之增筑姑臧城者，岂其为河西家世遗传所熏习，无意之中受凉州都会姑臧名城之影响，遂致北魏洛都一反汉制之因袭，而开隋代之规模欤？此前所谓姑作假想，姑备一说，自不得目为定论者也。

夫北魏洛都新制其所以殊异于前代旧规之故，虽不易确知，然东魏邺都南城及隋代大兴即唐代长安之都邑建置全部直受北魏洛都之影响，此乃文化染习及师承问题，与个人家世及性质无涉。故修建邺都南城之高隆之为汉种，计划大兴新都之宇文恺为胡族，种族纵殊，性质或别，但同为北魏洛都文化系统之继承人及摹拟者，则无少异。总而言之，全部北朝史中凡关于胡汉之问题，实一胡化、汉化之问题，而非胡种、汉种之问题，当时之所谓胡人、汉人，大抵以胡化、汉化而不以胡种、汉种为分别，即文化之关系较重而种族之关系较轻，所谓有教无类者是也。此意非此书所能详尽，要为论北朝史事不可不知者，遂亦略著其意于此。

《北史》五四《高隆之传》（《北齐书》一八《高隆之传》略同）略云：

> 高隆之，洛阳人也。为阉人徐成养子，少时赁升为事，或曰父干为姑婿高氏所养，因从其姓。隆之后有参定功，神武命为弟，仍云勃海蓚人。后从起兵于山东，累迁并州刺史，入为尚书右仆射，又领营构大匠，以十万夫撤洛阳宫殿运于邺。构营之制，皆委隆之。增筑南城，周二十五里，以漳水近帝城，起长堤以防泛溢，又凿渠引漳水周流城郭，造水碾硙，并有利于时。太仆卿任集（《北齐书》作"太府卿任集"，《通鉴》一五七《梁纪》"大同元年十一月甲午（寅）东魏闾阖门灾"条作"太府卿任忻集"）同知营构。

《北齐书》三八《辛术传》（《北史》五十《辛雄传》附术传同）略云：

> 辛术，少明敏，有识度，解褐司空胄曹参军，与仆射高隆之共典营构邺都宫室。术有思理，百工克济。

《魏书》一二《孝静纪》（《北史》五《魏本纪》同）略云：

> （天平元年十月）丙子，车驾北迁于邺。庚寅，车驾至邺，居北城相州之廨。
>
> （二年八月）甲午，发众七万六千人营新宫，冬十有一月甲寅，阊阖门灾。
>
> 四年夏四月辛未迁七帝神主入新庙，大赦天下，内外百官普进一阶。六月己巳，幸华林园理讼，壬午，阊阖门灾。
>
> （元象元年）六月壬辰，帝幸华林都堂听讼。
>
> （兴和元年）冬十有一月癸亥，以新宫成，大赦天下，改元。
>
> （二年）春正月丁丑徙御新宫，大赦，内外百官普进一阶，营构主匠别优一阶。三年冬十月己巳，发夫五万人筑漳滨堰，三十五日罢。

寅恪案：东魏邺都之制，可略于葛逻禄乃贤《河朔访古记（中）》及顾炎武《历代帝王宅京记》一二所考窥见梗概，兹不备引。其宫市位置及门阙名称无一不沿袭洛都之旧，质言之，即将洛阳全部移徙于邺是也。其司营构之任而可考知者，如高隆之、任集、辛术诸人，其男女系之血统虽不尽悉，但可一言以蔽之，北魏洛阳都邑环境中所产生之人物而已。观于主持营构者高隆之一《传》，即知东魏及高齐之邺都之新构，乃全袭北魏太和洛阳之旧规，无复种族性质之问题，直是文化系统之关系，事实显著，不待详论也。

兹请考隋造新都大兴城之经过。《隋书》一《高祖纪上》（《北史》一一《隋本纪上》同）略云：

> 开皇二年六月丙申，仍诏左仆射高颎、将作大匠刘龙、巨鹿郡公贺娄子干、太府少卿高龙叉等创造新都，十月辛卯，以营新都副监贺娄子干为工部尚书，十二月丙子名新都曰大兴城。三年春正月庚子，将入新都，大赦天下。三月丙辰，雨，常服入新都。

《唐六典》（近卫本）七"工部郎中员外郎"条略云：

> 今京城，隋文帝开皇二年六月诏左仆射高颎所置，南直终南山子午谷，北据渭水，东临浐川，西次潏水。太子左庶子宇文恺创制规谋，将作大匠刘龙、工部尚书贺娄子干、太府少卿高龙叉并充检校。至三年三月，移入新都焉，名曰大兴城。东西十八里一百一十五步，南北十五里一百七十五步。墙高一丈八尺，皇城之南，东西十坊，南北九坊；皇城之东、西各一十二坊，两市居四坊之地，凡一百一十坊。开元十四年，又取东面两坊为兴庆宫。

《北史》七二《高颎传》（《隋书》四一《高颎传》略同）略云：

> 高颎，自言勃海蓨人也。其先因官北边，没于辽左。曾祖暠，以太和中自辽东归魏，官至卫尉卿。祖孝安，位兖州刺史。父宾，仕东魏。大统六年，避谗弃官奔西魏，独孤信引宾为僚佐，赐姓独孤氏。及〔隋文〕帝受禅，拜尚书左仆射、纳言，领新都大监，制度多出于颎。

《隋书》五三《贺娄子干传》（《北史》七三《贺娄子干传》同）略云：

贺娄子干，本代人也。随魏氏南迁，世居关右。祖道成，魏侍中太子太傅；父景贤，右卫大将军。子干少以骁武知名，周武帝时释褐司水上士，称为强济，累迁小司水，以勤劳封思安县子。大象初，领军器监。开皇元年，进爵巨鹿郡公。其年吐谷浑寇凉州，子干以行军总管从上柱国元谐击之，功最，优诏褒美。高祖虑边塞未安，即令子干镇凉州。明年征授营新都副监，寻拜工部尚书。其年，突厥复犯塞，以行军总管从窦荣定击之。

《周书》一九《宇文贵传》（《北史》六十《宇文贵传》同）略云：

宇文贵，其先昌黎大棘人也，徙居夏州，父莫豆干，〔子〕恺。

《隋书》六八《宇文恺传》（《北史》六十《宇文贵传》附恺传及《周书》一九《宇文贵传》略同）略云：

恺少有器局，家世武将，诸兄并以弓马自达。恺独好学，博览书记，解属文，多伎艺，号为名父公子。及〔隋高祖〕践阼，诛宇文氏，恺初亦在杀中，以其与周本别，兄忻有功于国，使人驰赦之，仅而得免。后拜营宗庙副监太子左庶子。及迁都，上以恺有巧思，诏领营新都副监。高颎虽总其大纲，凡所规画，皆出于恺。后决渭水达河，以通运漕，诏恺总督其事。兄忻被诛，除名于家，久不得调，会朝廷以鲁班故道久绝不行，令恺修复之。既而上建仁寿宫，访可任者，右仆射杨素言恺有巧思，上然之，于是检校将作大匠，岁余拜仁寿宫监，授仪同三司，寻为将作少监。文献皇后崩，恺与杨素营山陵事。炀帝即位，迁都洛阳，以恺为营东都副监，寻迁将作大匠。恺揣帝心在宏侈，于是东京制度穷极壮丽，帝大悦之，拜工部尚书。及长城之役，诏恺规度之。时帝北巡，欲夸戎狄，令恺为大帐，其下坐数千人；又造观风行殿，上容侍卫者数百人，离合为之，下施轮轴，推移倏忽，有若神功，戎狄见之，莫不惊骇。自永嘉之乱，明堂废绝，隋有天下，将复古制，议者纷然，皆不能决。恺博考群籍，奏《明堂议表》曰："《宋起居注》曰：'孝武帝大明五年立明堂。'梁武即位之后，移宋时太极殿以为明堂。平陈之后，臣得目观，遂量步数，纪其丈尺。犹见基内有焚烧残柱，毁斫之余，入地一丈，俨然如旧。柱下以樟木为跗，长丈余，阔四尺许，两两相并，凡安数重。宫城处所，乃在郭内。虽湫隘卑陋，未合规摹，祖宗之灵，得崇严祀。周齐二代，阙而不修，大飨之典，于焉靡托。（臣）研究众说，总撰今图，其样以木为之。"帝可其奏。会辽东之役，事不果行。卒官。撰《东都图记》二十卷、《明堂图议》二卷、《释疑》一卷，见行于世。

同书同卷《何稠传》附刘龙传（《北史》九十《艺术传下·何稠传》附刘龙传同）云：

开皇时，有刘龙者，河间人也。性强明，有巧思，齐后主知之，令修三爵台，甚称旨，因而历职通显。及高祖践阼，大见亲委，拜右卫将军，兼将作大匠。迁都之始，与高颎参掌制度，代号为能。

《北齐书》一四《长乐太守灵山传》（《北史》五十《齐宗室诸王传上·长乐太守灵山传》同）云：

义少谨。武平末，给事黄门侍郎。隋开皇中，为太府少卿，坐事卒。

寅恪案：隋代营建大兴新都城即后来唐代长安城诸人，除贺娄子干及宇文恺外，高颎、刘龙及高龙叉即高义，或家世久居山东，或本为北齐宗室及遗臣，俱可谓洛阳邺都系文化之产物。《高颎传》虽言新都"制度多出于颎"，然《宇文恺传》又谓"高颎虽总其大纲，凡所规画皆出于恺"，又《唐六典》以为"宇文恺创制规模"，故知高颎之于营建新都，殆不过以宰相资望领护其事，如杨素领护制定五礼之比，吾人可不必于颎本身性质及其家世多所推究也。贺娄子干虽于开皇三年六月任营新都副监，但是年即率兵出击突厥，居职甚暂，实无足述。刘龙在北齐本以修宫室称旨，致位通显，《隋书》无《高龙叉传》，而《北齐书》《北史》齐宗室《高灵山传》附有高义事迹，谓其于隋开皇中为太府少卿，则开皇二年六月丙申命营新都诏书中之太府少卿高龙叉当即其人无疑。然则邺都南城之制即太和洛阳之遗，必至少由刘龙、高义二人输入于隋也。至宇文恺一人盖与山东地域无关，而大兴新制彼独主其事，似难解释，鄙意宇文恺、阎毗、何稠三人皆隋代之技术专家，已于前论大业元年议制车辇时涉及，前已节录《宇文恺传》文较详，兹并取《旧史》中阎毗、何稠及其家属传文有关者移写于下，综合试释之。

《周书》二十《阎庆传》（《北史》六一《阎庆传》同）略云：

阎庆，河南河阴人也。曾祖善，仕魏，历龙骧将军云州镇将，因家于云州之盛乐郡。祖提，使持节车骑大将军、敦煌镇都大将。父进，有谋略，勇冠当时。正光中，拜龙骧将军，属卫可孤作乱，攻围盛乐。进率众拒守，绵历三载，昼夜交战，未尝休息，以少击众，城竟获全，以功拜盛乐郡守。晋公〔宇文〕护母，庆之姑也。次子毗嗣。

《隋书》六八《阎毗传》（《北史》六一《阎庆传》附毗传同）略云：

〔毗〕能篆书，工草隶，尤善画，为当时之妙。周武帝见而悦之，命尚清都公主。〔隋〕高祖受禅，以技艺侍东宫，数以雕丽之物取悦于皇太子〔勇〕。太子服玩之物，多毗所为。炀帝嗣位，盛修军器，以毗性巧，谙练旧事，诏典其职，寻授朝请郎。毗立议，辇辂车舆，多所增损。长城之役，毗总其事。及帝有事恒岳，诏毗营立坛场。将兴辽东之役，自洛口开渠，达于涿郡，以通运漕，毗督其役。营建临朔宫，又领将作少监事。

《新唐书》七三下《宰相世系表》"阎氏"条略云：

亨生北平太守安成亭侯鼎，字玉铉，死刘聪之难。子昌，奔于代王猗卢，遂居马邑。孙满，后魏诸曹大夫，自马邑又徙河南。孙善，龙骧将军云中镇将，因居云中盛乐。生车骑将军敦煌镇都大将提，提生盛乐郡守进，进少子庆生毗。

《旧唐书》七七《阎立德传》（《新唐书》一百《阎让传》同）略云：

阎立德，雍州万年人，隋殿内少监毗之子也。其先自马邑徙关中。毗初以工艺知名，立德与弟立本早传家业。武德中，累除尚衣奉御。立德所造衮冕大裘等六服并腰舆伞扇，咸依典式，时人称之。贞观初，历迁将作少匠，封大安县男。高祖崩，立德以营山陵功，擢为将作大匠。贞观十年，文德皇后崩，又令摄司空，营昭陵。坐怠慢解职，俄起为博州刺史。十三年，复为将作大匠。十八年，从征高丽，及师旅至辽泽，东西二百余里泥淖，人马不通，立德填道造桥，兵无留碍，太宗甚悦。寻受诏造翠微宫及玉华宫，咸称旨，赏赐甚厚。俄迁工部尚书。二十三年，摄司空，营护太宗山陵，事毕，进封为公，显庆元年卒。

立本，显庆中累迁将作大匠。后代立德为工部尚书，兄弟相代为八座，时论荣之。总章元年，迁右相，赐博陵县男。立本虽有应务之才，而尤善图画，工于写真，《秦府十八学士图》及贞观中《凌烟阁功臣图》，并立本之迹也，时人咸称其妙。太宗尝与侍臣学士泛舟于春苑池中，有异鸟随波容与，太宗击赏数四，诏坐者为咏，召立本令写焉。时阁外传呼云："画师阎立本。"时已为主爵郎中，奔走流汗，俯伏池侧，手挥丹粉，瞻望坐宾，不胜愧赧。退诫其子曰："吾少好读书，幸免墙面，缘情染翰，颇及侪流。唯以丹青见知，躬厮役之务，辱莫大焉！汝宜深诫，勿习此末伎！"立本为性所好，欲罢不能也。及为右相，与左相姜恪对掌枢密。恪既历任将军，立功塞外；立本唯善于图画，非宰辅之器，故时人以千字文为语曰：

"左相宣威沙漠，右相驰誉丹青。"（参考张彦远《历代名画记·九》驳此说。）

《隋书》七五《儒林传·何妥传》（《北史》八二《儒林传下·何妥传》同）略云：

何妥，西域人也。父细胡（《北史》作"细脚胡"）通商入蜀，遂家郫县，事梁武陵王纪，主知金帛，遂致巨富，号为西州大贾。妥少机警，十七以技巧事湘东王，后知其聪明，召为诵书左右。江陵陷，周武帝尤重之，授太学博士。高祖受禅，除国子博士，寻为国子祭酒，卒官。

同书六八《何稠传》（《北史》九十《艺术传下·何稠传》

同）略云：

何稠，国子祭酒妥之兄子也。父通，善斲玉。稠性绝巧，有智思，用意精微。年十余岁，遇江陵陷，随妥入长安，仕周御饰下士。及高祖为丞相，召补参军，兼掌细作署，累迁御府监，历太府丞。稠博览古图，多识旧物。波斯尝献金绵锦袍，组织殊丽，上命稠为之。稠锦既成，逾所献者，上甚悦。时中国久绝琉璃之作，匠人无敢厝意，稠以绿瓷为之，与真不异。仁寿初，文献皇后崩，与宇文恺参典山陵制度。大业初，炀帝将幸扬州，谓稠曰："今天下大定，朕承洪业，服章文物，阙略犹多。卿可讨阅图籍，营造舆服羽仪，送至江都也。"其日，拜太府少卿。稠于是营黄麾三万六千人仗，及车舆辇辂、皇后卤簿、百官仪服，依期而就，送于江都。所役工十万余人，用金银钱物巨亿计。帝使兵部侍郎明雅、选部郎薛迈等勾核之，数年方竟，毫厘无舛。稠参会今古，多所改创。帝复令稠造戎车万乘钩陈八百连，帝善之，以稠守太府卿。后三岁，兼领少府监。辽东之役，摄右屯卫将军，领御营弓弩手三万人。时工部尚书宇文恺造辽水桥不成，师不得济，右屯卫大将军麦铁杖因而遇害。帝遣稠造桥，二日而就。初，稠制行殿及六合城，至是帝于辽左与贼相对，夜中施之。其城周回八里，城及女垣合高十仞，上布甲士，立仗建旗，四隅置阙，面别一观，观下三门，迟明而毕。高丽望见，谓若神功。从幸江都，遇宇文化及作乱，以为工部尚书。化及败，陷于窦建德，建德复以为工部尚书舒国公。建德败，归于大唐，授将作小匠（《北史》作"少府监"），卒。

综合隋代三大技术家宇文恺、阎毗、何稠之家世事迹推论，盖其人俱含有西域胡族血统，而又久为华夏文化所染习，故其事业皆借西域家世之奇技，以饰中国经典之古制。如明堂、辂辇、衮冕等，虽皆为华夏之古制，然能依托经典旧文，而实施精作之，则不借西域之工艺亦不为功。夫大兴、长安都城宫市之规模取法太和洛阳及东魏高齐邺都南城，犹明堂、车服之制度取法中国之经典也。但其实行营建制造而使成宏丽精巧，则有资于西域艺术之流传者矣。故谓大兴长安城之规模及隋唐大辂、衮冕之制度出于胡制者固非，然谓其绝无系于西域之工艺者，亦不具通识之言者也。前贤有"中学作体，西学为用"之说，若取以喻此，其最适合之义欤？（鲁般为敦煌人之传说，亦与西域及河西建筑工艺有关，见段成式《酉阳杂俎续集》四《贬误门》引《朝野佥载》。）何稠家世出于西域，史已明言，无待推证，所可注意者，则蜀汉之地当梁时为西域胡人通商及居留之区域一事，寅恪曾别有所论，兹不复赘（见一九三五年《清华学报》拙著《李白氏族之疑问》）。

阎毗家世如《新唐书·宰相世系表》所记者，其源当出于阎氏所自述，但与《晋书》四八《阎缵传》及六十《阎鼎传》不符，沈炳震《新唐书·宰相世系表》订讹亦已言及，故其所谓阎鼎子昌避难奔于马邑者，乃胡族家谱冒充汉人，其关节所联系之通例，其为依托亦不待辨，质言之，阎氏家世所出必非华夏种类无疑也。至其是何胡族，则有略可推测者，宇文护之母乃阎庆之姑，《周书》一一《晋荡公护传》（《北史》五七《周宗室传·邵惠公颢传》附护传同）略云：

> 晋荡公护，字萨保，太祖之兄邵惠公颢之少子也。护至泾州见太祖，而太祖疾已绵笃，谓护曰："天下之事，属之于汝，宜勉力以成吾志。"护涕泣奉命，行至云阳，而太祖崩。护秘之，至长安，乃发丧。时嗣子冲弱，强寇在近，人情不安。护纲纪内外，抚循文武，于是众心乃定。先是，太祖常云："我得胡力"，当时莫晓其旨。至是，人以护字当之。护性至孝，得〔母阎姬〕书，悲不自胜，左右莫能仰视。报书曰："受形禀气，皆知母子，谁同萨保，如此不孝。当乡里破败之日，萨

保年已十余岁，邻曲旧事，犹自记忆。太祖升遐，未定天保，萨保属当犹子之长，亲受顾命。虽身居重任，职当忧责。不期今日，得通家问，蒙寄萨保别时所留锦袍表，年岁虽久，宛然犹识，抱此悲泣。"

寅恪案：萨保即宇文护本来之胡名，其后别命汉名，乃以其原有胡名为字，此北朝胡人之通例，故护报其母阎氏书即自称萨保，其明证也。考《隋书》二七《百官志》载北齐鸿胪寺典客署有京邑萨甫二人，诸州萨甫一人。又同书二八《百官志》载隋雍州萨保为视从七品，诸州胡二百户已上萨保为视正九品。《通典》四十《职官典》二二"萨宝符祆正"条注云：

> 祆者，西域国天神，佛经所谓摩醯首罗也。武德四年置祆祠及官，常有群胡奉事，取火咒诅。

夫宇文护字之萨保与隋之萨保同，亦即北齐之萨甫、唐之萨宝，此名与火祆之关系，自不待论，火祆教入中国之始末亦非此文所论也。兹所欲论者，即宇文护既以萨保为名，则其母阎氏或与火祆教有关，而阎氏家世殆出于西域；又观阎庆之祖提即宇文护母之父，其人曾为敦煌镇都大将，敦煌为交通西域要道，或亦因是与西域有关耶？至宇文恺虽氏族出自东北，而世居夏州，其地较近西北，与西域交通亦易发生关系，故其技术之养成，推原于家世所出及地理环境，则不难解释。总而言之，若技术人才出于胡族，则必于西胡而不于东胡求之，盖当中古时代吾国工艺之发展实有资于西域之文明，而东方胡族之艺术殊不足有所贡献于中国，故世之称扬隋唐都邑新制归功于胡族，即东方胡族实行性之表现者，似仅就表面笼统推测，而无深刻之观察，但此点史料缺乏，本极难断定，固不敢固执鄙见，特陈其所疑，以求通人之教正如此。

三　职官

隋唐职官之名号任务，其渊源变革记载本较明显，而与此章有关之隋唐制度之三源复已于前章详悉考论，其涉及职官者尤为易知，故此章仅择其要点言之，其余可从简略。但有二事，实为隋唐制度渊源系统之所系，甚为重要，而往往为论史者所忽视或误解，则不得不详为考辨，盖所以证实本书之主旨也。其第一事即宇文泰所以令苏绰、卢辩等摹仿《周官》之故及其制度实非普遍于全体，而仅限于中央文官制度一部分。第二事即唐代职官乃承附北魏太和、高齐、杨隋之系统，而宇文氏之官制除极少数外，原非所因袭。开元时所修《六典》乃排比当时施行令式以合古书体裁，本为粉饰太平制礼作乐之一端，故其书在唐代行政上遂成为一种便于征引之类书，并非依其所托之《周官》体裁，以设官分职实施政事也。观其书编修之经过，即知不独唐代职官与《周礼》无关，且更可证明适得其反者。然则论者据《唐六典》一书竟谓唐代施政得《周官》之遗意者，殆由不能明悉唐代制度之系统渊源所致也。兹依时代先后，略述职官渊源流变之史料，而附以辨证焉。

《魏书》一一三《官氏志》略云：

> 自太祖至高祖初，其内外百官屡有减置，或事出当时，不为常目，如万骑、飞鸿、常忠、直意将军之徒是也。旧令亡失，无所依据。太和中，高祖诏群僚议定百官，著于令。

> 孝庄初，以尔朱荣有扶翼之功，拜柱国大将军，位在丞相上。

同书七下《高祖纪下》（《北史》三《魏本纪》同）略云：

太和十七年六月乙巳诏曰："远依往籍，近采时宜，作《职员令》二十一卷，权可付外施行，其有当局所疑而令文不载者，随事以闻，当更附之。"

十九年十有二月乙未朔，引见群臣于光极堂，宣示品令，为大选之始。

寅恪案：北魏在孝文帝太和制定官制以前，其官职名号华夷杂糅，不易详考，自太和改制以后，始得较详之记载，今见于《魏书·官氏志》所叙列者是也。《新唐书》五八《艺文志·史部·职官类》有《魏官品令》一卷，其书谅与太和十九年十二月朔宣示群臣之品令有关也。魏孝文之改制，即吸收南朝前期发展之文化，其事已于前论"礼仪"章考辨证明，兹不必详及。

《隋书》二六《〈百官志〉序》略云：

（汉高祖）除暴宁乱，轻刑约法，而职官之制，因于嬴氏，其间同异，抑亦可知。光武中兴，聿遵前绪，唯废丞相与御史大夫，而以三司综理众务，洎于叔世，事归台阁，论道之官，备员而已。魏晋继及，大抵略同。爰及宋、齐，亦无改作。梁武受终，多循齐旧，然而定诸卿之位，各配四时，置戎秩之官，百有余号。陈氏继梁，不失旧物。高齐创业，亦遵后魏，台省位号与江左稍殊。有周创据关右，日不暇给，洎乎克清江汉，爰议宪章，酌酆、镐之遗文，置六官以综务，详其典制，有可称焉。高祖践极，百度伊始，复废《周官》，还依汉魏。唯以中书为内史，侍中为纳言，自余庶僚颇有损益。炀帝嗣位，意在稽古，建官分职，率由旧章。大业三年，始行新令，今之存录者，不能详备焉。

《新唐书》四六《〈百官志〉序》（《旧唐书》四二《〈职官志〉序》略同）略云：

> 唐之官制，其名号禄秩虽因时增损，而大体皆沿隋故。其官司之别，曰省，曰台，曰监，曰卫，曰府，各统其属，以分职定位。其辨贵贱，叙劳能，则有品，有爵，有勋，有阶，以时考核而升降之，所以任群材，治百事。其为法则精而密，其施于事则简而易行，所以然者，由职有常守，而位有常员也。方唐之盛时，其制如此。

寅恪案：上引史文，不待解释，若能注意"高齐创业，亦遵后魏"，"〔隋〕高祖践极，复废《周官》，还依汉魏"及"唐之官制，大体皆沿隋故"数语，则隋唐官制之系统渊源已得其要领。兹更依旧史之文，略诠论一二，以资参证，至前所谓忽视及误解之点，则于此章之末论之，庶于叙说较便也。

《隋书》二七《百官志》略云：

> 后齐制官，多循后魏。

寅恪案：高齐职官之承袭北魏，不待赘论，惟其尚书省五兵尚书之职掌及中书省所领进御之音乐诸官则与后来兵制及音乐有关，俟于后"音乐"章及"兵制"章详论之。

同书二八《百官志》：

> 〔隋〕高祖既受命，改周之六官，其所制名，多依前代之法。

寅恪案：所谓"前代之法"即所谓汉魏之制，实则大抵自北魏太和传授北齐之制，此隋官制承北齐不承北周之一例证也。杜佑于

《通典》二五《职官典》七"总论诸卿"条子注中论隋之改制颇为有识，其后宋人论《唐六典》其意亦同，其言当于下论《六典》时再详引之。杜氏《注》略云：

> 后周依《周礼》置六官，而年代短促，人情相习已久，不能革其视听，故隋氏复废六官，多依北齐之制。官职重设，庶务烦滞，加六尚书似周之六卿，又更别立寺监，则户部与太府分地官司徒职事，礼部与太常分春官宗伯职事，刑部与大理分秋官司寇职事，工部与将作分冬官司空职事。自余百司之任，多类于斯，欲求理要，实在简省。

寅恪案：杜君卿谓隋之职官多依北齐之制，自是确实。然尚有一事关于职官之选任者，初视之似为隋代创制，而唐复因之，实则亦北魏末年及北齐之遗习，不过隋承之，又加以普遍化而已。其事悉废汉以来州郡辟署僚佐之制，改归吏部铨授，乃中国政治史上中央集权之一大变革也。故不可不略考论之。

《隋书》二八《百官志》(《唐六典》三十"刺史"条、《通典》三三《职官典》"乡官"条同)略云：

> 〔开皇三年〕旧周齐州郡县职，自州都郡县正已下，皆州郡将县令至而调用，理时事。至是不知时事，直谓之乡官。别置品官，皆吏部除授。
> 〔开皇〕十五年罢州县乡官。

同书七五《儒林传·刘炫传》略云：

> 〔牛〕弘又问："魏齐之时，令史从容而已，今则不遑宁舍，其事何由？"炫对曰："往者州唯置纲纪，郡置守丞，县唯令而已。其所具僚，则长官自辟，受诏赴任，每州不过数十。

今则不然，大小之官，悉由吏部，纤介之迹，皆属考功，其繁二也。"

《通典》三三《职官典》"总论县佐"条"汉有丞尉及诸曹掾"句下杜氏《注》云：

多以本郡人为之，三辅则兼用他郡，及隋氏革选，尽用他郡人。

寅恪案：若仅据此，似中央政府之吏部夺取地方政府州郡县令自辟之权，以及县佐之回避本郡，均始于隋代，然若就其他史料考之，则知殊不然也。如《北齐书》八《幼主纪》（《北史》八《齐本纪》同）略云：

帑藏空竭，乃赐诸佞幸卖官，或得郡两三，或得县六七，各分州郡，下逮乡官，亦多降中旨，故有敕用州主簿、敕用郡功曹。

《通典》一四《选举典》略云：

"其（汉代）州郡佐吏，自别驾长史以下，皆刺史、太守自辟。"历代因而不革。洎北齐武平中，后主失政，多有佞幸，乃赐其卖官，分占州郡，下及乡官，多降中旨，故有敕用州主簿、郡功曹者。自是之后，州郡辟士之权，浸移于朝廷，以故外吏不得精核，由此起也。

（后周）其刺史僚佐州吏则自署，府官则命于朝廷。

〔隋〕牛弘为吏部尚书，高构为侍郎，最为称职。当时之制，尚书举其大者，侍郎铨其小者，则六品以下官吏，咸吏部所掌。自是海内一命以上之官，州郡无复辟署矣。（原注云：

自后魏末、北齐以来，州郡僚佐已多为吏部所授，至隋一切归在省司。）

寅恪案：北周刺史尚能自署僚佐，而后魏、北齐州郡僚佐则已多为吏部所授，至隋一切归之省司，此隋代政治中央集权之特征，亦即其职官选任之制不因北周而承北齐之一例证也。

又《隋书》二八《百官志》略云：

高祖又采后周之制，置上柱国、柱国、上大将军、大将军、上开府仪同三司、开府仪同三司、上仪同三司、仪同三司、大都督、帅都督、都督，总十一等，以酬勤劳。

《唐六典》二四"左右卫大将军各一人正三品"注略云：

自两汉至北齐，大将军位视三公；至隋，十二大将军直为武职，位左右台省之下，与右（近卫本考订云："右"疑当作"古"）大将军但名号同，而统务别。

寅恪案：此为隋制之因于北周而不承北齐者，似为变例，然考所谓柱国大将军之号其实亦始于北魏之末年，而西魏北周承之，故隋采此制，可言祧北齐而承魏周。盖杨氏王业所基，别是一胡化系统，当于后"兵制"章详之，兹仅节录旧籍关于此名号之源流，以备参证，观者自能得之，可不详论也。如《周书》一六《侯莫陈崇传》后（《北史》六十《王雄传》后、《通典》二八《职官典》"将军总叙"条及三四《职官典》"勋官"条俱略同）略云：

初，魏孝庄帝以尔朱荣有翊戴之功，拜荣柱国大将军，位在丞相上。荣败后，此官遂废。大统三年，魏文帝复以太祖建中兴之业，始命为之。其后功参佐命、望实俱重者，亦居此

84

职。自大统十六年以前，任者凡有八人。太祖位总百揆，督中外军，魏广陵王欣，元氏懿戚，从容禁闱而已。此外六人，各督二大将军，分掌禁旅，当爪牙御侮之寄。当时荣盛，莫与为比。故今之称门阀者，咸推八柱国家云。今并十二大将军录之于左：

（上略）。

使持节柱国大将军大都督大司马河内郡开国公独孤信。

（下略）。

右与太祖为八柱国。

（上略）。

使持节大将军大都督陈留郡开国公杨忠。

（下略）。

兹请言宇文泰摹仿周官之事，先略引旧史之文有关于此者，然后再讨论之。

《周书》二《文帝纪》（《北史》九《周本纪》同）略云：

（魏废帝）三年春正月，始作九命之典，以叙内外官爵。以第一品为九命，第九品为一命，改流外品为九秩，亦以九为上。

（魏恭帝）三年春正月丁丑，初行《周礼》，建六官。初太祖以汉魏官繁，思革前弊。大统中乃命苏绰、卢辩依周制改创其事，寻亦置六卿官，然为撰次未成，众务犹归台阁。至是始毕，乃命行之。

《北史》五《魏本纪》云：

（大统十四年）夏五月，以安定公宇文泰为太师，广陵王欣为太傅，太尉李弼为大宗伯，前太尉赵贵为大司寇，以司空

85

于谨为大司空。

《通鉴》一六一《梁纪》"太清二年五月"载此事，胡《注》云：

宇文相魏，仿成周之制建官。

寅恪案：此即《周书》二《文帝纪》、《北史》九《魏本纪》所谓"大统中置六卿官"者也。

《周书》二四《卢辩传》（《北史》三十《卢同传附辩传》略同）略云：

卢辩，范阳涿人。累世儒学。辩少好学，博通经籍，举秀才，为太学博士，以《大戴礼》未有解诂，辩乃注之。其兄景裕为当时硕儒，谓辩曰："昔侍中注《小戴》，今尔注《大戴》，庶纂前修矣。"太祖以辩有儒术，甚礼之。自魏末离乱，孝武西迁，朝章礼度，湮坠咸尽。辩因时制宜，皆合轨度。性强记默契，能断大事。凡所创制，处之不疑。初，太祖欲行《周官》，命苏绰专掌其事。未几而绰卒，乃令辩成之。于是依《周礼》建六官，置公、卿、大夫、士，并撰次朝仪、车服器用，多依古礼，革汉魏之法，事并施行。辩所述六官，太祖以魏恭帝三年始命行之。自兹厥后，世有损益，于时虽行《周礼》，其内外众职，又兼用秦汉等官。今略举其名号及命数附之于左：
柱国大将军，大将军。
右正九命。
骠骑车骑等大将军，开府仪同三司，雍州牧。
右九命。
骠骑车骑等将军，左右光禄大夫，户三万以上州刺史。
右正八命。

（下略）。

《隋书》二七《百官志》略云：

> 周太祖初据关内，官名未改魏号。及方隅粗定，改创章程，命尚书卢辩，远师周之建职，置三公三孤，以为论道之官；次置六卿，以分司庶务。制度既毕，太祖以魏恭帝三年，始命行之。

观上所引旧载宇文泰摹仿成周，创建官制之始末，亦可略知梗概。《周礼》一书，其真伪及著作年代问题古今说者多矣，大致为儒家依据旧资料加以系统理想化之伟作，盖托古改制而未尝实行者，则无疑义也。自西汉以来，摹仿《周礼》建设制度，则新莽、周文帝、宋神宗，而略傅会其名号者则武则天，四代而已。四者之中三为后人所讥笑，独宇文之制甚为前代史家所称道，至今日论史者尚复如此。夫评议其事之是非成败，本非本章之主旨及范围，故俱置不论。兹所言者，仅宇文泰摹仿《周礼》创建制度之用心及其所以创建之制度之实质而已。

宇文泰凭借六镇一小部分之武力，割据关陇，与山东、江左鼎足而三，然以物质论，其人力财富远不及高欢所辖之境域，固不待言；以文化言，则魏孝文以来之洛阳及洛阳之继承者邺都之典章制度，亦岂荒残僻陋之关陇所可相比。至于江左，则自晋室南迁以后，本神州文化正统之所在，况值梁武之时庾子山所谓"五十年中，江表无事"之盛世乎？故宇文苟欲抗衡高氏及萧梁，除整军务农、力图富强等充实物质之政策外，必应别有精神上独立有自成一系统之文化政策，其作用既能文饰辅助其物质即整军务农政策之进行，更可以维系其关陇辖境以内之胡汉诸族之人心，使其融合成为一家，以关陇地域为本位之坚强团体。此种关陇文化本位之政策，范围颇广，包括甚众，要言之，即阳傅《周礼》经典制度之文，阴适关陇胡汉现状之实而已。其关系氏族郡望者，寅恪尝于考辨李唐氏族问题文中论之，如《李唐武周先世杂考》所引《隋书·经籍志》之文，即其确证之一也（见《中央研究院历史语言研究所集刊》第五本第二分）。约言之，西魏宇文泰改造汉人姓氏及郡望之政策分为二阶段，其先则改山东郡望为关陇郡望，且加以假托，使之与六镇发生关系。其后则径赐以胡姓，使继鲜卑部落之后。迨周末隋文帝恢复汉姓之时，大抵仅回至所改关陇郡望之第一阶段，如隋唐皇室之郡望仍称弘农陇西是也。关于北周隋唐人物之郡望，史家记载颇有纷歧，如李弼一族，《周书》《两唐书》"弼孙密传"及《新唐书·宰相世系表》俱属之辽东襄平，而《北史·李弼传》及魏徵撰《李密墓志铭》则又皆以为陇西成纪人，究其所以纪述差异之故，盖由先后史家依据其恢复不同之阶段以立言所致，其余可以类推，未能一一于此详悉论列也。

又，与此关陇物质本位政策相关之府兵制，当于后"兵制"章详言之，于此不置论。兹举一史料可以阐发当日北朝东西分峙之情势者，以为例证。

《北齐书》二四《杜弼传》（《北史》五五《杜弼传》略同）略云：

> 弼以文武在位，罕有廉洁，言之于高祖（高欢）。高祖曰："弼来！我语尔。天下浊乱，习俗已久。今督将家属多在关西，黑獭常相招诱，人情去留未定。江东复有一吴儿老翁萧衍者，专事衣冠礼乐，中原士大夫望之，以为正朔所在。我若急作法纲，不相饶借，恐督将尽投黑獭，士子悉奔萧衍，则人物流散，何以为国？"

观高欢之用心，则知当日分争鼎立之情势，不能不有维系人心之政策者矣。夫高欢所据之地，其富饶固能使武夫有所留恋，而邺都典章文物悉继太和洛阳之遗业，亦可令中原士族略得满足，至关陇之地则财富文化两俱不如，若勉强追随，将愈相形见绌，故利用关中士族如苏绰辈地方保守性之特长，又假借关中之本地姬周旧土，可以为名号，遂毅然决然舍弃摹仿不能及之汉魏以来江左、山东之文化，而上拟《周官》之古制。苏绰既以地方性之特长创其始，卢辩复以习于礼制竟其业者，实此之由也。否则宇文出于边裔，汉化至浅，纵有政事之天才，宁具诗书之教泽，岂可与巨君介甫诸人儒化者相比并哉！然而其成败所以与新宋二代不同者，正以其并非徒泥《周官》之旧文，实仅利用其名号，以暗合其当日现状，故能收摹仿之功用，而少滞格不通之弊害，终以出于一时之权宜，故创制未久，子孙已不能奉行，逐渐改移，还依汉魏之旧，如周宣帝露门元旦受朝贺时，君臣皆服汉魏衣冠，即可以证明，此事已于前礼仪章论之，兹再举一二事于下：

《周书》四《明帝纪》（《北史》九《周本纪》同）云：

> 武成元年秋八月己亥改天王称皇帝，追尊文王为帝，大赦改元。

同书三五《崔猷传》（《北史》三四《崔挺传》附猷传略同）略云：

> 世宗即位，征拜御正中大夫。时依《周礼》称天王，又不建年号，猷以为世有浇淳，运有治乱，故帝王以之沿革，圣哲因时制宜。今天子称王，不足以威天下，请遵秦汉称皇帝，建年号，朝议从之。世宗崩，遗诏立高祖，晋公护谓猷曰："鲁国公禀性宽仁，太祖诸子之中，年又居长。今奉遵遗旨，翊戴为主，君以为何如？"猷对曰："殷道尊尊，周道亲亲，今朝廷既尊《周礼》，无容辄违此义。"护曰："天下事大，但恐毕公冲幼耳。"猷曰："昔周公辅成王以朝诸侯，况明公亲贤莫二，若行周公之事，方为不负顾托。"事虽不行，当时称其守正。

寅恪案：周明帝世距始依《周礼》创建制度之时至近，即已改天王之号，遵秦汉称皇帝，盖民间习于皇帝之尊称已久，忽闻天王之名，诚如崔猷所言"不足以威天下"，即不足以维持尊严之意，故不得不先改革之也。又宇文护不依《周礼》立子，而依殷礼立弟，亦不效周公辅成王者，所以适合当时现实之利害也。夫《周礼》原是文饰之具，故可不拘，宇文泰已如是，更何论宇文护乎？

《周书》四三《苏绰传》（《北史》六三《苏绰传》同）略云：

> 自有晋之季，文章竞为浮华，遂成风俗。太祖欲革其弊，因魏帝祭庙，群臣毕至，乃命绰为《大诰》，奏行之。自是之后，文笔皆依此体。

《通鉴》一五九"梁纪中大同十一年（即西魏文帝大统十一年）六月丁巳魏主祫太庙"条，胡《注》云：

> 宇文泰令苏绰仿《周书》作《大诰》，今其文尚在，使当时文章皆依此体，亦非所以崇雅黜浮也。

《周书》二二《柳庆传》（《北史》六四《柳虬传》附庆传同）略云：

> 〔大统〕十年，除尚书都兵，郎中如故，并领记室。时北雍州献白鹿，群臣欲草表陈贺。尚书苏绰谓庆曰："近代以来，文章华靡，逮于江左，弥复轻薄。洛阳后进，祖述不已。相公（宇文泰）柄民轨物，君职典文房，宜制此表，以革前弊。"庆操笔立成，辞兼文质。绰读而笑曰："枳橘犹自可移，况才子也。"

寅恪案：苏绰作《大诰》在大统十一年。《周书》二《文帝纪》（《北史》九《魏本纪》同）载魏恭帝元年夏四月帝大飨群臣，太祖（宇文泰）因柳虬之责难，令太常卢辩作《诰》谕公卿，其文体固无异苏绰所作之《大诰》，但一检《周书》四《明帝纪》所载武成元年后之诏书，其体已渐同晋后之文，无复苏绰所仿《周诰》之形似，可知此种矫枉过正之伪体，一传之后，周室君臣即已不复遵用也。若更检《周书》，则见《明帝纪》所载武成元年前一岁九月丁未帝幸同州故宅，赋诗曰：

> 玉烛调秋气，金舆历旧宫。还如过白水，更似入新丰。霜潭渍晚菊，寒井落疏桐。举杯延故老，令闻歌《大风》。

则竟是南朝后期文士、北周羁旅汇臣如庾义城、王石泉之语，此岂宇文泰、苏绰创造《大诰》文体时所及料者哉！

又近日论文者有以唐代贞元、元和古文运动乃远承北朝苏绰摹仿古体之遗风者，鄙意其说甚与事实不合。盖唐代贞元、元和古文运动由于天宝乱后居留南方之文士对于当时政教之反动及民间俗体文之熏习，取古文之体，以试作小说，而卒底于成功者。此意尝于《论韩愈与唐代小说之关系》一文（见《哈佛亚细亚学报》第一期）中略发之，以其与本书无涉，故不多及也。

兹所举一二例已可证宇文泰摹古之制，身殁未久，其子孙已不能遵用，而复返于汉魏，渐与山东、江左混同，至隋氏继其遗业，遂明显不疑，一扫而几尽去之。盖《周礼》本其一时权宜文饰之过渡工具，而非其基本霸业永久实质之所在。此点固当于"兵制"章详论之，然就职官一端，亦阐明此意，而知宇文所摹仿之周制其实质究为如何也。

所谓周礼者乃托附于封建之制度也，其最要在行封国制，而不用郡县制，又其军队必略依《周礼·夏官大司马》之文即大国三军、次国二军、小国一军之制。今据《周书》《北史》"卢辩传"所载不改从《周礼》而仍袭汉魏之官职，大抵为地方政府及领兵之武职，是宇文之依《周官》改制，大致亦仅限于中央政府之文官而已。其地方政府既仍袭用郡县制，封爵只为虚名，而不畀以土地人民政事，军事则用府兵番卫制，集大权于中央，其受封藩国者，何尝得具周官所谓大国三军、次国二军、小国一军之设置乎？

又《周书》二三《苏绰传》（《北史》六三《苏绰传》同）略云：

> 又为六条诏书，奏施行之。其四，擢贤良，曰："今刺史守令，悉有僚吏，皆佐治之人也。刺史府官则命于天朝，其州吏以下，并牧守自置，自昔以来，州郡大吏但取门资。夫门资者，乃先世之爵禄，无妨子孙之愚瞽；今之选举者，当不限资荫，唯在得人。苟得其人，自可起厮养而为卿相，伊尹、傅说是也，而况州郡之职乎？苟非其人，则丹朱、商均虽帝王之胤，不能守百里之封，而况公卿之胄乎？"

寅恪案：北朝自魏孝文以来，极力摹仿南朝崇尚门第之制（见《魏书》六十、《北史》四十《韩麒麟传》附显宗传），而苏绰实亦即宇文泰不尚门资之论，其在当时诚为政治上一大反动。夫州郡僚吏之尚门资犹以为非，则其不能亦不欲实行成周封建之制，以分散其所获之政权，其事甚明，此宇文所以虽效《周礼》以建官，而地方政治仍用郡县之制，绝无成周封建之形似也。

又考《晋书》三九《荀勖传》略云：

> 时又议省州郡县半吏以赴农功，勖议以为："省吏不如省官，省官不如省事，省事不如清心。"若欲省官，私谓九寺可并于尚书，兰台宜省付三府。然施行历代，世之所习，是以久抱愚怀而不敢言。

然则汉魏以来中央政府职官重复，识者虽心知其非，只以世之所习而不敢言，宇文之改革，摹仿《周礼》托体甚高，实则仅实行其近代识者改革中央政府官制之议，而加以扩大，并改易其名，以符周制耳。宇文创建《周官》之实质及其限度如此，论史者不可不正确认识者也。

前所谓第二事即《唐六典》之性质，兹略加阐明。关于此书之施行问题，《四库全书》七九"史部职官类"《唐六典·提要》已有正确之论断，近日本西京东方文化研究所《东方学报》第七册内藤乾吉氏复于其所著《就〈唐六典〉施用》一文详为引申，故《六典》一书在唐代施行之问题已大体解决，不必别更讨论。但寅恪此书主旨在说明唐代官制近承杨隋，远祖（北）魏、（北）齐而祧北周者，与《周官》绝无干涉，此事本甚易知，然世仍有惑于《六典》之形式，不明了其成书之原委，而生误会，遂谓其得《周官》遗意者，则与寅恪所持之说不合，因不得不略举史实，以为证明。虽所举材料不出四库馆臣所引之范围，但彼等所讨论者为《六典》施行与否之问题，寅恪所考辨者为唐代官制渊源系统之问题，主旨既别，材料即同，不妨引用也。

刘肃《大唐新语》九《著述类》（参《新唐书》五八《艺文志》"史部职官类"《六典》三十卷注文及一三二《韦述传》，又程大昌《考古编》九"六典"条）云：

> 开元十年，玄宗诏书院撰《六典》以进。时张说为丽正学士，以其事委徐坚。沉吟岁余，谓人曰："坚承乏，已曾七度修书，有凭准，皆似不难，惟《六典》历年措思，未知所从。"说又令学士毋婴（嬰）等，检前史职官，以今（令）式分入六司，以今朝《六典》象《周官》之制，然用功艰难，绵历数载。其后张九龄委陆善经，李林甫委苑咸，至二十六年，始奏上。百僚陈贺，迄今行之。

陈振孙《书录解题》六《职官类》"《唐六典》三十卷"（参

晁公武《郡斋读书志》七《职官类》"唐六典"条）云：

> 　　题御撰，李林甫等奉敕注。按：韦述集贤记注，开元十年，起居舍人陆坚被旨修《六典》，上手写白麻纸凡六条，曰："理、教、礼、政、刑、事典，令以类相从，撰录以进。"张说以其事委徐坚，思之历年，未知所适；又委毋煚、余钦、韦述，始以令式入六司，象《周礼》六官之制，其沿革并入注，然用功艰难；其后张九龄又以委苑咸，二十六年，奏草上。至今在书院，亦不行用。（武英殿聚珍本原注案：《唐书·艺文志》张说以其事委徐坚，经岁无规制，乃命毋煚、余钦、咸虞、业孙、季良、韦述等参撰，及萧嵩知院，加刘郑兰、萧晟、卢若虚；张九龄知院，加陆善经；李林甫代九龄，加苑咸。委苑咸者，乃李林甫也。至云二十六年冬草上，考新旧唐书，九龄以二十四年罢政事，寻谪荆州，程大昌谓书成于九龄为相之日，当在二十四年，林甫注成奏进，当在二十七年，故是书卷首止列林甫，而不及九龄也。）今案《新书·百官志》皆取此书，即太宗贞观六年所定官令也。《周官》六职视《周礼》六典，已有邦土、邦事之殊，不可考证。唐制内外官与周制迥然不同，而强名"六典"，可乎？善乎范太史祖禹之言曰："既有太尉、司徒、司空，而又有尚书省，是政出于二也。既有尚书省，而又有九寺，是政出于三也。"（寅恪案：此上乃范祖禹《唐鉴二》武德七年论文。）本朝裕陵好观《六典》，元丰官制尽用之。中书造命，门下审覆，尚书奉行，机事往往留滞，上意颇以为悔云。

　　寅恪案：唐玄宗欲依《周礼·太宰六典》之文，成唐六官之典，以文饰太平。帝王一时兴到之举，殆未尝详思唐代官制，近因（北）齐隋，远祖汉魏，与《周礼》之制全不相同，难强为傅会也。故以徐坚之学术经验，七次修书，独于此无从措手，后来修书学士不得已乃取唐代令式分入六司，勉强迁就，然犹用功历年，始得毕事。今观《六典》一书并未能将唐代职官之全体分而为六，以象《周礼》之制，仅取令式条文按其职掌所关，分别性质，约略归类而已。其书只每卷之首列叙官名员数同于《周礼》之序官，及尚书省六部之文摹仿《周礼》，比较近似，至于其余部分，则周礼原无此职，而唐代实有其官，倘取之以强附古经，则非独真面之迥殊，亦弥感骈枝之可去。徐坚有见于此，是以无从措手，后来继任之人固明知其如是，但以奉诏修书，不能不敷衍塞责，即使为童牛角马、不今不古之书，亦有所不能顾，真计出无聊者也。由此言之，依据《唐六典》不徒不足以证明唐代现行官制合于《周礼》，且转能反证唐制与《周礼》其系统及实质绝无关涉，而此反证乃本书主旨之所在也。

又治史者若有因披览《六典》尚书省六部职掌之文，而招现一种唐制实得《周礼》遗意之幻觉者，盖由眩惑于名号所致，兹不欲详辨，仅逐写唐儒论武曌改制之言于此，亦可以理惑破幻矣。《唐会要》五七"尚书省分行次第"条云：

> 武德令吏、礼、兵、民、刑、工等部。贞观令吏、礼、民、兵、刑、工等部。光宅元年九月五日改为六官，准《周礼》分，即今之次第乃是也。

《通典》二三《职官典》五"吏部尚书"条，《周礼·天官太宰》掌"建邦之《六典》，以佐王理邦国"下注云：

> 变冢言太者，进退异名也。百官总焉，则谓之冢宰；列职于王，则谓之太宰。宰，主也。周公居摄，而作六典之职，以佐王理邦国。汉成帝初分尚书，置四曹，盖因事设员，以司其务，非拟于古制也。至光武，乃分为六曹。迄于魏晋，或五或六，亦随宜施制，无有常典。自宋齐以来，多定为六曹，稍似

95

《周礼》。至隋六部，其制益明。大唐武太后遂以吏部为天官，户部为地官，礼部为春官，兵部为夏官，刑部为秋官，工部为冬官，以承周六官之制。若参详古今，征考职任，则天官太宰当为尚书令，非吏部之任。今吏部之始，宜出于夏官之司士云。

四 刑律

律、令性质本极近似，不过一偏于消极方面，一偏于积极方面
而已。

《太平御览》六三八《刑法部》列杜预《〔晋〕律序》云：

> 律以定罪名，令以存事制。

《唐六典》六"刑部郎中　员外郎"条云：

> 凡律以正刑定罪，令以设范立制，格以禁违止邪，式以轨
> 物程事。

《新唐书》五六《〈刑法志〉序》云：

> 唐之刑书有四：曰律、令、格、式。令者，尊卑贵贱之等
> 数，国家之制度也。格者，百官之所常行之事也。式者，其所
> 常守之法也。

夫汉代律令区别虽尚有问题，但本书所讨论之时代，则无是纠
纷之点，若前"职官"章所论即在职员令、官品令之范围，固不待
言也。又古代礼、律关系密切，而司马氏以东汉末年之儒学大族创
建晋室，统制中国，其所制定之刑律尤为儒家化，既为南朝历代所
因袭，北魏改律，复采用之，辗转嬗蜕，经由（北）齐隋，以至于
唐，实为华夏刑律不祧之正统，亦适在本书所讨论之时代，故前

"礼仪"章所考辨者大抵与之有关也。兹特以"礼仪""职官""刑律"三章先后联缀，凡隋唐制度之三源而与刑律有涉者，读者取前章之文参互观之可也。

又，关于隋唐刑律之渊源，其大体固与礼仪、职官相同，然亦有略异者二端：其第一事即元魏正始以后之刑律虽其所采用者谅止于南朝前期，但律学在江东无甚发展，宋齐时代之律学仍两晋之故物也。梁陈时代之律学亦宋齐之旧贯也。隋唐刑律近承北齐，远祖后魏，其中江左因子虽多，止限于南朝前期，实则南朝后期之律学与其前期无大异同。故谓"自晋氏而后律分南北二支，而南朝之律至陈并于隋，其祀遽斩"（程树德先生《〈后魏律考〉序》所言）者固非，以元魏刑律中已吸收南朝前期因子在内也。但谓隋唐刑律颇采南朝后期之发展，如礼仪之比（见前"礼仪"章），则亦不符事实之言也。其第二事即北魏之初入中原，其议律之臣乃山东士族，颇传汉代之律学，与江左之专守《晋律》者有所不同，及正始定律，既兼采江左，而其中河西之因子即魏晋文化在凉州之遗留及发展者，特为显著，故元魏之刑律取精用宏，转胜于江左承用之西晋旧律，此点与礼仪、职官诸制度之演变稍异者也。请先证明第一事：

《隋书》二五《刑法志》略云：

晋氏平吴，九州宁一，乃命贾充大明刑宪，内以平章百姓，外以和协万邦（寅恪案：此句指《晋律·诸侯》篇），实曰轻平，称为简易，是以宋齐方驾，辅其余轨。（梁武帝）时欲议定律令，得齐时旧郎济阳蔡法度家传律学，云齐武时删定郎王植之，集注张〔斐〕、杜〔预〕旧〔晋〕律，合为一书，凡一千五百三十条，事未施行，其文殆灭，法度能言之。于是以为兼尚书删定郎，使损益植之旧本，以为《梁律》。天监元年八月，乃下诏曰："律令不一，实难去弊。杀伤有法，昏墨有刑，此盖常科，易为条例。前王之律，后王之令（寅恪案：

此语见《史记》一二三、《汉书》六十《杜周传》，"王"或当作"主"也），因循创附，良各有以。若游辞费句，无取于实录者，宜悉除之。求文指归可适变者，载一家为本，用众家以附。丙丁俱有，则去丁以存丙，若丙丁二事注释不同，则二家兼载。咸使百司议其可不，取其可安，以为标例。宜云：某等如干人同议，以此为长，则定以为《梁律》（寅恪案：此为当时流行之合本子句方法。见《蔡元培先生六十五岁庆祝论文集》拙著《支愍度学说考》及前《中央研究院历史语言研究所集刊》第八本第二分拙著《读〈洛阳伽蓝记〉书后》）。"陈氏承梁季丧乱，刑典疏阔。及武帝即位，思革其弊，乃下诏搜举良才，删改科令，于是稍求得梁时明法吏，令与尚书删定郎范泉参定律令，制《律》三十卷。其制唯重清议禁锢之科，其获贼帅及士人恶逆，免死付治，听将妻入役，不为年数。又存赎罪之律，复父母缘坐之刑。自余篇目条纲，轻重繁简，一用梁法。

《隋书》六六《裴政传》（《北史》七七《裴政传》同）略云：

> 诏与苏威等修定律令。政采魏晋刑典，下至齐梁，沿革轻重，取其折中。同撰著者十有余人，凡疑滞不通，皆取决于政。（前文已引。）

据此，南朝前期之宋齐二代既承用《晋律》，其后期之《梁律》复基于王植之之集注张斐、杜预《晋律》，而《陈律》又几全同于《梁律》，则南朝前后期刑律之变迁甚少。北魏正始制定律令，南士刘芳为主议之人，芳之入北在刘宋之世，则其所采自南朝者虽应在梁以前，但实与梁以后者无大差异可知。北魏、北齐之律辗转传授经隋至唐，是南支之律并不与陈亡而俱斩也。又裴政本以江陵梁俘入仕北朝，史言其定《隋律》时下采及梁代，然则南朝后期之变迁发展当亦可浸入其中，恐止为极少之限度，不足轻重耳。

证明第一事既竟，请及第二事：

《魏书》二《太祖纪》（《北史》一《魏本纪》同）略云：

> （天兴元年）十有一月辛亥，诏三公郎中王德定律令，申科禁，吏部尚书崔玄伯（宏）总而裁之。（参考《魏书》二四及《北史》二一《崔玄伯传》。）

同书四上《世祖纪》（《北史》二《魏本纪》同）云：

> （神䴥四年）冬十月戊寅，诏司徒崔浩改定律令。

同书四下《世祖纪》（《北史》二《魏本纪》同）云：

> （真君）六年三月庚申，诏诸疑狱皆付中书，以经义量决。
>
> 正平元年六月壬戌，改年。车师国王遣子入侍。诏曰："夫刑网太密，犯者更众，朕甚愍之。有司其案律令，务求厥中。自余有不便于民者，依比增损。"诏太子少傅游雅、中书侍郎胡方回等改定律制。（参考《魏书》五四、《北史》三四《游雅传》及《魏书》五二、《北史》三四《胡方回》传。）

《魏书》四八《高允传》（《北史》三一《高允传》同）略云：

> 〔允〕博通经史、天文、术数，尤好《春秋》《公羊》。〔世祖〕又诏允与侍郎公孙质、李虚、胡方回共定律令。初，真君中以狱讼留滞，始令中书以经义断诸疑事。允据律评刑三十余载，内外称平。允所制诗赋、诔颂、箴论、表赞、《左氏公羊释》《毛诗拾遗》《论杂解》《议何郑膏肓事》，凡百余篇，别有集行于世。

寅恪案：此北魏孝文太和以前即北魏侵入中原未久时间议定刑律之极简纪述也。即就此极简纪述中其议定刑律诸人之家世、学术、乡里环境可以注意而略论之者，首为崔宏、浩父子，此二人乃北魏汉人士族代表及中原学术中心也。其家世所传留者实汉及魏晋之旧物。《史记》十《文帝纪》"十三年五月齐太仓令淳于公有罪当刑"条索隐引崔浩《〈汉律〉序》云：

> 文帝除肉刑，而官不易。

据此，则浩必深通汉律者也。当日士族最重礼法。礼、律古代本为混通之学，而当时之学术多是家世遗传，故崔氏父子之通汉律自不足怪。又崔浩与胡方回有关，方回出自西北，自中原经永嘉之乱，西北一隅为保持汉魏晋学术之地域，方回之律学以事理推之，当亦汉律之系统，而与江左之专家用西晋刑律而其律家之学术不越张、杜之范围者，要当有所不同也。高允在北魏为崔浩之外第一通儒，史称其尤好《春秋公羊》，其撰著中复有关于《公羊春秋》者，其《议何郑膏肓事》今虽不传，以其学派好尚言之，疑亦是为公羊辩护者。考汉儒多以《春秋》决狱（参见程树德先生《九朝律考》七《〈春秋〉决狱考》），《汉书·艺文志》有《公羊董仲舒〈春秋〉治狱》十六篇，允既笃好《春秋公羊》，其在中书三十余年以经义断狱，则其学术正是汉儒之嫡传无疑（此点程树德先生《九朝律考》一五《〈后魏律序〉》中已及之，其说甚谛，故特为申述，不敢掠美也）。斯又江左之律学所无者也。又游雅之律学其传授始末虽无可考，然据《魏书》《北史》"魏世祖纪""高允传""游雅传"等，知魏太武神䴥四年九月壬申诏征诸人如范阳卢玄、渤海高允、广平游雅等皆当日汉人中士族领袖，其诏书称之为"贤俊之胄，冠冕州邦"，夫所谓"贤俊之胄"者，即具备鄙说所谓家世传留之学术之第一条件；所谓"冠冕州邦"者，即具备鄙说所谓地方环境熏习之第二条件。观游雅之高自矜诞，及高允之特别重雅，则雅之家世学术必非庸泛。雅既与正平定律之役，而其从祖弟明根复又参定律令并定律令之勤，得布帛一千匹、谷一千斛之厚赐，明根子肇既征为廷尉少卿，后又徙为廷尉卿，以持法仁平知名（俱见《魏书》五五、《北史》三四《游明根游肇》传）。夫汉魏之时法律皆家世之学，故《后汉书》七六《郭躬传》略云：

　　顺帝时，廷尉河南吴雄季高以明法律，断狱平，起自孤宦，致位司徒，及子䜣、孙恭三世廷尉，为法名家。

及同书八四《杨震传》附杨赐传载赐以世非法家，固辞廷尉之职。又《南齐书》二八《崔祖思传》（《南史》四七《崔祖思传》略同）略云：

　　上（齐高帝）初即位，祖思启陈政事曰："宪律之重由来尚矣，实宜清置廷尉，茂简三官。汉来治律，有家子孙并世其业，聚徒讲授至数百人。故张、于二氏，絜誉文、宣之世；陈、郭两族，流称武明之朝。决狱无冤，庆昌枝裔，槐衮相袭，蝉紫传辉。今廷尉律生，乃令史门户，族非咸、弘，庭缺于训。刑之不措，抑此之由。如详择笃厚之士，使习律令，试简有征，擢为廷尉僚属。苟官世其家而不美其绩，鲜矣。若刘累传守其业，庖人不乏龙肝之馔，断可知矣。"

《后汉书》九二《锺皓传》略云：

　　锺皓，颍川长社人也。为郡著姓，世善刑律，以诗律教授门徒千余人。皓孙繇。

章怀《注》引《海内先贤传》曰："繇字元常，郡主簿迪之子也。"

《三国志·魏志》一三《锺繇传》注引"先贤行状"略云：

锺皓博学诗律，教授门生千有余人，皓二子迪、敷，并以党锢不仕。繇则迪之孙。

同书同卷《锺繇传》略云：

魏国初建，为大理，迁相国；文帝即王位，复为大理；及践阼，改为廷尉。子毓。〔曹〕爽既诛，入为御史中丞侍中廷尉。听君父已没，臣子得为理谤，及士为侯，其妻不复配嫁，毓所创也。

《三国志·魏志》二八《锺会传》略云：

锺会，太傅繇小子也。及会死后，于会家得书二十篇，名曰《道论》，而实刑名家也。

由此言之（其例证详见程著《九朝律考》八《汉律家考》及九《魏律家考》，兹不赘），游氏之议定法令，任廷尉卿，恐犹是当时中原士族承袭汉魏遗风，法律犹为家世相传之学，观崔祖思之论，可知江左士族其家世多不以律学相传授，此又河北、江东之互异者也。又《魏书》三三《公孙表传》（《北史》二七《公孙表传》同）略云：

初，太祖以慕容垂诸子分据势要，权柄推移，遂至亡灭，且国俗敦朴，嗜欲寡少，不可启其机心，而导其利巧，深非之。表承指上《韩非书》二十卷，太祖称善。第二子轨，轨弟质。

《魏书》《北史》虽不载公孙质律学传授由来，然即就《公孙表传》表上《韩非书》一端言，其事固出于迎合时主意旨，或者法家之学本公孙氏家世相承者，亦末可知也。

总之，拓跋部落入主中原，初期议定刑律诸人多为中原士族，其家世所传之律学乃汉代之旧，与南朝之专守《晋律》者大异也。

北魏孝文太和时改定刑律共有二次，第一次所定者恐大抵为修改旧文，使从轻典，其所采用之因子似与前时所定者无甚不同。第二次之所定，则河西因子特为显著。至宣武正始定律河西与江左二因子俱关重要，于是元魏之律遂汇集中原、河西、江左三大文化因子于一炉而冶之，取精川宏，宜其经由北齐，至于隋唐，成为二千年来东亚刑律之准则也。兹略引史载北魏太和正始数次修律始末以论证之。其关于河西文化者，可参阅前"礼仪"章。

《魏书》七《高祖纪》（《北史》三《魏本纪》同）云：

（太和元年九月）乙酉，诏群臣定律令于太华殿。

同书四八《高允传》（《北史》三一《高允传》同）略云：

明年（太和三年），诏允议定律令。

同书一一一《刑罚志》略云：

〔太和〕三年，下诏曰："治因政宽，弊由纲密。今候职千数，奸巧弄威，重罪受赇不列，细过吹毛而举，其一切罢之。"于是更置谨直者数百人，以防喧斗于街术，吏民各安其职业。

先是以律令不具，奸吏用法，致有轻重。诏中书令高闾集中秘官等修改旧文，随例增减，又敕群官，参议厥衷，经御刊定。五年冬讫，凡八百三十二章。

104

寅恪案：此太和第一次定律，其议律之人如高允、高闾等（参《魏书》五四、《北史》三四《高闾传》）皆中原儒士，保持汉代学术之遗风者，前已言之矣。

《魏书》七下《高祖纪》（《北史》三《魏本纪》同）云：

> （太和十五年）五月己亥，议改律令，于东明观折疑狱。（八月）丁巳，议律令事。
>
> （十六年）四月丁亥朔，班新律令，大赦天下。五月癸未，诏群臣于皇信堂更定律条，流徒限制，帝亲临决之。
>
> （十七年）二月乙酉，诏赐议律令之官各有差。

寅恪案：《魏书》《北史》"李冲传"云：

> 及议礼仪律令，润饰辞旨，刊定轻重，高祖虽自下笔，无不访决焉。（前文已引）

此新律孝文虽自下笔，而备咨访取决者，实为李冲。前代史籍多以制作大典归美君主，实则别有主撰之人，如清代圣祖御制诸书即其例也。然则此太和新律总持之主人乃李冲非孝文也。冲之与河西关系前已详论，兹不复赘。又《魏书》《北史》"源贺传附怀传"云：

> 思礼后赐名怀，迁尚书令，参议律令。（前文已引）

源氏虽非汉族，亦出河西，其家子孙汉化特深，至使人詈为汉儿（见前引《北史·源师传》）。然则源怀之学亦犹李冲之学，皆河西文化之遗风。太和第二次定律河西因子居显著地位，观此可知矣。又有可注意者，即太和新律已于太和十六年四月颁行，其时犹在王肃北奔前之一岁。盖太和定律，江东文化因素似未能加入其

105

中，恐亦由此未能悉臻美备，遂不得不更有正始定律之举欤？

《魏书》八《世宗纪》（《北史》四《魏本纪》同）云：

（正始元年十有二月）己卯，诏群臣议定律令。

同书六九《袁翻传》（《北史》四七《袁翻传》同）略云：

袁翻，陈郡项人也。父宣有才笔，为刘彧青州刺史沈文秀府主簿。皇兴中，东阳州平，随文秀入国，而大将军刘昶每提引之，言是其外祖淑之近亲，令与其府谘议参军袁济为宗。翻少以才学擅美一时，正始初，诏尚书门下于金墉中书外省考论律令，翻与门下录事常景、孙绍，廷尉监张虎，律博士侯坚固，治书侍御史高绰，前军将军邢苗，奉车都尉程灵虬，羽林监王元龟，尚书郎祖莹、宋世景，员外郎李琰之，太乐令公孙崇等并在议限。又诏太师彭城王勰、司州牧高阳王雍、中书监京兆王愉、前青州刺史刘芳、左卫将军元丽、兼将作大匠李韶、国子祭酒郑道昭、廷尉少卿王显等入预其事。

同书一一一《刑罚志》云：

世宗即位，意在宽政。正始元年冬，诏曰："议狱定律，有国攸慎，轻重损益，世或不同。先朝垂心宪典，刊革令轨，但时属征役，未之详究，施于时用，犹致疑舛。尚书门下可于中书外省论律令。诸有疑事，斟酌新旧，更加思理，增减上下，必令周备，随有所立，别以甲闻，庶于循变协时，永作通制。"

寅恪案：抽绎正始议律之诏语，知于太和新律意有所不满，故此次之考论必于太和新律所缺乏之因子当有弥补，而太和新律中江

106

左因子最少，前已言及，今正始修律议者虽多，但前后实主其事者刘芳、常景二人而已。二人《魏书》《北史》俱有《传》，前《礼仪》章已将其《传》文节引之矣。兹不复详悉重出，但略述最有关之语以资论证。考刘芳本南朝士族以俘虏入魏，其律学自属江左系统无疑。《魏书》《北史》"芳传"云：

〔自青州刺史〕还朝，议定律令。芳斟酌古今，为大议之主，其中损益，多芳意也。（前文已引）

据此，正始议律芳实为其主持者，其所以委芳以主持之任者，殆不仅以芳为当世儒宗，实欲借以输入江左文化，使其益臻美备，而补太和新律之缺憾耶？至此次与议之袁翻其以江左士族由南入北，正与刘芳同类，其律学亦为南学，更无待论也。

《洛阳伽蓝记》一"城内永宁寺"条略云：

〔常〕景字永昌，河内人也。敏学博通，知名海内。太和十九年，为高祖所器，拔为律博士，刑法疑狱，多访于景。正始初，诏刊律令，永作通式，敕景共治书侍御史高僧裕、羽林监王元龟、尚书郎祖莹、员外散骑侍郎李琰之等，撰集其事。又诏彭城王勰、青州刺史刘芳，入预其议。景讨正科条，商榷古今，甚有伦序，见行于世，今《律》二十篇是也。

寅恪案：前"礼仪"章引常爽、常景祖孙传，知其家世本出凉州，爽为当日大师，代表河西文化，景之起家为律博士，尤足征刑律为其家世之学也。《魏书》《北史》"常景传"又谓：

先是，太常刘芳与景等撰朝令，未及班行，别典仪注，多所草创，未成，芳卒，景纂成其事。及世宗崩，召景〔自长安〕赴京，还修仪注，又敕撰太和之后朝仪已施行者，凡五十

余卷。永熙二年，监议〔五礼〕（依徐崇说补）事。（前文已引）

此事固与刑律有别，但可知景为继刘芳之人，为当日礼仪、刑律之所从出，其在元魏末期法制史上地位之重要，自可知也。至程灵虬者，程骏之子（《魏书》《北史》"程骏传"，前文已引），家世本出凉州，骏为河西大儒刘昞之门人，灵虬又从学常爽，故灵虬刑律之学亦河西之流派也。

总之，元魏刑律实综汇中原士族仅传之汉学及永嘉乱后河西流寓儒者所保持或发展之汉魏晋文化，并加以江左所承西晋以来之律学，此诚可谓集当日之大成者。若就南朝承用之《晋律》论之，大体似较汉律为进化，然江左士大夫多不屑研求刑律，故其学无大发展。且汉律之学自亦有精湛之义旨，为江东所坠失者，而河西区域所保存汉以来之学术，别自发展，与北魏初期中原所遗留者亦稍不同，故北魏前后定律能综合比较，取精用宏，所以成此伟业者，实有其广收博取之功，并非偶然所致也。

北齐刑律最为史家所称，《隋书》二五《刑法志》略云：

河清三年，尚书令赵郡王叡等奏上《齐律》十二篇，又上《新令》四十卷，大抵采魏晋故事。是后法令明审，科条简要。又敕仕门之子弟，常讲习之。齐人多晓法律，盖由此也。

〔周律〕比于齐法，烦而不要。

故《齐律》之善于《周律》不待详论。但程树德先生《九朝律考》一七《〈北齐律考〉序》云：

推原其故，盖高氏为勃海蓨人。勃海封氏世长律学，封隆之参定麟趾格，封绘议定律令，而齐律实出于封绘之手，祖宗家法俱有渊源。

寅恪案：程氏之说以高齐皇室与封氏同乡里，而封氏又世长律学，似欲取家世及乡里二端以解释《齐律》所以美备之故。鄙意封氏世传律学，本南北朝学术中心移于家族之一例，其与高齐帝室同出渤海，则一偶然之事，实无相关之必然性也。窃谓《齐律》之美备殆由承袭北魏刑律之演进所致，并非由皇室乡里之特殊之原因。北齐刑律较优于南朝，前已言之，北齐之典章制度既全部因袭北魏，刑律亦不能独异，故此乃全体文化之承继及其自然演进之结果，观于前论礼仪、宫城、职官诸制度可以证明。程氏专考定律始末，仅就高齐与封氏同乡里一端立说，恐失之稍隘也。

北周制律，强摹《周礼》，非驴非马，与其礼仪、职官之制相同，已于前"职官"章详论之，兹不复赘。故隋受周禅，其刑律亦与礼仪、职官等皆不袭周而因齐，盖《周律》之矫揉造作，经历数十年而天然淘汰尽矣。

《隋书》二五《刑法志》略云：

> 高祖既受周禅，开皇元年，乃诏尚书左仆射高颎等更定新律，奏上之，多采后齐之制，而颇有损益。三年又敕苏威、牛弘等更定新律，自是刑网简要，疏而不失。

唐承隋业，其刑律又因开皇之旧本，《唐会要》三九"定格令门"（参考《旧唐书》五十《刑法志》）云：

> 武德元年六月十一日，诏刘文静与当朝通识之士，因隋开皇律令而损益之，遂制为五十三条，务从宽简，取便于时。其年十一月四日颁下，仍令尚书令左仆射裴寂、吏部尚书殷开山、大理卿郎楚之、司门郎中沈叔安、内史舍人崔善为等更撰定律令，十二月十二日又加内史令萧瑀、礼部尚书李纲、国子博士丁孝乌等同修之，至七年三月二十九日成，诏颁于天下。大略以开皇为准，正五十三条，凡律五百条，格入于新律，他

无所改正。

寅恪案：《唐律》因于《隋开皇》旧本，隋开皇定律又多因北齐，而北齐更承北魏太和正始之旧，然则其源流演变固了然可考而知也。兹就唐律中略举其源出北齐最显而易见之例数则，以资参考。

《唐律疏议》一《名例篇》云：

> 魏因《汉律》为一十八篇，改汉具律为刑名第一。晋命贾充等增损《魏律》为二十篇，于魏刑名律中分为法例律，宋、齐、梁、后魏因而不改。爰至北齐并刑名、法例为名例，后周复为刑名。隋因北齐，更为名例；唐因于隋，相承不改。

寅恪案：此隋唐律因北齐而不袭后周之一例证。

同书七《卫禁篇》云：

> 《卫禁律》者，秦汉及魏未有此篇，晋贾充酌汉魏之律，随事增损，创制此篇，名《卫宫律》，自宋洎于后周此名并无所改。至于北齐，将关禁附之，更名《禁卫律》，隋开皇改为《卫禁律》。

寅恪案：此隋唐律因北齐而不袭后周之又一例证。

同书一二《户婚篇》云：

> 《户婚律》，汉相萧何承《秦六篇律》后加厩、兴、户三篇，为九章之律；迄至后周，皆名《户律》；北齐以婚事附之，名《婚户律》；隋开皇以户在婚前，改为《户婚律》。

寅恪案：此为隋唐律承北齐而不袭后周之又一例证。

同书二一《斗讼篇》云：

从秦汉至晋，未有此篇。至后魏太和年分系讯律为斗律，至北齐以讼事附之，名为《斗讼律》，后周为《斗竞律》，隋开皇依齐斗讼名，至今不改。

寅恪案：此隋唐律因北齐不袭后周之又一例证。

同书二八《捕亡篇》云：

《捕亡律》者，魏文侯之时李悝制《法经》六篇，捕法第四，至后魏名《捕亡律》，北齐名《捕断律》，后周名《逃捕律》，隋复名《捕亡律》。

又同书二九《断狱篇》云：

《断狱律》之名起自于魏，魏分李悝囚法，而出此篇。至北齐，与《捕亡律》相合，更名《捕断律》。至后周复为《断狱律》。

寅恪案：初观此有似隋制律时此点不因北齐而转承后周者，但详绎之，则由《北齐律》合后《魏律》之《捕亡》与《断狱》为一，名《捕断律》，《隋律》之复析为二，实乃复北魏之旧，非意欲承北周也。然则据此转可证明北魏、北齐、隋、唐律为一系相承之嫡统，而与北周律无涉也，恐读者有所疑滞，特为之附辨于此。

五　音乐

今论隋唐音乐之渊源，其雅乐多同于礼仪，故不详及，惟有涉误会及前所未论者乃解释补充之。至胡乐则论述较详，盖自来中外学人考隋唐胡乐之源流者，其著撰大抵关于唐代直接输入之胡乐及隋代郑译七调出于北周武帝时龟兹人苏祗婆之类，皆已考证详确，此本章所不欲重论者。本章所欲论者，在证述唐之胡乐多因于隋，隋之胡乐又多传自北齐，而北齐胡乐之盛实由承袭北魏洛阳之胡化所致。因推究其渊源，明述其系统，毋使考史者仅见郑译七调之例，遂误以为隋唐胡乐悉因于北周也。

《隋书》一四《音乐志》略云：

> 开皇二年，齐黄门侍郎颜之推上言："礼崩乐坏，其来自久。今太常雅乐，并用胡声，请冯梁国旧事，考寻古典。"高祖不，从曰："梁乐亡国之音，奈何遣我用耶？"是时尚因周乐，命工人齐树提检校乐府，改换声律，益不能通。俄而柱国沛公郑译奏上，请修更正。于是诏太常卿牛弘、国子祭酒辛彦之、国子博士何妥等议正乐。然沦谬既久，音律多不乖，积年议不定，高祖大怒曰："我受天命七年，乐府犹歌前代功德耶？"

寅恪案：此条所纪有应解释补充者数事，即颜之推所谓"今太常雅乐并用胡声"之语指《隋书》一四《音乐志》所载：

> 〔周〕太祖辅魏之时，高昌款附，乃得其伎，教习以备飨

宴之礼。及天和六年，武帝罢掖庭四夷乐，其后帝娉皇后于北狄，得其所获康国、龟兹等乐，更杂以高昌之旧，并于大司乐习焉，采用其声，被于钟石，取《周官》制以陈之。

一节，盖周之乐官采用中央亚细亚之新乐也。但《志》谓高祖以梁乐为亡国之音，不从颜之推之请，似隋之雅乐不采江左之旧者，则实不然。《隋书》一五《音乐志》略云：

开皇九年平陈，获宋齐旧乐，诏于太常置清商署，以管之。求陈太乐令蔡子元、于普明等，复居其职。由是牛弘奏曰："前克荆州，得梁家雅曲，今平蒋州，又得陈氏正乐。史传相承，以为合古。且观其曲体，用声有次，请修缉之，以备雅乐。其后魏洛阳之曲，据《魏史》云"太武平赫连昌所得"，更无明证。后周所用者皆是新造，杂有边裔之声。戎音乱华，皆不可用。请悉停之。"晋王广又表请，帝乃许之。牛弘遂因郑译之旧，又请依古五声六律，旋相为宫，高祖犹忆〔何〕妥言（寅恪案：何妥非十二律旋相为宫义，见《隋书》一四《音乐志》），注弘奏下，不许作旋宫之乐，但作黄钟一宫而已。于是牛弘及秘书丞姚察、通直散骑常侍许善心、仪同三司刘臻、通直郎虞世基等，更共详议。十四年三月，乐定（参《隋书》二《高祖纪》开皇十四年三月乙丑诏书）。秘书监奇章县公牛弘，秘书丞北绛郡公姚察，通直散骑常侍虞部侍郎许善心，兼内史舍人虞世基，仪同三司东宫学士饶阳伯刘臻等奏曰："金陵建社，朝士南奔，帝则皇规，粲然更备，与内原（寅恪案：内原即中原，隋讳嫌名故改）隔绝，三百年于兹矣。伏惟明圣膺期，会昌在运。今南征所获梁陈乐人，及晋宋旗章，宛然俱至。臣等伏奉明诏，详定雅乐，博访知音，旁求儒彦，研校是非，定其去就，取为一代正乐，具在本司。"于是并撰歌辞三十首，诏并令施用。

据此，则隋制雅乐，实采江东之旧，盖雅乐系统实由梁陈而传之于隋也。其中议乐诸臣多是南朝旧人，其名氏事迹前已述及者，兹从略省，惟补记前文所未载者如下：

《陈书》二七《姚察传》（《南史》六九《姚察传》同）略云：

> 姚察，吴兴武康人也。九世祖信，吴太常卿，有名江左。〔梁〕元帝于荆州即位，授察原乡令。〔陈后主世〕迁吏部尚书。陈灭入隋，开皇九年，诏授秘书丞。

《北齐书》四五《文苑传·颜之推传》（《北史》八三《文苑传·颜之推传》同）略云：

> 颜之推，琅邪临沂人也。九世祖含，从晋元东度，官至侍中右光禄西平侯。父勰，梁湘东王绎镇西府谘议参军。〔湘东王〕绎遣世子方诸出镇郢州，以之推掌管记。值侯景陷郢州，被囚送建业。景平，还江陵。时绎已自立，以之推为散骑侍郎，奏舍人事。后为周军所破。大将军李显庆重之，荐往弘农，令掌其兄阳平公远书翰。值河水暴长，具船将妻子来奔。寻除黄门侍郎，齐亡入周，隋开皇中，太子召为学士。

《隋书》七六《文学传·刘臻传》（《北史》八三《文苑传·刘臻传》同）略云：

> 刘臻，沛国相人也。父显，梁寻阳太守。（臻）为邵陵王东阁祭酒。元帝时，迁中书舍人。江陵陷没，复归萧察，以为中书侍郎。周冢宰宇文护辟为中外府记室，后历蓝田令、畿伯下大夫。高祖受禅，进位仪同三司。

寅恪案：姚察、颜之推、刘臻皆江左士族，梁陈旧臣，宜之推

114

请依梁旧事，以考古典，察、臻等议定隋乐，以所获梁陈乐人备研校，此乃隋开皇时制定雅乐兼采梁陈之例证也。

《隋书》一五《音乐志》略云：

> 始开皇初定令，置《七部乐》：一曰《国伎》，二曰《清商伎》，三曰《高丽伎》，四曰《天竺伎》，五曰《安国伎》，六曰《龟兹伎》，七曰《文康伎》。又杂有疏勒、扶南、康国、百济、突厥、新罗、倭国等伎。及大业中，炀帝乃定《清乐》《西凉》《龟兹》《天竺》《康国》《疏勒》《安国》《高丽》《礼毕》，以为《九部乐》。乐器工依创造既成，大备于兹矣。

> 《清乐》其始即《清商三调》是也，并汉来旧曲。乐器形制，并歌章古辞，与魏三祖所作者，皆被于史籍。属晋朝迁播，夷羯窃据，其音分散。苻永固（寅恪案：苻坚字永固，此避隋讳改）平张氏，始于凉州得之。宋武平关中，因而入南，不复存于内地。及平陈后获之。高祖听之，善其节奏，曰："此华夏正声也。"其乐器有钟、磬、琴、瑟、击琴、琵琶、箜篌、筑、筝、节鼓、笙、笛、箫、篪、埙等十五种，为一部。工二十五人。

寅恪案：此隋定乐兼采梁陈之又一例证也，此部乐器中既有琵琶、箜篌，是亦有胡中乐器，然则亦不得谓之纯粹华夏正声，盖不过胡乐之混杂输入较先者，往往使人不能觉知其为输入品耳。同书同卷《音乐志》略云：

> 西凉者，起苻氏之末，吕光、沮渠蒙逊等，据有凉州，变龟兹声为之，号为秦汉伎。魏太武既平河西得之，谓之《西凉乐》。至魏周之际，遂谓之《国伎》。今曲项琵琶、竖头箜篌之徒，并出自西域，非华夏旧器。

寅恪案：此河西文化影响北魏遂传至隋之一例证，其系统渊源，史志之文尤明显矣。至云魏周之际遂谓之国伎，则流传既久，浑亡其外来之性质，凡今日所谓国粹者颇多类此，如国医者是也，以非本书范围，故不置论。

《隋书》一五《音乐志》略云：

> 龟兹者，起自吕光灭龟兹，因得其声。吕氏亡，其乐分散，后魏平中原，复获之。其声后多变易，至隋有《西国龟兹》《齐朝龟兹》《土龟兹》等，凡三部。开皇中，其器大盛于闾阎。时有曹妙达、王长通、李士衡、郭金乐、安进贵等，皆妙绝弦管，新声奇变，朝改暮易，持其音技，估衒公王之间，举时争相慕尚。高祖病之，谓群臣曰："闻公等皆好新变，所奏无复正声，此不祥之大也。公等对亲宾宴饮，宜奏正声；声不正，何可使儿女闻也。"帝虽有此敕，而竟不能救焉。炀帝大制艳篇，辞极淫绮，令乐正白明达造新声，帝悦之无已，因语明达云："齐氏偏隅，曹妙达犹自封王。我今天下大同，欲贵汝，宜自修谨！"

寅恪案：隋代上自宫廷，下至民众，实际上最流行之音乐，即此龟兹乐是也。考龟兹乐多传自北齐，如曹妙达者，固是齐人也。

《隋书》一三《音乐志》略云：

> 炀帝矜奢，颇玩淫曲，御史大夫裴蕴，揣知帝情，奏括周、齐、梁、陈乐工子弟，及人间善声调者，凡三百余人，并付太乐。倡优獶杂，咸来萃止。其哀管新声，淫弦巧奏，皆出邺城之下，高齐之旧曲云。

观此，则知隋世之音乐实齐乐也。又其所谓"倡优獶杂"者即《隋书》一五《音乐志》之：

> 始，齐武平中，有鱼龙烂漫、俳优朱儒、山车巨象、拔井
> 种瓜、杀马剥驴等奇怪异端，百有余物，名为百戏。周时，郑
> 译有宠于宣帝，奏征齐散乐人，并会京师为之。盖秦角抵之流
> 者也。开皇初，并放遣之。及大业二年，突厥染干来朝，炀帝
> 欲夸之，总追四方散乐，大集东都。

一节所言之散乐，亦即齐之百戏也。又隋代不仅俗乐即实际流行之音乐出于北齐，即庙堂雅奏亦受齐乐工之影响。如《隋书》一五《音乐志》云：

> 高祖遣内史侍郎李元操、直内史省卢思道等，列清庙歌辞
> 十二曲。令齐乐人曹妙达，于太常教习，以代周歌。

可证也，考北齐盛行之乐皆是胡乐，《隋书》一四《音乐志》述齐代音乐略云：

> 杂乐有西凉鼙舞、清乐、龟兹等。然吹笛、弹琵琶、五弦
> 及歌舞之伎，自文襄以来皆所爱好。至河清以后，传习尤盛。
> 后主唯赏胡戎乐，耽爱无已。于是繁手淫声，争新哀怨。故曹
> 妙达、安未弱、安马驹之徒，至有封王开府者。

寅恪案：曹、安等皆西胡氏族也，北齐之宫廷尤其末年最为西域胡化，其关于政治及其他伎术者，兹置不论。即观《北齐书》五十《恩幸传》（《北史》九二《恩幸传》同）所载关于音乐歌舞者，可知皆出于西胡之族类也，如传《序》略云：

> 西域丑胡、龟兹杂伎，封王者接武，开府者比肩。其帝家
> 诸奴及胡人乐工，叨窃贵幸，今亦出焉。

117

《传》末略云：

> 又有史丑多之徒胡小儿等数十，咸能舞工歌，亦至仪同开府封王。至于胡小儿等眼鼻深险，一无可用。

然则北齐宫廷胡化音乐势力之广大有如是者，更可注意者，即《恩幸传·韩凤传》云：

> 寿阳陷没，凤与穆提婆闻告败，握槊不辍，曰："他家物，从他去。"后帝使于黎阳临河筑城戍，曰："急时且守此作龟兹国子，更可怜人生如寄，唯当行乐，何因愁为？"君臣应和若此。

夫握槊西胡戏也，龟兹西域国也，齐室君臣于存亡危急之秋犹应和若此，则其西胡化之程度可知，何怪西胡音乐之大盛于当时，而传流于隋代也。鄙意北齐邺都所以如此之西胡化者，其故实为承袭北魏洛阳之遗风，《洛阳伽蓝记》三"城南永桥以南，园丘以北，伊洛之间，夹御道有四夷馆"条云：

> 西夷来附者，处崦嵫馆，赐宅慕义里。自葱岭以西，至于大秦，百国千城，莫不款附。商胡贩客，日奔塞下。所谓尽天地之区矣。乐中国土风因而宅者，不可胜数。是以附化之民，万有余家，门巷修整，阛阓填列。青槐荫陌，绿柳垂庭。天下难得之货，咸悉在焉。

又同书同卷"菩提寺"条云：

> 菩提寺，西域胡人所立也。在慕义里。

盖北魏洛阳既有万余家之归化西域胡人居住，其后东魏迁邺，此类胡人当亦随之移徙，故北齐邺都西域胡化尤其胡乐之盛必与此有关。否则齐周东西隔绝，若以与西域交通论，北周领土更为便利，不应北齐宫廷胡小儿如是之多，为政治上一大势力，而西域文化如音乐之类北齐如是之盛，遂至隋代犹承其遗风也。故隋之胡乐大半受之北齐，而北齐邺都之胡人胡乐又从北魏洛阳转徙而来，此为隋代胡乐大部分之系统渊源，前人尚未论及，因为备述之如此。

至唐初音乐之多承隋旧，其事甚显，故不多述，仅节录《唐会要》之文如下（参考《旧唐书》二八《音乐志》、《新唐书》二一《礼乐志》等）：

《唐会要》三二"雅乐"条略云：

> 高祖受禅，军国多务，未遑改创，乐府尚用隋代旧文。

同书三三"宴乐"条略云：

> 武德初未暇改作，每谈享因隋旧制，奏九部乐：一宴乐，二清商，三西凉，四扶南，五高丽，六龟兹，七安国，八疏勒，九康国。

寅恪案：唐之初期其乐之承隋亦犹礼之因隋，其系统渊源，盖无不同也。若其后之改创及直接从西域输入者则事在本章主旨范围之外，故置不论。

六　兵制[①]

（一）

府兵之制起于西魏大统，废于唐之天宝，前后凡二百年，其间变易增损者颇亦多矣。后世之考史者于时代之先后往往忽略，遂依据此制度后期即唐代之材料，以推说其前期即隋以前之事实，是执一贯不变之观念，以说此前后大异之制度也，故于此中古史最要关键不独迄无发明，复更多所误会。夫唐代府兵之制，吾国史料本较完备，又得日本《养老令》之宫卫军防诸令条，可以推比补充，其制度概略今尚不甚难知。惟隋以前府兵之制，则史文缺略，不易明悉，而唐人追述前事，亦未可尽信。兹择取此制前期最要之史料，试为考释，其间疑滞之义不能通解者殊多，又所据史籍，皆通行坊刻，未能与传世善本一一详校，尤不敢自谓有所创获及论断也。

（二）

《北史》六十（《周书》一六同，但无"每一团仪同二人"至"并资官给"一节，又《通典》二八《职官典》十"将军总叙"条及三四《职官典》一六"勋官"条略同）云：

初，魏孝庄帝以尔朱荣有翊戴之功，拜荣柱国大将军，位

---

① 此章本题为"府兵制前期史料试释"，载《中央研究院历史语言研究所集刊》第七本第三分，兹略增订，以为此书之一章。

120

在丞相上。荣败后，此官遂废。大统三年，魏文帝复以周文帝建中兴之业，始命为之。其后功参佐命、望实俱重者亦居此职。自大统十六年已前，任者凡有八人。周文帝位总百揆，都督中外军事，魏广陵王欣，元氏懿戚，从容禁闼而已。此外六人，各督二大将军，分掌禁旅，当爪牙御侮之寄，当时荣盛，莫与为比。故今之称门阀者，咸推八柱国家。今并十二大将军录之于左：

使持节太尉柱国大将军大都督尚书左仆射陇右行台少师陇西郡开国公李虎（略）（与周文帝为八柱国。）

使持节大将军大都督少保广平王元赞。（略）

[是为十二大将军。每大将军督二开府，凡为二十四员，分团统领，是二十四军。每一团，仪同二人。自相督率，不编户贯。都十二大将军。十五日上，则门栏陛戟，警昼巡夜；十五日下，则教旗习战，无他赋役，每兵唯办弓刀一具，月简阅之。甲槊戈弩，并资官给。自大统十六年以前，十二大将军外，念贤及王思政亦拜大将军。然贤作牧陇右，思政出镇河南，并不在领兵之限。此后功臣位至柱国及大将军者众矣，不限此秩（"不限此秩"，《周书》及《通典》俱作"咸是散秩"），无所统御。六柱国十二大将军之后有以位次嗣掌其事者，而德望素在诸公之下，并不得预于此例。]

《玉海》一三八《兵制》三引《邺侯家传》云：

初置府，不满百，每府有郎将主之，而分属二十四军，每府一人将焉。每二开府属一大将军，二大将军属一柱国大将军，仍加号持节大都督以统之。时皇家太祖景皇帝（李虎）为少师陇右行台仆射陇西公，与臣五代祖弼、太保大司徒赵郡公及大宗伯赵贵、大司马独孤信、大司寇于谨、大司空侯莫陈崇等六家主之，是为六柱国，其众不满五万。初置府兵，皆于

六户中等已上家有三丁者，选材力一人，免其身租庸调，郡守
农隙教试阅，兵仗衣、驮牛驴及糗粮六家共备，抚养训导，有
如子弟，故能以寡克众。自初属六柱国家，及分隶十二卫，皆
选勋德信臣为将军。

寅恪案：《通鉴》一六三"梁简文帝大宝元年即西魏文帝大统
十六年纪府兵之缘起"，即约略综合上引二条之文，别无其他材料。
惟"六家共备"今所见诸善本俱作"六家供之"，当非误刊（参考
章钰先生《胡刻通鉴正文校宋记》一七）。盖温公读"共"为
"供"，仅此一事殊可注意而已。夫关于府兵制度起源之史料，君实
当日所见者既是止此二条，故今日惟有依此二条之记载，旁摭其他
片断之材料，以相比证，试作一较新之解释于下：

北魏晚年六镇之乱，乃塞上鲜卑族对于魏孝文帝所代表拓跋氏
历代汉化政策之一大反动，史实甚明，无待赘论。高欢、宇文泰俱
承此反对汉化保存鲜卑国粹之大潮流而兴起之枭杰也。宇文泰当日
所凭借之人材地利远在高欢之下，若欲与高氏抗争，则惟有于随顺
此鲜卑反动潮流大势之下，别采取一系统之汉族文化，以笼络其部
下之汉族，而是种汉化又须有以异于高氏治下洛阳邺都及萧氏治下
建康江陵承袭之汉魏晋之二系统，此宇文泰所以使苏绰、卢辩之徒
以《周官》之文比附其鲜卑部落旧制，资其野心利用之理由也。苟
明乎此，则知宇文泰最初之创制，实以鲜卑旧俗为依归；其有异于
鲜卑之制而适符于《周官》之文者，乃黑獭别有利用之处，特取
《周官》为缘饰之具耳。八柱国者，摹拟鲜卑旧时八国即八部之制
者也。《魏书》一一三《官氏志》云：

初，安帝统国，诸部有九十九姓。至献帝时，七分国人，
使诸兄弟各摄领之，乃分其氏。七族之兴，自此始也。又命叔
父之胤曰乙旃氏，后改为叔孙氏。又命疏属曰车焜氏，后改为
车氏。凡与帝室为十姓，百世不通婚。凡此诸部，其渠长皆自

统众。

（天兴元年）十二月，置八部大夫、散骑常侍、待诏等官。其八部大夫于皇城四方四维面置一人，以拟八座，谓之八国。

天赐元年十一月以八国姓族难分，故国立大师、小师，令辩其宗党，品举人才。自八国以外，郡各自立师，职分如八国，比今之中正也。宗室立宗师，亦如州郡八国之仪。

神瑞元年春，置八大人官，大人下置三属官，总理万机，故世号八公云。

又同书一百十《食货志》云：

天舆初，制定京邑，东至代郡，西及善无，南极阴馆，北尽参合，为畿内之田；其外四方四维置八部帅以监之。

《周书》二《文帝纪下》"魏恭帝元年"（《通鉴》一六五"梁元帝承圣三年春"同）云：

魏氏之初，统国三十六，大姓九十九，后多绝灭。至是，以诸将功高者为三十六国后，次功者为九十九姓后，所统军人，亦改从其姓。

寅恪案：拓跋族在塞外时，其宗主为一部，其余分属七部，共为八部。宇文泰八柱国之制以广陵王元欣列入其中之一，即拟拓跋邻即所谓献帝本支自领一部之意，盖可知也。据《周书》二《文帝纪下》、《北史》九《周本纪上》"西魏恭帝元年"及《通鉴》一六五"梁元帝承圣三年"所载"西魏诸将赐胡姓"之例，"所统军人亦改从其姓"，明是以一军事单位为一部落，而以军将为其部之酋长。据《魏书·官氏志》云："凡此诸部，其渠长皆自统众。"则凡一部落即一军事单位内之分子对于其部落之酋长即军将，有直接隶属即类似君臣之关系与名分义务，此又可以推绎得知者。宇文泰初起时，本非当日关陇诸军之主帅，实与其他柱国若赵贵辈处于同等地位，适以机会为贵等所推耳。如《周书》一《文帝纪上》（《北史》九《周本纪上》略同）略云：

> 〔贺拔〕岳果为〔侯莫陈〕悦所害。其士众散还平凉，唯大都督赵贵率部曲收岳尸还营。于是三军未有所属，诸将以都督寇洛年最长，相与推洛，以总兵事。洛素无雄略，威令不行，乃谓诸将曰："洛智能本阙，不宜统御，近者迫于群议，推相摄领，今请避位，更择贤材。"于是赵贵言于众曰："元帅（贺拔岳）勋业未就，奄罹凶酷。岂唯国丧良宰，固亦众无所依。窃观宇文夏州，远迩归心，士卒用命。今若告丧，必来赴难，因而奉之，则大事集矣。"诸将皆称善。

又同书一六《赵贵传》（《北史》五九《赵贵传》、《通鉴》一六七"陈武帝永定元年"同）云：

> 初贵与独孤信等皆与太祖（宇文泰）等夷。

及《周书》一五《于谨传》（《北史》二三《于谨传》及《通鉴》一六六"梁敬帝太平元年"同）云：

> 谨既太祖等夷。

皆是其证。但八柱国之设，虽为摹仿鲜卑昔日八部之制，而宇文泰既思提高一己之地位，不与其柱国相等，又不欲元魏宗室实握兵权，故虽存八柱国之名，而以六柱国分统府兵，以比附于《周官》六军之制。此则杂糅鲜卑部落制与汉族《周官》制，以供其利用，读史者不可不知者也。

又宇文泰分其境内之兵，以属赵贵诸人，本当日事势有以致之，殊非其本意也。故遇机会，必利用之，以渐收其他柱国之兵权，而扩大己身之实力，此又为情理之当然者。但此事迹象史籍不甚显著，故易为考史者所忽视。兹请略发其覆：据《周书》《北史》《通典》之纪八柱国，皆断自大统十六年以前，故《通鉴》即系此事于"梁简文帝大宝元年即西魏文帝大统十六年"。其所以取此年为断限者，以其为李虎卒前之一年也。盖八柱国中虎最先卒，自虎卒后，而八柱国中六柱国统兵之制始一变。

《通鉴》一六四"梁简文帝大宝二年即西魏文帝大统十七年"云：

> 五月，魏陇西襄公李虎卒。

《通鉴》此条所出，必有确实之依据，自不待言。《周书》三八《元伟传》附录魏宗室王公名位中有二柱国：一为柱国大将军太傅大司徒广陵王元欣，一即柱国大将军少师义阳王元子孝。元子孝以少师而为柱国，明是继李虎之位。《魏书》一九、《北史》一七俱载子孝事迹，但《北史》较详。《北史》云：

> 孝武帝入关，不及从驾。后赴长安，封义阳王，后历尚书令、柱国大将军。子孝以国运渐移，深自贬晦，日夜纵酒，后例降为公，复姓拓拔氏。未几，卒。

亦未载子孝为柱国年月，万斯同《西魏将相大臣年表》"恭帝元年甲戌"条云：

> 少师（柱国）〔李〕虎卒。
> 义阳王子孝柱国大将军。

万《表》以义阳王子孝继李虎之职，自属正确。但列李虎卒于恭帝元年，显与《通鉴》冲突，疑不可据。（谢启崑《西魏书》一八《李虎传》载虎卒于恭帝元年五月，亦误。）

又《周书》一九《达奚武传》（《北史》六五《达奚武传》及《通鉴》一六四《梁简文帝》"大宝二年元帝承圣元年"俱略同）云：

〔大统〕十七年（《北史》脱"七"字），诏武率兵三万经略汉川。自剑以北悉平。明年（即西魏废帝元年），武振旅还京师，朝议初欲以武为柱国，武谓人曰："我作柱国，不应在元子孝前。"固辞不受。

可知西魏废帝元年即李虎卒后之次年，达奚武以攻取汉中之功应继虎之后任为柱国，而武让于元子孝也。此亦李虎卒于大统十七年，而其次年即废帝元年达奚武班师还长安时（《通鉴》系达奚武取南郑于"梁元帝承圣元年即西魏废帝元年五月"，故武之还长安尚在其后），其遗缺尚未补入之旁证。武之让柱国于子孝，非仅以谦德自鸣，殆窥见宇文泰之野心，欲并取李虎所领之一部军士，以隶属于己。元子孝与元欣同为魏朗宗室，从容禁闼，无将兵之实，若以之继柱国之任，徒拥虚位，黑獭遂得增加一己之实力以制其余之五柱国矣。故《周书》二《文帝纪下》（《通鉴》一六五"梁元帝承圣二年"同）云：

（魏废帝）二年春，魏帝诏太祖去丞相大行台，为都督中外诸军事。

此为宇文泰权力扩张压倒同辈名实俱符之表现，而适在李虎既卒、达奚武让柱国于元子孝之后，其非偶然，抑可知也。又元子孝为虚位柱国，既不统军，而实领李虎旧部者当为宇文泰亲信之人。

126

《周书》二十《阎庆传》（《北史》六一《阎庆传》同）云：

> 赐姓大野氏。晋公护母，庆之姑也。

依西魏赐姓之制，统军之将帅与所统军人同受一姓。庆与李虎同姓大野氏，虎之年位俱高于庆，则庆当是虎之部下；庆与宇文氏又有戚谊，或者虎卒之后，黑獭即以柱国虚位界元子孝，而以己之亲信资位较卑若阎庆者代领其军欤？此无确证，姑备一说而已。

总而言之，府兵之制，其初起时实摹拟鲜卑部落旧制，而部落酋长对于部内有直辖之权，对于部外具独立之势。宇文泰与赵贵等并肩同起，偶为所推，遂居其上，自不得不用八柱国之虚制，而以六柱国分统诸兵。后因李虎先死之故，并取其兵，得扩张实力，以慑服其同起之酋帅。但在宇文氏创业之时，依当时鲜卑旧日观念，其兵士尚分属于各军将，而不直隶于君主。若改移此部属之观念，及变革此独立之制度，乃宇文泰所未竟之业，而有待于后继者之完成者也。

宇文泰之建国，兼采鲜卑部落之制及汉族城郭之制，其府兵与农民迥然不同，而在境内为一特殊集团及阶级。《北史》六十所谓"自相督率，不编户贯"及《周书》三《孝闵帝纪》（《北史》九《周本纪上》同）元年八月甲午诏曰：

> 今二十四军宜举贤良堪治民者，军列九人。

皆足证也。

邺侯家传所谓"六户中等已上"者，此"六户"与《传》文之"六家"不同，盖指九等之户即自中下至上上凡六等之户而言，《文献通考》一五一《兵考》作二"六等之民"，当得其义。《魏书》一百十《食货志》云：

显祖（今本《通典》五《食货典》作"庄帝"，不合）遂因民贫富，为租输三等九品之制。

宇文泰殆即依此类旧制分等也。又《周书》二《文帝纪下》"魏大统九年"（《通鉴》一五八"梁武帝大同九年"同）云：

于是广募开陇豪右，以增军旅。

然则府兵之性质，其初元是特殊阶级。其鲜卑及六镇之胡汉混合种类及山东汉族武人之从入关者固应视为贵族，即在关陇所增收编募，亦上限于中等以上豪富之家，绝无下级平民参加于其间，与后来设置府兵地域内其兵役之比较普遍化者，迥不相同也。

又《邺侯家传》"六家共之"之语，"共"若依《通鉴》作"供给"之"供"，自易明了。惟"六家"之语最难通解，日本冈崎文夫教授于其所著《关于唐卫府制与均田租庸调法之一私见》（《东北帝国大学十周年纪念史学文学论集》）中，虽致疑于何故不采周礼以来传统之五家组合，而取六家组合，但亦未有何解释。鄙意《通鉴》采用《邺侯家传》已作"六家"，故"六"字不得视为传写之误。然细绎李书，如"六家主之"及"自初属六柱国家"等语，其"六家"之语俱指李弼等六家，故其"六家共备"之"六家"疑亦同指六柱国家而言也。《北史》云："甲槊戈弩并资官给。"李书既以府兵自初属六柱国家，故以"六家供备"代"并资官给"，观其于"六家共（依《通鉴》通作'供'）备"下，即连接"抚养训导，有如子弟"之语，尤足证其意实目六柱国家。至其词涉夸大，不尽可信，则与《传》文之解释又别是一事，不可牵混并论也。

又《玉海》一三八《兵制三》注云：

或曰："宇文周制府卫法，七家共出一兵。"

寅恪案：七家共出一兵，为数太少，决不能与周代情势符合，无待详辨。但可据此推知《邺侯家传》中"六家共备"之"共"，南宋人已有误读为"共同"之"共"者，七家共出一兵之臆说殆因此而生。伯厚置诸卷末子《注》或《说》中，是亦不信其为史实也。

据《北史》六十"自相督率，不编户贯"及"十五日上，则门栏陛戟，警昼巡夜；十五日下，则教旗习战"等语，则《邺侯家传》所谓"郡守农隙教试阅"者，绝非西魏当日府兵制之真相，盖农隙必不能限于每隔十五日之定期，且当日兵士之数至少，而战守之役甚繁，欲以一人兼兵农二业，亦极不易也。又《北史》谓军人"自相督率，不编户贯"，则更与郡守无关，此则《邺侯家传》作者李繁依唐代府兵之制，以为当西魏初创府兵时亦应如是，其误明矣。李延寿生值唐初，所纪史事犹为近真。温公作《通鉴》，其叙府兵最初之制，不采《北史》之文，而袭《家传》之误，殊可惜也。

吾辈今日可以依据《北史》所载，解决府兵之兵农分合问题。《新唐书》五十《兵志》云：

> 盖古者兵法起于井田，自周衰，王制坏而不复。至于府兵，始一寓之于农。

叶适《习学记言》三九《唐书》"表志"条驳"兵农合一"之说，略云：

> 宇文苏绰患其然也，始令兵农各籍，不相牵缀，奋其至弱，卒以灭齐。隋因之，平一宇内，当其时无岁不征，无战不克，而财货充溢，民无失业之怨者，徒以兵农判为二故也。然则岂必高祖太宗所以盛哉！乃遵其旧法行之耳。兵农已分，法久而坏，不必慨慕府兵，误离为合，徇空谈而忘实用矣。

寅恪案：欧阳永叔以唐之府兵为兵农合一是也。但概括府兵二百年之全部，认其初期亦与唐制相同，兵农合一，则已谬矣。叶水心以宇文苏绰之府兵为兵农分离，是也。但亦以为其制经二百年之久，无根本之变迁，致认唐高祖太宗之府兵仍是兵农分离之制，则更谬矣。司马君实既误用《家传》以唐制释西魏府兵，而欧阳、叶氏复两失之，宋贤史学，今古罕匹，所以致疏失者，盖史料缺略，误认府兵之制二百年间前后一贯，无根本变迁之故耳。（《通鉴》二一二"唐玄宗开元十年纪张说建议召募壮士充宿卫"事，以为"兵农之分从此始"，是司马之意亦同欧阳，以唐代府兵为兵农合一，此则较叶氏之无真知灼见，好为异说而偶中者，诚有间矣。）

（三）

《隋书》二《高祖纪下》（《北史》一一《隋本纪上》、《通鉴》一七七"隋文帝开皇十年"同）云：

> （开皇十年）五月乙未，诏曰："魏末丧乱，宇县瓜分，役车岁动，未遑休息。兵士军人，权置坊府，南征北伐，居处无定。恒为流寓之人，竟无乡里之号。朕甚愍之。凡是军人，可悉属州县，垦田籍帐，一与民同。军府统领，宜依旧式。罢山东、河南及北方缘边之地新置军府。"

同书二四《食货志》（《通典》二及三及五及七《食货典》，又《周书》五《武帝纪上》、《北史》十《周本纪下》俱同）云：

> 至〔齐武成帝〕河清三年定令，乃命人居十家为比邻，五十家为闾里，百家为族党。男子十八已上六十五已下为丁，十六已上十七已下为中，六十六已上为老，十五已下为小。率以十八受田，输租调，二十充兵，六十免力役，六十六退田，免

租调。

〔周〕武帝保定元年，改八丁兵为十二丁兵，率岁一月役。建德二年，改军士为侍官，募百姓充之，除其县籍。是后夏人半为兵矣。

及〔隋高祖〕受禅，又迁都，发山东丁，毁造宫室。仍依周制，役丁为十二番，匠则六番。及颁新令：男女三岁已下为黄，十岁已下为小，十七已下为中，十八已上为丁。丁从课役，六十为老，乃免。其丁男、中男、永业、露田，皆遵后齐之制。

开皇三年正月，〔隋文〕帝入新宫。初令军人（人即民也，《北史》一一《隋本纪上》《通典》七《食货典》及《通鉴》一七五“陈长城公至德元年三月”俱无“军”字）以二十一成丁，减十二番每岁为二十日役，减调绢一匹为二丈。

《通鉴》一七五“陈长城公至德元年三月”胡《注》云：

后周之制，民年十八成丁，今增三岁。每岁十二番，则三十日役，今减为二十日役，及调绢减半。

《通典》二八《职官典》十“将军总叙”条云：

隋凡十二卫，各置大将军一人，将军二人，以总府事。盖魏、周十二大将军之遗制。

《唐六典》二四“左右卫大将军”条注云：

隋左右卫，左右武卫，左右候，左右武候，左右领军，左右率府，各有大将军一人，所谓十二卫大将军也。

上章已论宇文泰欲渐改移鲜卑部属之观念及制度，而及身未竟其业，须俟其后继者始完成之。兹所引史料，足证明此点，亦即西魏府兵制转为唐代府兵制过渡之关键所在也。《郿侯家传》（《新唐书》五十《兵志》、《通鉴》二十六"唐玄宗天宝八载"同）云：

> 自置府以其番上宿卫，礼之，谓之侍官，言侍卫天子也。至是卫佐悉以借姻戚之家为僮仆执役，京师人相诋訾者，即呼为侍官。

寅恪案：周武帝改军士为侍官，即变更府兵之部属观念，使其直隶于君主。此湔洗鲜卑部落思想最有意义之措施，不可以为仅改易空名而忽视之也。

又最初府兵制下之将卒皆是胡姓，即同胡人。周武帝募百姓充之，改其民籍为兵籍，乃第一步府兵之扩大化即平民化。此时以前之府兵既皆是胡姓，则胡人也，百姓，则夏人也，故云："是后夏人半为兵矣。"此条"夏"字《隋书》《通典》俱同有之，必非误衍，若不依鄙意解释恐不易通。冈崎教授于其所著论文之第六页第七行引《隋书·食货志》及《通典》此条俱少一"夏"字，岂别有善本依据耶？抑以其为不可解之故，遂认为衍文而删之耶？寅恪所见诸本皆是通行坊刻，若其他善本果有异文，尚希博雅君子不吝教诲也。

保定元年改八丁兵为十二丁兵者，据《通鉴》一六八"陈文帝天嘉二年"胡《注》云：

> 八丁兵者，凡境内民丁分为八番，递上就役。十二丁兵者，分为十二番，月上就役，周而复始。

寅恪案：《隋书·食货志》言："隋高祖受禅，仍依周制，役丁为十二番"，是周制分民丁为十二番之证。胡说固确，但保定元

132

年为宇文周开国之第五年，距创设府兵之时代至近，又在建德二年募百姓充侍官之前者尚十二年，此年之令文，《周书》《隋书》《北史》《通典》所载悉同，当无讹脱。令文既明言兵丁，而胡氏仅以"境内民丁"释之，绝不一及兵字，其意殆以为其时兵民全无区别，与后来不异，则疑有未妥也。

周武帝既施行府兵扩大化政策之第一步，经四年而周灭齐，又四年而隋代周，其间时间甚短，然高齐文化制度影响于战胜之周及继周之隋者至深且巨，府兵制之由西魏制而变为唐代制即在此时期渐次完成者也。

陈傅良《历代兵制》五云：

> 魏周齐之世已行租调之法，而府兵之法由是而始基（《通鉴·陈纪》齐显（寅恪案：显当作世）祖令民十八受田，输租调，二十充兵，六十免力役，六十六还田，免租调），加以宇文泰之贤，专意法古，当时兵制增损尤详，然亦未易遽成也。故其制虽始于周齐，而其效则渐见于隋，彰于唐，以此知先王之制其废既久，则复之必以渐欤？

寅恪案：陈氏语意有未谛者，不足深论，但其注引齐制"十八受田，输租调，二十充兵"之文，则殊有识。盖后期府兵之制全部兵农合一，实于齐制始见诸明文，此实府兵制之关键也。但当时法令之文与实施之事不必悉相符合，今日考史者无以知其详，故不能确言也。

又《隋书》二七《百官志》"尚书省五兵尚书"条略云：

> 五兵统右中兵（掌畿内丁帐、事力、蕃兵等事）。
> 左外兵（掌河南及潼关已东诸州丁帐及发召征兵等事）。
> 右外兵（掌河北及潼关已西诸州，所典与左外同）。

寅恪案：北齐五兵尚书所统之右中兵、左外兵、右外兵等曹，既掌畿内及诸州丁帐及发召征兵等事，疑北齐当日实已施行兵民合一之制，此可与《隋书·食货志》所载齐河清三年令规定民丁充兵年限及其与受田关系者可以参证也。

隋文帝开皇十年诏书中有"垦田籍帐悉与民同"之语，与《北史》所载府兵初起之制兵士绝对无暇业农者，自有不同。此诏所言或是周武帝改革以后之情状，或目府兵役属者所垦，而非府兵自耕之田，或指边地屯垦之军而言，史文简略，不能详也。隋代府兵制变革之趋向，在较周武帝更进一步之君主直辖化即禁卫军化，及征调扩大化即兵农合一化而已。隋之十二卫即承魏周十二大将军之旧，杜君卿已言之，本为极显著之事，不俟赘说。所可论者，隋文帝使军人悉属州县，则已大反西魏初创府兵时"自相督率，不编户贯"即兵民分立之制，其令"丁男、中男、永业、露田皆遵后齐之制"及"发使四出，均天下之田"（《隋书》二四《食货志》），虽实施如何，固有问题，然就法令形式言，即此简略之记述或已隐括北齐清河三年规定受田与兵役关系一令之主旨，今以史文不详，姑从阙疑。但依《通鉴》"至德元年"之胡《注》，则隋开皇三年令文与周保定元年令文"八兵丁"及"十二丁兵"显有关系。而开皇三年令文《隋书》所载有"军"字者，以开皇十年前军兵不属州县，在形式上尚须与人民有别，故此令文中仍以军民并列，至《北史》《通典》以及《通鉴》所载无"军"字者，以其时兵民在事实上已无可别，故得略去"军"字，并非李延寿、杜君卿及司马君实任意或偶尔有所略漏明矣。

由是言之，开皇三年令文却应取前此保定元年令文胡《注》中境内兵民合一之义以为解释也。夫开皇三年境内军民在事实上已无可别，则开皇十年以后，抑更可知，故依据唐宋诸贤李、杜、马、胡之意旨，岂可不谓唐代府兵之基本条件，即兵民合一者，实已完成于隋文之世耶？冈崎教授论文之结论云：

134

隋以军兵同于编户云者，仅古制之复旧而已。北齐虽于法令上规定受田与兵役之关系，其实行如何，尚有问题，综合两方面实施者，唐之兵制也。

寅恪案：北齐法令之实施与否，于此可不论。兹所欲言者，即据上引开皇三年令文及唐宋诸贤之解释，似可推知隋代先已实施兵民合一之基本条件，不必待李唐开国以后，方始创行之也。又以其他法制诸端论，唐初开国之时大抵承袭隋代之旧，即间有变革，亦所关较细者，岂独于兵役丁赋之大政，转有巨大之创设，且远法北齐之空文，而又为杨隋盛时所未曾规定行用者，遽取以实施耶？此亦与唐初通常情势恐有未合也。然则府兵制后期之纪元当断自隋始欤？总之，史料简缺，诚难确知，冈崎教授之结论，要不失为学人审慎之态度。寅恪姑取一时未定之妄见，附识于此，以供他日修正时覆视之便利云尔，殊不敢自谓有所论断也。

总合上引史料及其解释，试作一结论如下：

府兵制之前期为鲜卑兵制，为大体兵农分离制，为部酋分属制，为特殊贵族制；其后期为华夏兵制，为大体兵农合一制，为君主直辖制，为比较平民制。其前后两期分画之界限，则在隋代。周文帝、苏绰则府兵制创建之人，周武帝、隋文帝其变革之人，唐玄宗、张说其废止之人，而唐之高祖、太宗在此制度创建、变革、废止之三阶段中，恐俱无特殊地位者也。

附记：本文中所引《通典》诸条，后查得宋本与通行本并无差异，特附识于此。

七　财政

　　近日中外史家论吾国南北朝隋唐经济财政制度者颇多，其言有得有失，非此章范围所能涉及。此章主旨唯在阐述继南北朝正统之唐代，其中央财政制度之渐次江南地方化，易言之，即南朝化，及前时西北一隅之地方制度转变为中央政府之制度，易言之，即河西地方化二事，盖此二者皆系统渊源之范围也。考此二事转变之枢纽在武则天及唐玄宗二代，与兵制选举及其他政治社会之变革亦俱在此时者相同。但欲说明其本末，非先略知南北朝之经济财政其差异最要之点所在不可也。

　　今日所保存之南北朝经济财政史料，北朝较详，南朝尤略。然约略观之，其最大不同之点则在北朝政府保有广大之国有之土地。此盖承永嘉以后，屡经变乱，人民死亡流散所致。故北朝可以有均给民田之制，而南朝无之也。南朝人民所经丧乱之惨酷不及北朝之甚，故社会经济情形比较北朝为进步，而其国家财政制度亦因之与北朝有所不同，即较为进步是也。北魏均田之问题此章所不能详，故仅略举其文，至北魏以后者亦须稍附及之，以见其因袭所自，并可与南北互较，而后隋唐财政制度之渊源系统及其演进之先后次序始得而明也。

　　《魏书》一一十《食货志》略云：

　　　　（太和）九年，下诏均给天下民田。诸男夫十五以上受露田四十亩，妇人二十亩，奴婢依良。丁牛一头受田三十亩，限四牛。所授之田率倍之，三易之田再倍之，以供耕作及还受之盈缩。诸民年及课则受田，老免，及身没则还田。奴婢、牛随有无以还受。诸桑田不在还受之限，但通入倍田分。于分虽盈，没则还田，不得以充露田之数，不足者以露田充倍。诸初受田者，男夫一人给田二十亩，课莳余，种桑五十树、枣五株、榆三根。非桑之土，夫给一亩，依法课莳榆、枣。奴各依良。诸桑田皆为世业，身终不还，恒从见口。有盈者无受无还，不足者受种如法。盈者得卖其盈，不足者得买所不足。不得卖其分，亦不得买过所足。诸麻布之土，男夫及课，别给麻田十亩，妇人五亩，奴婢依良。皆从还受之法。诸宰民之官，各随地给公田，更代相付。卖者坐如律。

《隋书》二四《食货志》云：

晋自过江，凡货卖奴婢、马、牛、田宅有文券，率钱一万，输估四百入官，卖者三百，买者一百。无文券者随物所堪，亦百分收四，名为散估。历宋、齐、梁、陈，如此以为常。以此人竞商贩，不为田业，故使均输，欲为惩励。虽以此为辞，其实利在侵削。又都西有石头津，东有方山津，各置津主一人，贼曹一人，直水五人，以检察禁物及亡叛者。其荻、炭、鱼、薪之类过津者，并十分税一以入官。其东路无禁货，故方山津检察甚简。淮水北有大市百（寅恪案：《通典》一一《食货典·杂税门》"百"字作"自"）余，小市十余所，大市备置官司，税敛既重，时甚苦之。

〔北周〕闵帝元年初，除市门税，及宣帝即位，复兴入市之税。

〔北齐〕武平之后，权幸并进，赐与无限，加之旱蝗，国用转屈。乃料境内六等富人，调令出钱。而给事黄门侍郎颜之推奏请立关市邸店之税，开府邓长颙赞成之，后主大悦。于是以其所入，以供御府声色之费，军国之用不豫焉。未几而亡。

《通典》二《田制下》云：

北齐给授田令，仍依魏朝。每年十月普令转授成丁而授，丁老而退，不听卖易。

《隋书》二四《食货志》略云：

至〔北齐〕河清三年定令，乃命男子十八已上六十五已下为丁，十六已上十七已下为中，六十六已上为老，十五已下为小。率以十八受田，输租调，二十充兵，六十免力役，六十六退田，免租调（此节前"兵制"章已引）。京城四面，诸坊之外三十里内为公田，受公田者，三县代迁户执事官一品已下，逮于羽林武贲，各有差。其外畿郡，华人官第一品已下，羽林、武贲已上，各有差。职事及百姓请垦田者名为永业田，奴婢受田者亲王止三百人。（中略）八品已下至庶人，限止六十人。奴婢限外不给田者，皆不输。其方百里外及州人，一夫受露田八十亩，妇四十亩。奴婢依良人，限数与在京百官同。丁牛一头，受田六十亩，限止四牛。又每丁给永业二十亩，为桑田。其中种桑五十根、榆三根、枣五根。不在还受之限。非此田者，悉入还受之分。土不宜桑者，给麻田，如桑田法。

又同书同卷略云：

〔隋高祖〕颁新令，制人男女三岁已下为黄，十岁已下为小，十七已下为中，十八已上为丁。丁从课役，六十为老，乃免。自诸王已下，至于都督皆给永业田，各有差。多者至一百顷，少者至四十亩。其丁男、中男、永业、露田皆遵后齐之制，并课树以桑、榆及枣。其园宅，率三口给一亩，奴婢则五口给一亩。京官又给职分田，外官亦各有职分田。又给公廨

138

田，以供公用。

《唐会要》八三《租税上》（参考《通典》二《田制下》及《旧唐书》四八《食货志》、《新唐书》五一《食货志》等）略云：

〔武德〕七年三月二十九日，始定均田赋税，凡天下丁男，给田一顷，笃疾、废疾，给四十亩，寡妻、妾三十亩，若为户者加二十亩。所授之田，十分之二为世业，余为口分田，身死则承户者授之，口分，则收入官，更以给人。

同书九二《内外官职田》（参考前条有关诸书）略云：

武德元年十二月，制内外职官各给职分田。

据此简略之征引，即可见北朝俱有均田之制，魏、齐、隋、唐之田制实同一系统，而南朝则无均田之制，其国用注重于关市之税，北朝虽晚期亦征关市之税，然与南朝此税之地位其轻重颇有不同，然则南朝国民经济国家财政较北朝为进步，抑又可知也。《魏书》六八《甄琛传》（《北史》四十《甄琛传》同）所云：

〔于世宗时〕上表曰："今伪弊相承，仍崇开关廛之税；大魏恢博，唯受谷帛之输。"

南北社会经济国家财政之差异要点，甄琛此数语足以尽之矣。

但隋虽统一南北，而为时甚短，又经隋末之扰乱，社会经济之进步亦为之停顿，直至唐高宗、武则天之世，生养休息约经半世纪之久，社会经济逐渐进展，约再历半世纪，至玄宗之时，则进展之程度几达最高度，而旧日北朝之区域自西晋永嘉乱后其社会经济之发达未有盛于此时者也。夫唐代之国家财政制度本为北朝之系统，而北朝之社会经济较南朝为落后，至唐代社会经济之发展渐超越北朝旧日之限度，而达到南朝当时之历程时，则其国家财政制度亦不能不随之以演进。唐代之新财政制度，初视之似为当时政府一二人所特创，实则本为南朝之旧制。盖南朝虽为北朝所并灭，其遗制当仍保存于地方之一隅，迨经过长久之期间，唐代所统治之北朝旧区域，其经济发展既与南朝相等，则承继北朝系统之中央政府遂取用此旧日南朝旧制之保存于江南地方者而施行之，前所谓唐代制度之江南地方化者，即指此言也。又河陇区域在北朝区域内本为文化甚高区域，其影响于隋唐制度之全部者，前章已详言之。但除文化一端外，其地域在吾国之西北隅，与西北诸外族邻接，历来不独为文化交通之孔道，亦为国防军事之要区。唐代继承宇文泰关中本位之政策，西北边疆本重于东北，至于玄宗之世，对于东北更取消极维持之政策，而对于西北，则取积极进展之政策。其关涉政治史者本章可不置论，兹所论者即西北一隅历代为边防要地，其地方传统之财政经济制度经长久之演进，颇能适合国防要地之环境。唐玄宗既对西北边疆采军事积极政策，则此河湟地方传统有效之制度实有扩大推广而改为中央政府制度之需要，此即前所谓唐代制度之河西地方化也。请就二者各举一例以证明之，关于江南地方化者曰"回造纳布"，关于河西地方化者曰和籴，此二端之涉及政治军事者不能详述，兹仅论其渊源所从出于下：

隋唐二代长安、洛阳东西两京俱为政治文化之中心，而长安为西魏、北周以来关中本位之根据地，当国家积极进行西北开拓政策之时，尤能得形势近便之利，然其地之经济运输则远不及洛阳之优胜，在北周以前军政范围限于关陇巴蜀，规模狭小，其经济尚能自给。自周灭北齐后不久，即营建洛阳为东京，隋唐承之，故长安、洛阳天子往来行幸，诚如李林甫所谓东西两宫者也（参《新唐书》二二三上《奸臣传·李林甫传》及《通鉴》二一四《唐纪》三十"开元二十四年"条等）。夫帝王之由长安迁居洛阳，除别有政治及娱乐等原因，如隋炀帝、武则天等兹不论外，其中尚有一主因为本章所欲论者,即经济供给之原因是也。盖关中之地农产物虽号丰饶,其实不能充分供给帝王宫卫百官俸食之需,而其地水陆交通不甚便利,运转米谷亦颇困难,故自隋唐以降,关中之地若值天灾,农产品不足以供给长安帝王宫卫及百官俸食之需时,则帝王往往移幸洛阳,俟关中农产丰收,然后复还长安。兹就隋唐二代各举一例如下:

《隋书》二《高祖纪下》(《北史》一一《隋本纪上》略同)云:

> (开皇十四年)八月辛未,关中大旱,人饥,上率户口就食于洛阳。(十五年)三月己未,至自东巡狩。

《通鉴》二百九《唐纪》二五"景龙三年末"云:

> 是岁关中饥,米斗百钱,运山东、江淮谷输京师,牛死什八九。群臣多请车驾幸东都,韦后家本杜陵,不乐东迁,乃使巫觋彭君卿等说上(中宗)云:"今岁不利东行。"后复有言者,上怒曰:"岂有逐粮天子耶?"乃止。

观此二例,可知隋唐时关中长安之经济供给情势矣。

至唐玄宗之世,为唐代最盛之时,且为积极施行西北开拓政策之际,当日关中经济供给之问题尤较前代为严重,观《旧唐书》九八《裴耀卿传》(《通典》十《食货典·漕运门》同,其他有关材料不备列)所云:

> 明年(开元二十一年)秋霖雨害稼,京城谷贵,上将幸东都,独召耀卿,问救人之术。耀卿对曰:"今既大驾东巡,百司扈从,太仓及三辅先所积贮,且随见在发重臣分道赈给,计可支二一年。从东都更广漕运,以实关辅。待稍充实,车驾西

还，即事无不济。臣以国家帝业，本在京师，万国朝宗，百代不易之所。但为秦中地狭，收粟不多，倘遇水旱，便即匮乏。往者贞观、永徽之际，禄廪数少，每年转运不过一二十万石，所用便足，以此车驾久得安居。今国用渐广，漕运数倍于前，支犹不给。陛下数幸东都，以就贮积，为国家大计，不惮劬劳，只为忧人而行，岂是故欲来往。若能更广陕运，支粟入京，仓廪常有三二年粮，即无忧水旱。今天下输丁约有四百万人，每丁支出钱百文，五十文充营窖等用，贮纳司农及河南府、陕州，以充其费。租米则各随远近，任自出脚，送纳东都。从都至陕，河路艰险，既用陆脚，无由广致。若能开通河漕，变陆为水，则所支有余，动盈万计。且江南租船候水始进，吴人不便河漕，由是所在停留，日月既淹，遂生隐盗。臣望沿流相次置仓。"上深然其言。寻拜黄门侍郎同中书门下平章事，充转运使，语在《食货志》。凡三年，运七百万石，省脚钱三十万贯。

及《旧唐书》四九《食货志下》（参考《通典》十《食货典·漕运门》等）所云：

　　〔开元〕十八年，宣州刺史裴耀卿上便宜事条曰："江南户口稍广，仓库所资，惟出租庸，更无征防。缘水陆遥远，转运艰辛，功力虽劳，仓储不益。今若且置武牢、洛口等仓，江南船至河口，即却还本州，更得其船充运。并取所减脚钱，更运江淮变造义仓，每年剩得一二百万石。即望数年之外，仓廪转加。其江淮义仓，下湿不堪久贮，若无船可运，三两年色变，即给贷费散，公私无益。"疏奏不省（至二十一年始施用其言）。

则可知玄宗时关中经济不能自足情形及其救济之政策。裴耀卿之方略，第一在改良运输方法，即沿流相次置仓；第二在增加运输数量，即运江淮变造义仓。斯二者皆施行有效，然此尚为初步之政策，更进一步之政策则为就关中之地收买农产物，即所谓和籴；而改运江淮之粟为运布，即所谓"回造纳布"是也。

《新唐书》五三《食货志》（参《通鉴》二一四"唐纪开元二十五年"条）云：

> 贞观开元后西举高昌、龟兹、焉耆、小勃律，北抵薛延陀故地，缘边数十州戍重兵，营田及地租不足以供军，于是初有和籴。牛仙客为相，有彭果者献策广关辅之籴，京师粮廪益羡，自是玄宗不复幸东都。天宝中岁以钱六十万缗赋诸道和籴，斗增三钱，每岁短递输京仓者百余万斛，米贱则少府加估而籴，贵则贱价而粜。

关于和籴在当日政治上之重要，表弟俞大纲君曾详论之，兹不复赘（见中央研究院历史语言研究所集刊第五本第一分《读高力士外传论变造和籴之法》）。今所欲论者，乃和籴之起源及与牛仙客之关系，至彭果与此政策之内容究有何联系，难以考知，故置不论。《旧唐书》一百三《牛仙客传》（《新唐书》一三三《牛仙客传》略同）略云：

> 牛仙客，泾州鹑觚人也。初为县小吏，县令傅文静甚重之。文静后为陇右营田使，引仙客参预其事，遂以军功累转洮州司马。开元初，王君㚟为河西节度使，以仙客为判官，甚委信之。萧嵩代君㚟为河西节度，又以军政委于仙客。及嵩入知政事，数称荐之。稍迁太仆少卿，判凉州别驾事，仍知节度留后事。竟代嵩为河西节度使，判凉州事。开元二四年秋，代信安王祎为朔方行军大总管，右散骑常侍崔希逸代仙客知河西节度事。初，仙客在河西节度时，省用所积巨万，希逸以其事奏

闻，上令刑部员外郎张利贞驰传往覆视之。仙客所积仓库盈满，器械精劲，皆如希逸之状。上大悦，以仙客为尚书。中书令张九龄执奏以为不可，乃加实封二百户。其年十一月，九龄等罢知政事，遂以仙客为工部尚书同中书门下三品，仍知门下事。仙客既居相位，独善其身，唯诺而已。百司有所谘决，仙客曰："但依令式可也"，不敢措手裁决。

寅恪案：仙客以河湟一典史，跻至宰相，其与张九龄一段因缘为玄宗朝政治之一大公案，但与和籴事无直接关系，故此可不论。兹可注意者，为仙客出生及历官之地域并其在官所职掌及功绩数端，质言之，即以西北边隅之土著，致力于其地方之足食足兵之政略，而大显成效，遂特受奖擢，俾执中央政权是也。史传言其在相位庸碌，不敢有所裁决，自是实录，但施行和籴于关中，史虽言其议发于彭果，然实因仙客主持之力，乃能施行。夫关中用和籴法，乃特创之大事也，以仙客之庸谨，乃敢主之者，其事其法必其平生所素习，且谂知其能收效者，否则未必敢主其议。由此推论，则以和籴政策为足食足兵之法，其渊源所在疑舍西北边隅莫属也。《隋书》二四《食货志》（参《通典》一二《食货典·轻重门》"义仓"条）略云：

〔开皇〕五年五月，工部尚书襄阳县公长孙平奏令诸州百姓及军人，劝课当社，共立义仓。收获之日，随其所得，劝课出粟及麦，于当社造仓窖贮之。即委社司，执帐检校，每年收积，勿使损败。若时或不熟，当社有饥馑者，即以此谷赈给。十四年，关中大旱，人饥。上幸洛阳，因令百姓就食。从官并准见口赈给，不以官位为限，是时义仓贮在人间，多有费损。十五年二月，诏曰："本置义仓，止防水旱，百姓之徒，不思久计，轻尔费损，于后乏绝。又北境诸州，异于余处，云、夏、长、灵、盐、兰、丰、鄯、凉、甘、瓜等州，所有义仓杂种，并纳本州。若人有旱俭少粮，先给杂种及远年粟。"十六年正月，又诏秦、叠、成、康、武、文、芳、宕、旭、洮、岷、渭、纪、河、廓、齧、陇、泾、宁、原、敷、丹、延、绥、银、扶等州社仓，并于当县安置。二月，又诏社仓准上、中、下三等税；上户不过一石，中户不过七斗，下户不过四斗。

《唐会要》八八《仓及常平仓》（参《通典》一二《食货典》及《两唐书·食货志》等）略云：

> 贞观二年四月，尚书左丞戴胄上言，请立义仓。上曰："既为百姓先作储贮，官为举掌，以备凶年，深是可嘉，宜下有司，议立条制。"户部尚书韩仲良奏："王公以下垦田亩纳二升，贮之州县，以备凶年。"制可之。永徽二年闰九月六日敕："义仓据地收税，实是劳烦，宜令率户出粟，上下户五石，余各有差。"

依据《隋志》纪述，知隋初社仓本为民间自理，后以多有费损，实同虚设，乃改为官家收办，但限于西北诸州边防要地者，以其处军食为国防所关，不得如他处之便可任人民自由处理也。又依户之等第纳粟，实已变开皇初立义仓时之劝导性质为强迫征收矣。唐初之义仓似即仿隋制，然卒令率户出粟，变为一种赋税，中唐以后遂为两税之一之重要收入，其详本章所不能论，然其演变之迹象与隋西北边诸州相同，则殊无疑，岂其间亦有因袭摹仿之关系耶？未敢确言之也。又观《唐会要》九十《和籴门》所载如：

> 〔贞元〕四年八月诏京兆府于时价外加估和籴，先是京畿和籴多被抑配，百姓苦之。

及《白氏长庆集》四一《论和籴状》所云：

> 凡曰和籴，则官出钱，人出谷，两和商量，然后交易也。比来和籴，事则不然，但令府县散配人户，促立程限，严加征催。苟有稽迟，则被追捉迫蹙鞭挞甚于税赋。号为和籴，其实害人。若有司出钱，开场自籴，比于时价，稍有优饶。利之诱人，人必情愿。臣久处村间，曾为和籴之户，亲被迫蹙，实不堪命。臣近为畿尉，曾领和籴之司，亲自鞭挞，所不忍觌。

则和籴至少在德宗、宪宗之世，实际上为"散配户人，严加征催"之强迫收取人民农产品之方法，其何以由"和"买而变为强征，殊可深思。其在玄宗时如何情形固不能确知，但有可决言者，即和籴之制本为军食而设，如《唐会要》八八《仓及常平仓》云：

> 贞元八年十月敕："诸军镇和籴贮备共三十三万石。"

及同书九十《和籴》云：

> 长庆元年二月敕："其京北、京西和籴使宜勒停，先是度支以近储无备，请置和籴使，经年无效，徒扰边民，故罢之。"

即可了然隋代以全国社仓人民处理不善，特在西北边州军防之地改官办之制，即是令人民直接间接纳粟于军镇，其后改为依户等纳粟，亦是"配户征催"之制也。唐贞观义仓之制为全国普遍制，江南尚且实施，西北更应一律遵行，而西北自贞观至开元其间皆有军事关系，为屯驻重兵之地，观《通典》一二《食货典·轻重门》"义仓"条（参《旧唐书》九三及《新唐书》一一一《薛讷传》）云：

高宗、武太后数十年间，义仓不许杂用，其后公私窘迫，贷义仓支用。自中宗神龙之后，天下义仓费用向尽。

则知西北边州军需之广，义仓亦必贷尽而有所不足也。但欲足军食，舍和籴莫由，故《通鉴》二一四《唐纪》三十"开元二十五年九月"条（参前引《新唐书·食货志》）云：

> 先是，西北边数十州多宿重兵，地租营田皆不能赡，始用和籴之法。有彭果者，因牛仙客献策，请行籴法于关中。〔九月〕戊子，敕："以岁稔谷贱伤农，命增时价什二三，和籴东西畿粟各数百万斛。"自是关中蓄积羡溢，车驾不复幸东都矣。癸巳，敕河南、北租应输含嘉、太原仓者，皆留输本州。

是西北边州本行和籴之法，而牛仙客、彭果因以推行于关中。牛仙客本由河湟典史历官西北甚久，以能足食足兵显名，致位宰相，则西北和籴之法仙客必早已行之而有效。而其所以能著效者，除有充足之财货足以为和买之资外，尚须具备有二条件：一为其地农民人口繁殖，足以增加农产品数量，二为其地已习用此类带有强迫性收买之方法。请略言之：

和籴者，就地收购农产物之谓，故必须其地农民人口繁殖，有充分之生产，始得行收购之实。隋季西北诸州虽罹战祸，然休养生息至唐玄宗之晚年，必已恢复繁盛，加以政府施行充实西北边州之政策，故其地遂为当日全国最富饶之区域。《通鉴》二一六《唐纪》三二"天宝十二载以哥舒翰兼河西节度使"条述当日河西之盛况（寅恪案：此采自《明皇杂录》，又《元氏长庆集》二四《和李校书新题乐府西凉伎》一诗亦可参考）云：

> 是时中国盛强，自安远门西尽唐境万二千里，闾阎相望，桑麻翳野，天下称富庶者无如陇右。

当日西北边州富庶若此，和籴政策第一条件既已备具，则就其地以推行此政策，自不困难，可无疑也。

又和籴之法若官所出价，逾于地方时估者甚高，虽可以利诱民，然政府所费过巨，如收购之数量甚多，则不易支久；如官方所出价与地方时估相差无几，则区区微利之引诱，必不能使农民自动与胥吏交易。盖农民大抵畏吏胥如虎狼，避之惟恐不及，此则无古今之异，不俟烦言而解者也。是以必带有习惯性及强迫性，和籴之法始能施行有效，而不致病民。考西北边州自隋开皇时已行按户纳粟于官仓或军仓之制，其性质即与白香山所谓"散配户人，严加征催"，实无不同。虽西北边州施行贞观义仓之制，已变为一种赋税，而史言西北宿重兵，其地早行和籴，则和籴之法在西北边州谅亦不过依隋代按户纳粟于军仓之制，但略给价，以资利诱，其基本之手续方法似无大异，以上下相习，为日已久，遂能成效卓著也。至元和时关中和籴之法所以变为厉民之政者，盖和籴之法本带强迫性质，以非如是，无以成事，不过值国库优裕、人民富庶之时，政府既能给价，人民亦易负担，故当时尚不视为病民之政耳。此和籴之法所应具备之第二条件也。

总而言之，西北边州早行和籴之法，史已明言。牛仙客推行引用于关辅，此和籴之法乃由西北地方制度一变而成中央政府制度，所谓唐代制度之河西地方化者是也。至和籴之法在西北开元二十五年以前其详虽不可考，但今敦煌所出写本中犹存天宝四载豆卢军和籴计账残本（刊载《敦煌掇琐（中辑）》六六号，寅恪曾考论其中"升斗"两字，载一九三六年十月《清华学报·读〈秦妇吟〉》文中），尚可据以推知其大概也。

玄宗既用牛仙客和籴之法，关中经济可以自给，则裴耀卿转运江淮变造等农产品之政策成为不必要。但江淮之农产品虽不需，而其代替农产品可作财货以供和籴收购之〔麻〕布，则仍须输入京师，借之充实关中财富力量也。故《旧唐书》九《玄宗本纪下》（参考前引《通鉴》"开元二十五年"条及《唐会要》八四《租税

148

下》所载开元二十五年三月三日敕文）云：

（开元二十五年二月）戊午，罢江淮运，停河北运。

《通典》六《食货典·赋税下》略云：

〔开元二十五年定令〕，其江南诸州租，并回造纳布。

唐代自开国以来其人民所缴纳之租本应为粟，今忽改而为布，乃国家财政制度上之一大变革，此中外史家所共知者也。尝就阅读所及，凡论此改革之文虽颇不少，似尚未有深探此变制之所从来者，不揣鄙陋，试略证论之：

窃以为此制乃南朝旧制，南朝虽并于北朝，此纳布代租之制仍遗存于江南诸州，殆为地方一隅之惯例，至武则天时此制乃渐推广施行，至玄宗开元二十五年中央政府以之编入令典，遂成为一代之制度矣。据 Sir M. A. Stein 著 *Innermost Asia*，Vol. Ⅲ，*Plates C*ⅩⅩⅦ载其在 Astana Cemetery 所发见之布二端，其一端之文为：

婺州信安县显德乡梅山里祝伯亮租布一端。
光宅元年十一月日。

寅恪案：此乃代租之布，故谓之"租布"。考婺州在唐代为江南道辖地，此即开元二十五年新令所谓

其江南诸州租，并回造纳布

之明证。不过其事已于武后时即有之矣。武则天世东北边疆屡有战事，《颜鲁公文集》附载殷亮所撰《行状》（参《全唐文》五一四）略云：

时清河郡寄客李华（寅恪案：《通鉴考异》依旧传作尊）为郡人来乞师于公曰："国家旧制，江淮郡租布贮于清河，以备北军，为日久矣。相传〔谓〕之天下北库，今所贮者有江东布三百余万匹，河北租调绢七十余万，当郡彩绫十余万，累年税钱三十余万，仓粮三十万。时讨默啜，甲仗藏于库内，五十余万。"

寅恪案：李尊所谓国家旧制为日已久，未能确定其时代，然其言江淮租布与讨默啜甲仗联文，疑即武后时事。盖中央亚细亚发见之光宅元年婺州租布，其地域时代俱与尊言符合，故此祝伯亮之租布即当日江东租布遗传于今日者耳。又"租布"成一名词，乃代租之布之义，观于祝伯亮之租布及殷亮所述之言，俱可证知，而《通鉴》二一七《唐纪》三三"至德元载三月"条司马君实纪此事，其述李尊之言作

国家平日聚江淮河南钱帛于彼，以赡北军，谓之天下北库，今有布三百余万匹云云。

殊为含混，失其本意，转不如极喜更易旧文之宋子京，其于《新唐书》一五三《颜真卿传》仍依殷亮原文作"江淮租布"，为得其真也。

或问：今日租布实物之发现即"回造纳布"之制已行于武则天时江南诸州之明证，是固然矣，然何以知其为南朝之遗制耶？应之曰：南朝财政制度史籍所载虽甚简略，不易详考，但亦有可推知者，如《南齐书》三《武帝纪》云：

（永明四年）五月癸巳，诏："扬、南徐二州今年户租，三分二取见布，一分取钱。来岁以后，远近诸州输钱处，并减布直，匹准四百，依旧折半，以为永制。"

同书四十《竟陵王子良传》云：

> 诏折租布，二分取钱。

此二卷所纪同是事，绝无可疑。而其所言钱布之比例似有矛盾，又纳钱一事亦别成问题，本章皆不欲解释，以免枝蔓。但《武帝纪》明言户租，《萧子良传》则谓之折租布，由此推断，租可折纳钱，亦可折纳布。租若折纳布，即是租布，亦即回造纳布，此所谓唐代制度之江南地方化，易言之，即南朝化者是也。

附记：此章作于一九四〇年春季，其年夏季付商务印书馆印刷，久未出版，至一九四三年春季著者始于桂林广西大学图书馆得见一九四〇年出版之《东方学报》第一一卷第一册仁井田陞氏《吐鲁番发见之唐代庸调布及租布》一文，与此章所论略同。特附记岁月先后于此，以免误会。

八　附论

　　本书所论，极为简略，仅稍举例，以阐说隋唐二代制度之全体因革要点与局部发展历程而已。总而言之，二代之制度因时间与地域参错综合之关系，遂得演进，臻于美备。征诸史籍，其迹象明显，多可推寻，决非偶然或突然所致者也。寅恪自惟学识本至浅陋，年来复遭际艰危，仓皇转徙，往日读史笔记及鸠集之资料等悉已散失，然今以随顺世缘故，不能不有所撰述，乃勉强于忧患疾病之中，姑就一时理解记忆之所及，草率写成此书。命之曰稿者，所以见不敢视为定本及不得已而著书之意云尔。一九四〇年四月陈寅恪书于昆明青园学舍，时大病初愈也。

唐代政治史述论稿

自　序

　　寅恪尝草《隋唐制度渊源略论稿》，于李唐一代法制诸端，妄有所论述。至于政治史事，以限于体例，未能涉及。兹稿所言则以唐代之政治史为范围，盖所以补前稿之未备也。夫吾国旧史多属于政治史类，而《资治通鉴》一书，尤为空前杰作。今草兹稿，可谓不自量之至！然区区之意，仅欲令初学之读《通鉴》者得此参考，或可有所启发，原不敢谓有唐一代政治史之纲要，悉在此三篇中也。傥承通识君子不误会创草兹稿之本旨，而纠正其讹谬，何幸如之！

　　壬午七夕陈寅恪书于桂林良丰雁山别墅。

上篇　统治阶级之氏族及其升降

《朱子语类》一三六《历代类三》云：

> 唐源流出于夷狄，故闺门失礼之事，不以为异。

朱子之语颇为简略，其意未能详知。然即此简略之语句亦含有种族及文化二问题，而此二问题实李唐一代史事关键之所在，治唐史者不可忽视者也。兹请先论唐代三百年统治阶级中心皇室之氏族问题，然后再推及其他统治阶级之种族及文化问题。

若以女系母统言之，唐代创业及初期君主，如高祖之母为独孤氏，太宗之母为窦氏，即纥豆陵氏，高宗之母为长孙氏，皆是胡种，而非汉族。故李唐皇室之女系母统杂有胡族血胤，世所共知，不待阐述，兹所论者专以男系父统之氏族为范围也。

唐之皇室本有自撰之谱牒，原书今不可见。然如《册府元龟》及《两唐书》等唐皇室先世渊源之记载固出自李唐皇室自撰之谱牒，即唐太宗御撰之《晋书》亦唐皇室自述其氏族渊源之要籍。故兹依据此类唐室自叙其家世之著述，复取其他史料互相参证，以讨论此问题焉。

李唐世系之纪述，其见于《册府元龟》一《帝王部·帝系门》、《旧唐书》一《高祖纪》、《新唐书》一《高祖纪》、《北史》一百《序传》及《晋书》八七《凉武昭王传》等书者，皆不及《新唐书》七十上《宗室世系表》所载之详备，今即依此表与其他史料讨论之。《表》云：

〔李〕歆字士业，西凉后主。八子：勋、绍、重耳、弘之、崇明、崇产、崇庸、崇祐。重耳字景顺，以国亡奔宋，为汝南太守。后魏克豫州，以地归之，拜恒农太守，复为宋将薛安都所陷，后魏安南将军豫州刺史。生献祖宣皇帝讳熙，字孟良，后魏金门镇将（《旧唐书》一《高祖纪》云："率豪杰镇武川，因家焉。"《新唐书》一《高祖纪》同）。生懿祖光皇帝，讳天赐，字德真。三子：长曰起头，长安侯。生达摩，后周羽林监太子洗马长安县伯。次曰太祖（虎），次曰乞豆。

此表所载必出唐室自述其宗系之旧文。兹就其所纪李重耳、李熙父子事实，分析其内容，除去其为西凉李暠之正支后裔一事以外，尚有七事，条列于下：

（一）其氏为李。
（二）父为宋汝南太守。
（三）后魏克豫州，父以地归之。
（四）父为后魏恒农太守。
（五）父为宋将薛安都所陷，即所擒。
（六）父为后魏安南将军豫州刺史。
（七）子为后魏金门镇将。

考《宋书》五《文帝纪》云：

〔元嘉〕二十七年二月辛巳（亥），索虏寇汝南诸郡，陈、南顿二郡太守郑琨，汝阳、颍川二郡太守郭道隐委守走。索虏攻悬瓠城，行汝南郡事陈宪拒之。

又同书七二《南平穆王铄传》云：

157

索虏大帅拓拔焘南侵陈、颖，遂围悬瓠城，太守陈宪保城自固。

又同书七七《柳元景传》略云：

〔元嘉〕二十七年八月，〔随王〕诞遣振威将军尹显祖出觞谷，奋武将军鲁方平、建武将军薛安都、略阳太守庞法起入卢氏。（中略）。〔闰〕十月，法起、安都、方平诸军入卢氏。（中略）。法起诸军进次方伯，去弘农城五里。（中略）。诸军造攻具，进兵城下，伪弘农太守李初古拔婴城自固，法起、安都、方平诸军鼓噪以陵城。（中略）。安都军副谭金、薛系孝率众先登，生禽李初古拔父子二人。（中略）。殿中将军邓盛、幢主刘骖乱使人入荒田，招宜阳人刘宽纠，率合义徒二千余人，共攻金门坞，屠之。杀戍主李买得，古拔子也，为虏永昌王长史，勇冠戎类。永昌闻其死，若失左右手。

又同书九五《索虏传》略云：

〔元嘉〕二十七年，焘自率步骑十万寇汝南。（中略）。宣威将军陈、南顿二郡太守郑绲（文帝纪作琨），绥远将军汝南、颖川二郡太守郭道隐并弃城奔走。虏掠抄淮西六郡，杀戮甚多。攻围悬瓠城，城内战士不满千人。先是，汝南、新蔡二郡太守徐遵之去郡，南平王遣右军行参军陈宪行郡事。宪婴城固守。（中略）。焘遣从弟永昌王库仁真步骑万余，将所略六郡口，北屯汝阳。（中略）。太祖嘉宪固守，诏曰："右军行参军行汝南、新蔡二郡军事陈宪尽力捍御，全城摧寇，忠敢之效，宜加显擢，可龙骧将军汝南、新蔡二郡太守！"

又《魏书》六一《薛安都传》云：

158

后自卢氏入寇弘农，执太守李拔等，遂逼陕城。时秦州刺史杜道生讨安都，仍执拔等南遁。及世祖（拓拔焘）临江，拔乃得还。

据上引史实，则父称李初古拔，子称李买得，名虽类胡名，姓则为汉姓，其氏既为李，是与上列第一条适合。李初古拔为弘农太守，弘农即恒农，后魏以避讳故改称恒农，是与第四条适合。李初古拔为宋将薛安都所擒，是与第五条适合。《宋书·柳元景传》言："生擒李初古拔父子"，《魏书·薛安都传》言："执太守李拔等，仍执拔等南遁。及世祖临江，拔乃得还"，则李初古拔当不止一子，殆买得死难，以弟或兄代领其职，今不能确知。但《册府元龟》一《帝王部·帝系门》及《两唐书》一《高祖纪》等书李熙率豪杰镇武川因而留居之记载，乃后来宇文泰所改造，并非事实，俟后详论之。总之，李熙为金门镇将，李买得亦为金门坞戍主，地理专名如是巧同，亦可认为与第七条适合，至于北魏诸镇设置之时代及其地望等问题则别为一事，非兹所讨论者也。又第二条李重耳为宋汝南太守一事，征诸上引史实，绝不可能。盖既言："为宋将薛安都所陷"，其时必在元嘉二十七年。当时前后宋之汝南太守其姓名皆可考知，郭道隐则弃城走，徐遵之则去郡，陈宪则先行郡事，后以守城功擢补实官。故依据时日先后，排比推计，实无李重耳可为宋汝南太守之余地。据《宋书·柳元景传》言："李买得为永昌王长史，勇冠戎类。永昌闻其死，若失左右手"，则李氏父子与永昌王关系密切可以推知。《宋书·索虏传》又言："永昌王北屯汝阳"，考《资治通鉴》系永昌王屯汝阳事于元嘉二十七年三月，系李初古拔被擒事于元嘉二十七年闰十月，而汝阳县本属汝南郡，后别分为汝阳郡者，故以时日先后、地理接近及人事关系论，李初古拔殆于未被擒以前曾随永昌王屯兵豫州之境，因有汝南太守之授。然则此唐室谱牒所言之汝南太守实非宋之汝南太守，乃由魏之汝南太守所修改而成者也。第六条之安南将军豫州刺史当即与第二条有关，检

《册府元龟》一《帝王部·帝系门》之文，豫州刺史之上有"赠"字，是豫州刺史乃后来追赠之官，故于此不成问题，可不讨论矣。《魏书·薛安都传》言："〔安都〕仍执〔李〕拔等南遁。及世祖临江，拔乃得还"，是李初古拔原有自北至南复自南还北一段因缘，李唐自述先世故实，竟或因此加以修改，以傅会李重耳之由北奔南，又由南归北耶？幸赖其与他种记载符合及矛盾，留一罅隙，千载而后遂得以发其覆也。

复次，《魏书·薛安都传》之李拔即《宋书·柳元景传》李初古拔之省称及雅名。《梁书》五六《侯景传》载景之祖名周，而《南史》八十《侯景传》作"羽乙周"，正与此同例。盖胡人名字原是对音，故成繁郸，异于华夏之雅称，后代史官属文，因施删略。夫侯景称帝，七世庙讳父祖之外皆王伟追造（见《梁书》《南史》"侯景传"），天下后世传为笑谈。岂知李唐皇室先世之名字亦有与此略相类似者乎？又据《魏书》四二《薛辩传》附长子初古拔传（《北史》三六《薛辩传》同）云：

> 长子初古拔，一曰车辂拔（《北史》辂作毂），本名洪祚，世祖赐名。

同书三二《高湖传》亦附载高各拔之名。然则初古拔或车辂拔乃当日通常胡名，颇疑李初古拔如其同时薛洪祚之例，亦本有汉名，特以胡名著称于史耳。

总而言之，前所列之七条，第一、第四、第五、第七，四条之中，李重耳父子事实皆与李初古拔父子事实适合。第六条乃第二条之附属，无独立性质，可不别论。第二条、第三条实互相关连，第五条既言："为宋将薛安都所陷"，则元嘉二十七年南北交兵之际李氏父子必属于北，而不属于南，否则何得谓为宋将所擒？故今易原文之刘宋为后魏，则第二、第三条之事实不独不与其他诸条相反，而且与之相成。况其他诸条中含有"元嘉二十七年"一定之时间、

"李氏""薛安都"之姓名专名、"弘农""金门"之地理专名，而竟能两相符应，天地之间似无如此偶然巧值之事。故今假定李唐为李初古拔之后裔，或不至甚穿凿武断也。

抑更有可论者，据《唐会要》一"帝号"条上云：

> 献祖宣皇帝讳熙（凉武昭王暠曾孙，嗣凉王歆孙，弘农太守重耳之子也）。武德元年六月二十二日追尊为宣简公，咸亨五年八月十五日追尊宣皇帝，庙号献祖，葬建初陵（在赵州昭庆县界，仪凤二年五〔?〕月一日追封为建昌陵，开元二十八年七月十八日诏改为建初陵）。

> 懿祖光皇帝讳天赐（宣皇帝长子）。武德元年六月十二日追尊懿王，咸亨五年八月十五日追尊光皇帝，庙号懿祖，葬启运陵（在赵州昭庆县界，仪凤二年三〔?〕月一日追封为延光陵，开元二十八年七月十八日诏改为启运陵）。

《元和郡县图志》一七（参阅《旧唐书》三九《地理志》，及《新唐书》三九《地理志》"赵州昭庆县"条）：

> 赵州。
>
> 昭庆县，本汉广阿县，属巨鹿郡。
>
> 皇十三代祖宣皇帝建六陵。高四丈，周回八十丈。
>
> 皇十二代祖光皇帝启运陵。高四丈，周回六十步。二陵共茔，周回一百五十六步。在县西南二十里。

《册府元龟》一《帝王部·帝系门》略云：

> 唐高祖神尧帝姓李氏，陇西狄道人。其先出自李暠，是为凉武昭王，薨，子歆嗣位，为沮渠蒙逊所灭。歆子重耳奔于江南，仕宋为汝南郡守，复归于魏，拜弘农太守，赠豫州刺史。

生熙，起家金门镇将。后以良家子镇于武川，都督军戎百姓之务，终于位，因遂家焉。生天赐，仕魏为幢主，大统时追赠司空。公生太祖景皇帝虎，封赵郡公，徙封陇西公；周受魏禅，录佐命功，居第一，追封唐国公。生世祖元皇帝昞，在位十七年，封汝阳县伯，袭封陇西公；周受禅，袭封唐国公。高祖即元皇帝之世子，母曰元贞皇后，七岁袭封唐国公。义宁二年，受隋禅。

今河北省隆平县尚存唐光业寺碑，碑文为开元十三年宣义郎前行象城县尉杨晋所撰，中央研究院历史语言研究所藏有拓本，颇残阙不可读。兹取与黄彭年等修《畿辅通志》一七四《古迹略》所载碑文相参校，而节录其最有关之数语于下：

> （上略）。皇祖瀛州刺史宣简公谨追上尊号，谥宣皇帝。皇祖妣夫人张氏谨追上尊号，谥宣庄皇后。皇祖懿王谨追上尊号，谥光皇帝。皇祖妣妃贾氏，谨追上尊号，谥光懿皇后。（中略）。其词曰：维王桑梓，本际城池。（下略）。

案：李熙、天赐父子共茔而葬，即族葬之一证。光业寺碑颂词复有"维王桑梓"之语，则李氏累代所葬之地即其家世居住之地，绝无疑义，而唐皇室自称其祖留居武川之说可不攻自破矣。又据《魏书》一百六上《地形志》"南赵郡广阿县"条、《隋书》三十《地理志》"赵郡大陆县"条及《元和郡县图志》一七"赵州昭庆县条"等，知李氏父子葬地旧属巨鹿郡，与山东著姓赵郡李氏居住之旧常山郡壤地邻接，李虎之封赵郡公当即由于此也。又《汉书》二八《地理志》载中山国唐县有尧山，《魏书》一百六上《地形志》载南赵郡广阿县即李氏父子葬地复有尧台。李虎死后，追封唐国公，盖止取义于中山、巨鹿等地所流传之放勋遗迹，并非如通常广义兼该太原而言也。至《大唐创业起居注》所云：

162

初，帝奉诏为太原道安抚大使，帝以太原黎庶陶唐旧民，奉使安抚不逾本封，因私喜此行以为天意。

则为后来依附通常广义之解释，殊与周初追封李虎为唐国公时暗示其与赵郡相关之本旨不同也。然则李唐岂真出于赵郡耶？若果为赵郡李氏，是亦华夏名家，又何必假称出于陇西耶？考《元和郡县图志》一五云：

邢州。

尧山县，本曰柏人，春秋时晋邑，战国时属赵，秦灭赵，属巨鹿郡，后魏改"人"为"仁"，天宝元年，改为尧山县。

又同书一七云：

赵州。

平棘县，本春秋时晋棘蒲邑，汉初为棘蒲，后改为平棘也，属常山郡。

李左车墓，县西南七里。

赵郡李氏旧宅，在县西南二十里。即后汉、魏以来山东旧族也，亦谓之三巷李家，云东祖居巷之东，南祖居巷之南，西祖居巷之西，亦曰"三祖宅巷"也。三祖李氏，亦有地属高邑县。

元氏县，本赵公子元之封邑，汉于此置元氏县，属常山郡，西汉常山大守皆理于元氏。

开业寺，在县西北十五里。即后魏车骑大将军陕定二州刺史尚书令司徒公赵郡李徽伯之旧宅也。

柏乡县，本春秋时晋鄗邑之地，汉以为县，属常山郡。后汉改曰高邑，属常山国。高齐天保七年，移高邑县于汉房子县东北界，今高邑县是也。

高邑故城，在县北二十一里，本汉鄗县也。

高邑县，本六国时赵房子之地，汉以为县，属常山郡。

赞皇县，本汉鄗邑县之地，属常山郡。

百陵岗，在县东十里。即赵郡李氏之别业于此岗下也，岗上亦有李氏茔冢甚多。

昭庆县，本汉广阿县，属巨鹿郡。

皇十三代祖宣皇帝建六陵。

皇十二代祖光皇帝启运陵，二陵共茔，周回一百五十六步，在县西南二十里。（"昭庆县"条前已引及，为便于解说起见，特重出其概略于此。）

《元和郡县图志》著者李吉甫出于赵郡李氏，故关于其宗族之先茔旧宅皆详载之，若一取其分布之地域核之，则赵郡李氏其显著支派所遗留之故迹，俱不出旧常山郡之范围。据此，则赵郡李氏显著支派当时之居地可以推知也。但其衰微支派则亦有居旧巨鹿郡故疆者，考《北史》三三《李孝伯传》末附载"赵郡李氏世系"一节（《新唐书》七二《宰相世系表》"赵郡李氏"条及邓名世《古今姓氏书辨证》二一同）云：

（楷）避赵王伦之难，徙居常山。楷子辑，辑子慎、敦，居柏仁，子孙甚微。

案柏仁、广阿二县，后魏时俱属南赵郡，土壤邻接，实可视为一地域。赵郡李氏子孙甚微之一支，其徙居柏仁之时代虽未能确定，然李楷避西晋赵王伦之难，下数至其孙慎及敦，仅有二代，则李慎、李敦徙居柏仁，约在江左东晋之时。李熙父子俱葬于广阿，计其生时亦约当南朝宋齐之世，故以地域邻接及时代先后二者之关系综合推论，颇疑李唐先世本为赵郡李氏柏仁一支之子孙，或者虽不与赵郡李氏之居柏仁者同族，但以同姓一姓同居一地之故，遂因

164

缘攀附，自托于赵郡之高门，衡以南北朝庶姓冒称士族之惯例，殊为可能之事。总而言之，据可信之材料，依常识之判断，李唐先世若非赵郡李氏之"破落户"，即是赵郡李氏之"假冒牌"。至于有唐一代之官书，其纪述皇室渊源间亦保存原来真实之事迹，但其大部尽属后人讳饰夸诞之语，治史者自不应漫无辨别，遽尔全部信从也。

又《魏书》九九《私署凉王李暠传》本不载重耳南奔始末，传世之《十六国春秋纂录》六《西凉录》亦无其事。而汤球之《十六国春秋辑补》转取唐修《晋书》之《凉武昭王传》添此一段蛇足（见汤书叙例），殊为无识。今敦煌本之《十六国春秋残卷》惜未得见，不知与此有关否？至于伪本《十六国春秋》载重耳事采自唐修《晋书》更不足辨论矣。

复次，《周书》四《明帝纪》（《北史》九《明帝纪》同）云：

> （二年三月）庚申，诏曰："三十六国九十九姓，自魏氏南徙，咸称河南之民。今周室既都关中，宜改称京兆人。"

《隋书》三三《经籍志（史部）·谱序篇序》云：

> 后魏迁洛，有八氏十姓，咸出帝族；又有三十六族，则诸国之从魏者；九十二（九？）姓，世为部落大人者，并为河南洛阳人。其中国士人，则第其门阀，有四海大姓、郡姓、州姓、县姓。及周太祖入关，诸姓子孙有功者，并令为其宗长，仍撰谱录，纪其所承。又以关内诸州，为其本望。

据上引史文，严格解释，则隋志之文自"后魏迁洛"至"并为河南洛阳人"止一节，专指胡人而言，其本末见于《魏书》一一三《官氏志》等即魏孝文帝改胡姓为汉姓之事也。《周书》《北史》周明帝二年（公元五五八年）三月庚申诏书亦指胡人而言，

165

明帝二年在魏孝武帝入关之年（公元五三四年）后二十四年，在西魏恭帝元年（公元五五四年）改有功诸将姓为胡姓（事见《周书》二《文帝纪下》、《北史》九《周本纪上》）后亦四年，故从入关之迁洛诸胡族其改京兆郡望当在有功诸汉将改关内郡望之后也。

又《隋志》之文自"其中国士人"至"又以关内诸州为其本望"止一节，实专指汉人而言。然则李唐之称西凉嫡裔，即所谓"并令为其宗长，仍撰谱牒，纪其所承"，其改赵郡郡望为陇西郡望，即所谓"又以关内诸州为其本望"，岂非寅恪之假说得此史文而益证实耶？所不解者，昔人于此何以未尝留意？抑别有其他较胜之说耶？此则深愿求教于博识通人也。

复次，《唐会要》三"皇后"条（开元十三年光业寺碑文及巴黎图书馆藏敦煌写本伯希和号第二千五百四《唐代祖宗忌日表》等均同）云：

> 宣皇帝（熙）皇后张氏。
> 光皇帝（天赐）皇后贾氏。
> 景皇帝（虎）皇后梁氏。
> 元皇帝（昞）皇后独孤氏。

据此，张贾皆是汉姓，其为汉族，当无可疑。梁氏如梁御之例，虽有出自胡族之嫌疑（见《周书》一九、《北史》五九《梁御传》，又《魏书》一一三《官氏志》云："拔列氏后改为梁氏"），但梁氏本为汉姓，大部分皆是汉族，未可以其中有极少数出自胡族之故，遂概括推定凡以梁为氏者皆属胡族也。故李虎妻梁氏在未能确切证明其氏族所出以前，仍目之为汉族，似较妥慎。然则李唐血统其初本是华夏，其与胡夷混杂，乃一较晚之事实也。

兹依据上述资料，作一李唐皇室血统世系表，起自李熙，迄于世民，以备参考。至李重耳则疑本无其人，或是李初古拔之化身，故不列入，以示阙疑之意。凡女统确知为汉族者，标以 ☐ 符号；

166

确知为胡族者，标以 ～～～ 符号；虽有胡族嫌疑，但在未发见确证，仍可认为汉族者，则标以……符号。

李熙	天赐	虎	昞	渊	世民
张氏	贾氏	梁氏	独孤氏	窦氏	长孙氏

兹依据上引资料及其解释，再将李唐世系先后改易之历程及胡汉文化问题加以说明。此世系改易之历程，实不限于李唐皇室一族，凡多数北朝、隋唐统治阶级之家，亦莫不如是，斯实中国中古史上一大问题，亦史学中千载待发而未发之覆也。

自鲜卑拓拔部落侵入中国统治北部之后，即开始施行汉化政策，如解散部落同于编户之类（见《北史》八十、《魏书》八三上《外戚传·贺讷传》，《北史》九八、《魏书》一百三《高车传》及《魏书》一一三《官氏志》等），其尤显著之例也。此汉化政策其子孙遵行不替，及魏孝文帝迁都洛阳，其汉化程度更为增高，至宣武、孝明之世，则已达顶点，而逐渐腐化矣。然同时边塞六镇之鲜卑及胡化之汉族，则仍保留其本来之胡化，而不为洛都汉化之所浸染。故中央政权所在之洛阳其汉化愈深，则边塞六镇胡化民族对于汉化之反动亦愈甚，卒酿成六镇之叛乱，尔朱部落乘机而起。至武泰元年（公元五二八年）四月十三日河阴之大屠杀，遂为胡人及胡化民族反对汉化之公开表示，亦中古史划分时期之重要事变也。六镇鲜卑及胡化汉族既保持胡部特性，而不渐染汉化，则为一善战之民族，自不待言。此民族以饥馑及虐政之故激成叛乱，南向迁徙，其大部分辗转移入高欢统治之下（见《北齐书》一《神武纪上》、《北史》六《齐本纪上》、《隋唐》二四《食货志》）。故欢之武力遂无敌于中原，终借此以成其霸业。其他之小部分，由贺拔岳、宇文泰率领西徙，割据关陇，亦能抗衡高氏，分得中国西北部之地，成一北朝东西并峙之局，此治史者所习知也。然宇文氏只分有少数之六镇民族，复局促于关陇一隅之地，终能并吞分有多数六镇民族及雄据山东富饶区域之高齐，其故自非仅由一二君主之贤愚及诸臣

167

材不材之所致，盖必别有一全部系统之政策，为此东西并立之二帝国即周齐两朝胜败兴亡决定之主因，可以断言也。

宇文泰率领少数西迁之胡人及胡化汉族割据关陇一隅之地，欲与财富兵强之山东高氏及神州正朔所在之江左萧氏共成一鼎峙之局，而其物质及精神二者力量之凭借，俱远不如其东南二敌，故必别觅一途径，融合其所割据关陇区域内之鲜卑六镇民族，及其他胡汉土著之人为一不可分离之集团，匪独物质上应处同一利害之环境，即精神上亦必具同出一渊源之信仰，同受一文化之熏习，始能内安反侧，外御强邻。而精神文化方面尤为融合复杂民族之要道。在此以前，秦苻坚、魏孝文皆知此意者，但秦、魏俱欲以魏晋以来之汉化笼罩全部复杂民族，故不得不亟于南侵，非取得神州文化正统所在之江东而代之不可，其事既不能成，仅余一宇文泰之新途径而已。此新途径即就其割据之土依附古昔，称为汉化发源之地（魏孝文之迁都洛阳，意亦如此，惟不及宇文泰之彻底，故仍不忘南侵也），不复以山东江左为汉化之中心也，其详具于拙著《隋唐制度渊源略论稿》，兹不赘论。此宇文泰之新途径今姑假名之为"关中本位政策"，即凡属于兵制之府兵制及属于官制之《周官》皆是其事。其改易随贺拔岳等西迁有功汉将之山东郡望为关内郡望，别撰谱牒，纪其所承（见前引《隋书》三三《经籍志·谱序篇》序），又以诸将功高者继塞外鲜卑部落之后（见《周书》二《文帝纪下》及《北史》九《周本纪上》"西魏恭帝元年"条等），亦是施行"关中本位政策"之例证，如欲解决李唐氏族问题当于此中求之也。

概括言之，宇文泰改易氏族之举，可分先后二阶段：第一阶段则改易西迁关陇汉人中之山东郡望为关内郡望，以断绝其乡土之思（初止改易汉人之山东郡望，其改易胡人之河南郡望为京兆郡望，则恐尚在其后，见前引《周书》四《明帝纪》及《北史》九《周本纪上》明帝二年三月庚申诏书），并附会其家世与六镇有关，即李熙留家武川之例，以巩固其六镇团体之情感。此阶段当在西魏恭帝元年（公元五五四年）复魏孝文帝所改鲜卑人之胡姓及赐诸汉将有功者以胡姓之前，凡李唐改其赵郡郡望为陇西，伪托西凉李暠之嫡裔及称家于武川等，均是此阶段中所为也。第二阶段即西魏恭帝元年诏以诸将之有功者继承鲜卑三十六大部落及九十九小部落之后，凡改胡姓诸将所统之兵卒亦从其主将之胡姓，径取鲜卑部落之制以治军，此即府兵制初期之主旨（详见拙著《隋唐制度渊源略论稿》"兵制"章，兹不赘论）。李唐之得赐姓大野，即在此阶段中所为也。至周末隋文帝专周政，于大象二年（公元五八〇年）十二月癸亥回改胡姓复为汉姓，其结果只作到回复宇文氏第二阶段之所改，而多数氏族仍停留于第一阶段之中，此李唐所以虽去大野之胡姓，但仍称陇西郡望及冒托西凉嫡裔也。职是之故，北朝、隋唐史料中诸人之籍贯往往纷歧，如与李唐先世同列八大柱国之李弼一族，《周书》一五《李弼传》、《旧唐书》五三《李密传》（密为弼之曾孙）、一三十《李泌传》（泌为弼之六代孙），及《新唐书》七二上《宰相世系表》俱以为辽东襄平人，而《北史》六十《李弼及曾孙密传》、《文苑英华》九四八魏征撰《李密墓志铭》则以为陇西成纪人。盖公私著述叙及籍贯或仅据回复至第一阶段立言，或径依本来未改者为说，斯其所以彼此差异也。但隋唐两朝继承宇文氏之遗业，仍旧施行"关中本位政策"，其统治阶级自不改其歧视山东人之观念（见《旧唐书》七八、《新唐书》一百四《张行成传》）。故隋唐皇室亦依旧自称弘农杨震、陇西李暠之嫡裔，伪冒相传，迄于今日，治史者竟无一不为其所欺，诚可叹也（据《新唐书》七一下《宰相世系表》"杨氏"条，隋皇室自称为弘农杨震长子牧之后。此即《隋书·经籍志》所谓"令为其宗长，仍撰谱牒，纪其所承，又以关内诸州为其本望"者。以非本篇范围，故不详论，读者可以依据有关史料类推也）。

复次，汉人与胡人之分别，在北朝时代文化较血统尤为重要。凡汉化之人即目为汉人，胡化之人即目为胡人，其血统如何，在所不论。兹举二例以证明之：

《北齐书》二四《杜弼传》（《北史》五五《杜弼传》同）云：

> 显祖（高洋）尝问弼云："治国当用何人？"对曰："鲜卑车马客，会须用中国人。"显祖以为讥己。

夫高齐无论其母系血统属于何种，但其自称及同时之人均以为其家世出自渤海蓨县，固当日华夏之高门也。至于其所渐染者则为胡化，而非汉化。杜弼斥鲜卑，而高洋以为讥己，是汉人之受胡化者，即自命为胡人也。

又《北史》二八《源贺传》（参考《魏书》四一《源贺传》、《北齐书》五十《恩幸传·高阿那肱传》，至《隋书》六六《源师传》删去"汉儿"二字，殊失当时语意矣）略云：

> 源贺，西平乐都人，私署河西王秃发傉檀之子也。傉檀为乞伏炽盘所灭，贺自乐都奔魏，太武素闻其名，谓曰："卿与朕同源，因事分姓，今可为源氏。"（寅恪案：鲜卑秃发部即拓拔部，一语异译，故拓拔焘谓之同源也。）
>
> 〔玄孙〕师仕齐为尚书左外兵郎中，又摄祠部。后属孟夏，以龙见请雩。时高阿那肱为录尚书事，谓为真龙出见，大惊喜，问龙所在，云作何颜色。师整容云："此是龙星初见，依礼当雩祭郊坛，非谓真龙别有所降。"阿那肱忿然作色曰："汉儿多事，强知星宿。"祭事不行。

夫源师乃鲜卑秃发氏之后裔，明是胡人无疑，而高阿那肱竟目之为汉儿，此为北朝汉人、胡人之分别，不论其血统，只视其所受之教化为汉抑为胡而定之确证，诚可谓"有教无类"矣。又，此点为治吾国中古史最要关键，若不明乎此，必致无谓之纠纷。《资治通鉴》一七一"陈宣帝太建五年"，亦纪此事，胡注云：

> 诸源本出于鲜卑秃发，高氏生长于鲜卑，自命为鲜卑，未尝以为讳，鲜卑遂自谓贵种，率谓华人为汉儿，率侮诟之。诸

源世仕魏朝贵显习知典礼，遂有雩祭之请，冀以取重，乃以取诟。《通鉴》详书之，又一慨也。

梅磵之说固是，又其言别有所感，然于北朝汉胡种族文化之问题似犹不免未达一间也。李唐皇室者唐代三百年统治之中心也，自高祖、太宗创业至高宗统御之前期，其将相文武大臣大抵承西魏、北周及隋以来之世业，即宇文泰"关中本位政策"下所结集团体之后裔也。自武曌主持中央政权之后，逐渐破坏传统之"关中本位政策"，以遂其创业垂统之野心。故"关中本位政策"最主要之府兵制，即于此时开始崩溃，而社会阶级亦在此际起一升降之变动。盖进士之科虽创于隋代，然当日人民致身通显之途径并不必由此。及武后柄政，大崇文章之选，破格用人，于是进士之科为全国干进者竞趋之鹄的。当时山东、江左人民之中，有虽工于为文，但以不预关中团体之故，致遭屏抑者，亦因此政治变革之际会，得以上升朝列，而西魏、北周、杨隋及唐初将相旧家之政权尊位遂不得不为此新兴阶级所攘夺替代。故武周之代李唐，不仅为政治之变迁，实亦社会之革命。若依此义言，则武周之代李唐较李唐之代杨隋其关系人群之演变，尤为重大也。

武周统治时期不久，旋复为唐，然其开始改变"关中本位政策"之趋势，仍继续进行。迄至唐玄宗之世，遂完全破坏无遗。而天宝安史乱后又别产生一新世局，与前此迥异矣。夫"关中本位政策"既不能维持，则统治之社会阶级亦必有变迁。此变迁可分中央及藩镇两方叙述。其所以须有此空间之区别者，因唐代自安史乱后，名义上虽或保持其一统之外貌，实际上则中央政府与一部分之地方藩镇，已截然划为二不同之区域，非仅政治军事不能统一，即社会文化亦完全成为互不关涉之集团，其统治阶级氏族之不同类更无待言矣。盖安史之霸业虽俱失败，而其部将及所统之民众依旧保持其势力，与中央政府相抗，以迄于唐室之灭亡，约经一百五十年之久，虽号称一朝，实成为二国。史家述此，不得不分之为二，其理由甚明也。

又《旧唐书》一四《宪宗纪上》（参考《通鉴》二三七"元和二年"此条胡《注》及《唐会要》六三"修撰"条）云：

> 元和二年十二月己卯，史官李吉甫撰《元和国计簿》，总计天下方镇凡四十八，管州府二百九十五，县一千四百五十三，户二百四十四万二百五十四，其凤翔、鄜坊、邠宁、振武、泾原、银夏、灵盐、河东、易定、魏博、镇冀、范阳、沧景、淮西、淄青十五道，凡七十一州，不申户口。每岁赋入倚办，止于浙江东西、宣歙、淮南、江西、鄂岳、福建、湖南等八道，合四十九州，一百四十四万户。比量天宝供税之户，则四分有一。天下兵戎仰给县官者八十三万余人，比量天宝士马，则三分加一，率以两户资一兵。其他水旱所损，征科发敛，又在常役之外。吉甫都纂其事，成书十卷。

同书一九下《僖宗纪》略云：

> 〔光启元年三月〕丁卯，车驾〔自蜀〕至京师，时李昌符据凤翔，王重荣据蒲陕，诸葛爽据河阳、洛阳，孟方立据邢洺，李克用据太原、上党，朱全忠据汴滑，秦宗权据许蔡，时溥据徐泗，朱瑄据郓齐、曹濮，王敬武据淄青，高骈据淮南八州，秦彦据宣歙，刘汉宏据浙东，皆自擅兵赋，迭相吞噬，朝廷不能制。江淮转运路绝，两河、江淮赋不上供，但岁时献奉而已。国命所能制者，河西、山南、剑南、岭南四道数十州。大约郡将自擅，常赋殆绝，藩侯废置，不自朝廷，王业于是荡然。

寅恪案：李吉甫所撰《元和国计总簿》虽在元和初年，然自安史乱后起，迄于唐亡，其所列中央政府财赋取办之地域大致无甚殊

172

异。唐代自安史乱后，长安政权之得以继续维持，除文化势力外，仅恃东南八道财赋之供给。至黄巢之乱既将此东南区域之经济几全加破坏，复断绝汴路、运河之交通，而奉长安文化为中心、仰东南财赋以存立之政治集团，遂不得不土崩瓦解。大唐帝国之形式及实质，均于是告终矣。

在此奉长安文化为中心、恃东南财赋以存立集团之中，其统治阶级为此集团所占据地域内之二种人：一为受高深文化之汉族，且多为武则天专政以后所提拔之新兴阶级，所谓外廷之士大夫，大抵以文词科举进身者也；一为受汉化不深之蛮夷，或蛮夷化之汉人，故其人多出自边荒区域。凡自玄宗朝迄唐亡，一百五十年间身居内廷，实握政治及禁军之权者皆属此族，即阉寺之特殊阶级是也。

自武则天专政破格用人后，外廷之显贵多为以文学特见拔擢之人。而玄宗御宇，开元为极盛之世，其名臣大抵为武后所奖用者（参考《旧唐书》一三九《陆贽传》、《新唐书》一五二《李绛传》、《陆宣公奏议》七《请许台省长官举荐状》及《李相国论事集》等）。及代宗大历时常衮当国，非以辞赋登科者莫得进用。自德宗以后，其宰相大抵皆由当日文章之士由翰林学士升任者也。请举史实以证之。

《通典》一五《选举典三》载"沈既济之言"略云：

> 初，国家自显庆以来，高宗圣躬多不康，而武太后任事，参决大政，与天子并。太后颇涉文史，好雕虫之艺，永隆中始以文章选士。及永淳之后，太后君临天下二十余年，当时公卿百辟无不以文章达，因循迟久，浸以成风。以至于开元、天宝之中，太平君子唯门调户选，征文射策，以取禄位，此行己立身之美者也。父教其子，兄教其弟，无所易业，大者登台阁，小者任郡县，资身奉家，各得其足，五尺童子，耻不言文墨焉。是以进士为士林华选，四方观听，希其风采，每岁得第之人，不浃辰而周闻天下。故忠贤隽彦、韫才毓行者，咸出于

是，而桀奸无良者或有焉。是故非相陵，毁称相腾，或扇结钩党，私为盟歃，以取科第，而声名动天下，或钩摭隐匿，嘲为篇咏，以列于道路，迭为谈訾，无所不至焉。

据此，可知进士之科虽设于隋代，而其特见尊重，以为全国人民出仕之唯一正途，实始于唐高宗之代，即武曌专政之时。及至玄宗，其局势遂成凝定，迄于后代，因而不改。故科举制之崇重与府兵制之破坏俱起于武后，成于玄宗。其时代之符合，决非偶然也。但以事关府兵制度，兹不具论（见拙著《隋唐制度渊源略论稿》"兵制"章及《玉海》一三八《兵制三》所引《邺侯家传》）。至王定保以为进士之科"甲于贞观"（《唐摭言》一《述进士》上篇），及"进士科盛于贞观、永徽之际"（同书同卷"散序进士"条），则稽之史实，有所未合。其言不及沈氏之可信，无待论也。

《旧唐书》一一九《常衮传》云：

尤排摈非辞赋登科者。

同书同卷《崔祐甫传》云：

常衮当国，非以辞赋登科者，莫得进用。

同书四三《职官志》"翰林院"条略云：

玄宗即位，张说、陆坚、张九龄等召入禁中，谓之翰林待诏。王者尊极，一日万机，四方进奏，中外表疏批答，或诏从中出。宸翰所挥，亦资其检讨，谓之视草。故尝简当代士人，以备顾问。至德已后，天下用兵，军国多务，深谋密诏，皆从中出。尤择名士，翰林学士得充选者，文士为荣。亦如中书舍人例置学士六人，内择年深德重者一人为承旨，所以独承密命故也。德宗好文，尤难其选。贞元已后，为学士承旨者，多至宰相焉。

《元氏长庆集》五一《翰林承旨学士记略》云：

> 宪宗章武皇帝以永贞元年即大位，始命郑公（郑絪）为承旨学士，位在诸学士上。十七年之间，由郑至杜（杜元颖）十一人，而九参大政。

《白氏长庆集》五九《李留守相公（李绛）见过池上泛舟举酒话》及《翰林旧事因成四韵以献之》诗（参考《容斋续笔》二"元和六学士"条）云：

> 同时六学士，五相一渔翁。

据此，可知唐代自安史乱后，其宰相大抵为以文学进身之人。此新兴阶级之崛起，乃武则天至唐玄宗七八十年间逐渐转移消灭宇文泰以来胡汉六镇民族旧统治阶级之结果。若取《新唐书·宰相表》及《宰相世系表》与列传所载其人之家世籍贯及出身等互相参证，于此三百年间外廷士大夫阶级废兴转移之大势尤易明了也。至此由文学科举进身之新兴阶级与魏晋、北朝以来传统旧士族之关系，则于论党派时详述之，兹不涉及焉。

唐代自玄宗后，政柄及君权渐转入阉寺之手，终至皇位之继承权归其决定，而内朝之禁军外廷之宰相，俱供其指挥，由之进退，更无论矣。其详当于中篇《论政治革命及党派分野》时述之，兹仅略言其氏族所从出之一端于下：

《旧唐书》二十下《哀帝纪》云：

> （天祐二年六月）丙申，敕："福建每年进橄榄子，比因

175

阉竖出自闽中，牵于嗜好之间，逐成贡奉之典。虽嘉忠荩，伏恐烦劳。今后只供进蜡面茶，其进橄榄子宜停！"

《新唐书》二百七《宦者传·吐突承璀传》云：

是时，诸道岁进阉儿，号"私白"，闽岭最多，后皆任事，当时谓闽为中官区薮。咸通中，杜宣猷为观察使，每岁时遣吏致祭其先，时号"敕使墓户"。宣猷卒用群宦力，徙宣歙观察使。

顾况古诗（据《全唐诗》第十函）云：

囝一章。

囝，哀闽也。（原注：囝音蹇。闽俗呼子为囝，父为郎罢。）

囝生闽方。闽吏得之，乃绝其阳。为臧为获，致金满屋。为髡为钳，如视草木。天道无知，我罹其毒。神道无知，彼受其福。郎罢别囝，吾悔生汝。及汝既生，人劝不举。不从人言，果获是苦。囝别郎罢，心摧血下。隔地绝天，及至黄泉，不得在郎罢前。

宦寺多冒养父之姓，其籍贯史籍往往不载，然即就《两唐书》"宦官"及"宦者传"中涉及其出生地域或姓氏稀异者观之，亦可知其梗概也。

《旧唐书》一八四《宦官传》云：

杨思勖本姓苏，罗州石城人，为内官杨氏所养，以阉从事内侍省。

高力士，潘州人，本姓冯。少阉，与同类金刚二人，圣历元年岭南讨击使李千里进入宫。则天嘉其黠慧，总角修整，令给事左右。后因小过，挞而逐之。内官高延福收为假子，延福出自武三思家，力士遂往来三思第。岁余，则天复召入禁中。

《新唐书》二百七《宦者传上》云：

> 鱼朝恩，泸州泸川人。天宝末以品官给事黄门。
> 刘贞亮，本俱氏，名文珍，冒所养宦父，故改焉。
> 吐突承璀，闽人也。以黄门值东宫。
> 仇士良，循州兴宁人。顺宗时得侍东宫。
> 杨复光，闽人也，本乔氏。有武力，少养于内侍杨玄价家。

同书二百八《宦者传下》云：

> 田令孜，蜀人也，本陈氏。咸通时，历小马坊使。

据此，可知唐代阉寺多出自今之四川、广东、福建等省，在当时皆边徼蛮夷区域。其地下级人民所受汉化自甚浅薄，而宦官之姓氏又有不类汉姓者，故唐代阉寺中疑多是蛮族或蛮夷化之汉人也。

唐代中国疆土之内，自安史乱后，除拥护李氏皇室之区域，即以东南财富及汉化文化维持长安为中心之集团外，尚别有一河北藩镇独立之团体，其政治、军事、财政等与长安中央政府实际上固无隶属之关系，其民间社会亦未深受汉族文化之影响，即不以长安、洛阳之周孔名教及科举仕进为其安身立命之归宿。故论唐代河北藩镇问题必于民族及文化二端注意，方能得其真相所在也。兹先举二三显著之例，以见当时大唐帝国版图以内实有截然不同之二分域，然后再推论其种族与统治阶级之关系焉。

杜牧《樊川集》六《唐故范阳卢秀才墓志》云：

秀才卢生名霈，字子中。自天宝后，三代或仕燕，或仕赵，两地皆多良田畜马。生年二十，未知古有人曰周公、孔夫子者，击球饮酒，策马射走兔，语言习尚，无非攻守战斗之事。

《通典》四十《职官典》末载杜佑建中时所上"省用议"（参《新唐书》一六六《杜佑传》）略云：

今田悦之徒，并是庸琐，繁刑暴赋，唯恤军戎，衣冠仕（士）人，遇如奴虏。

此可以代表河北社会通常情态，其尚攻战而不崇文教。质言之，即渐染胡化深而汉化浅也。当时汉化之中心在长安，以诗赋举进士致身卿相为社会心理群趋之鹄的。故当日在长安文化区域内有野心而不得意之人，至不得已时惟有北走河朔之一途。《昌黎集》二十《送董召南游河北序》乃世所习诵之文，兹为阐明长安集团与河北集团政治文化对立之形势起见，仍移写之于下，并略诠释，以佐证鄙说。至韩退之不以董召南河北之行为然之意固极明显，不待解说也。其文云：

燕赵古称多感慨悲歌之士。董生举进士，连不得志于有司，怀抱利器，郁郁适兹土，吾知其必有合也。董生勉乎哉！

据此，可知在长安文化统治下之士人，若举进士不中，而欲致身功名之会者，舍北走河朔之外，则不易觅其他之途径也。

其文又云：

夫以子之不遇时，苟慕义强仁者皆爱惜焉，矧燕赵之士出乎其性者哉！然吾尝闻风俗与化移易，吾恶知其今不异于古所

178

云邪？聊以吾子之行卜之也，董生勉乎哉！

据前引杜牧之《范阳卢秀才墓志》"语言习尚无非攻守战斗"之句及此序"风俗与化移易"之语，可知当日河北社会全是胡化，非复东汉、魏晋、北朝之旧。若究其所以然之故，恐不于民族迁移一事求之不得也，请俟后论之。

其文又云：

吾因子有所感矣，为我吊望诸君之墓！而观于其市，复有昔时屠狗者乎？为我谢曰："明天子在上，可以出而仕矣！"

然则长安天子与河北镇将为对立不同之二集团首领，观此数语，即可知矣。

又《全唐诗》第五函《李益小传》（参《旧唐书》一三七《新唐书》二百三《文艺传下·李益传》、《唐诗纪事》三十、《全唐诗话》二、辛文房《唐才子传·李益传》等）云：

李益字君虞，姑臧人，大历四年登进士第，授郑县尉。久不调，益不得意。北游河朔，幽州刘济辟为从事。尝与济诗，有怨望语。宪宗时，召为秘书少监集贤殿学士。自负才地，多所凌忽，为众不容。谏官举幽州诗句，降居散秩。

考益之《献刘济》诗云：

草绿古燕州，莺声引独游。雁归天北畔，春尽海西头。向日花偏落，驰年水自流。感恩知有地，不上望京楼。

据此，又可知虽已登进士第之李益以不得意之故犹去京洛，而北走范阳；则董召南之游河北盖是当日社会之常情，而非变态。然于此益见大唐帝国之后半期其中含有两独立敌视之团体，而此二团体之统治阶级，其种族文化亦宜有不同之点在也。

今试检《新唐书》之《藩镇传》，并取其他有关诸传之人其活动范围在河朔或河朔以外者以相参考，则发见二点：一为其人之氏族本是胡类，而非汉族；一为其人之氏族虽为汉族，而久居河朔，渐染胡化，与胡人不异。前者属于种族，后者属于文化。质言之，唐代安史乱后之世局，凡河朔及其他藩镇与中央政府之问题，其核心实属种族、文化之关系也。夫河北之地，东汉、曹魏、西晋时固为文化甚高区域，虽经胡族之乱，然北魏至隋其地之汉化仍未见甚衰减之相，何以至玄宗文治灿烂之世，转变为一胡化地域？其故殊不易解。兹就安史叛乱发源之地域及其时代先后之关系综合推计，设一假说，以俟更详确之证明。即使此假说一时难以确定成立，但安史叛乱及其后果即河朔藩镇之本质，至少亦可因此明了也。

当玄宗文治武功极盛之世，渔阳鼙鼓一鸣，而两京不守。安禄山之霸业虽不成，然其部将始终割据河朔，与中央政府抗衡，唐室亦从此不振，以至覆亡。古今论此役者止归咎于天宝政治宫廷之腐败，是固然矣；独未注意安史之徒乃自成一系统最善战之民族，在当日军事上本来无与为敌者也。考安禄山之种族在其同时人之著述及专纪其事之书中，均称为"柘羯"或"羯胡"，如，《旧唐书》十《肃宗纪》云：

> 是日（天宝十五载七月甲子），御灵武南门，下制曰："乃者羯胡乱常，京阙失守。"（《旧唐书》一二十《郭子仪传》载建中二年德宗褒恤之诏有"羯胡作祸"，《新唐书》一九二《忠义传·张巡传》亦有"拓羯千骑"之语，至杜甫《喜官军已临贼境二十韵》诗所谓"拓羯渡临洮"之"拓羯"，虽非指安禄山，但亦可为旁证参考也。）

又同书一百四《封常清传》略云：

先锋至葵园。常清使骁骑与柘羯逆战，杀贼数十百人。是日临刑，托令诚上之，其表曰："昨者与羯胡接战。"

又《颜鲁公集》六《康金吾碑》目安禄山为羯胡，姚汝能《安禄山事迹》一书亦多羯胡之语，若杜工部《咏怀古迹》之诗其"羯胡事主终无赖"之句，则不仅用梁侯景之古典（如《梁书》五五《武陵王纪传》云："羯胡叛涣"，即是一例），实兼取今事入之于诗也。

考玄奘《西域记》一"飒秣建国（即康国）"条云：

> 兵马强盛，多诸赭羯。赭羯之人，其性勇烈，视死如归，战无前敌。

《新唐书》二二一下《西域传·康国传》云：

> 本月氏人。始居祁连北昭武城，为突厥（寅恪案：突厥应作匈奴，《唐会要》九九"康国"条云："其人土著役属于突厥，先居祁连之北昭武城，为匈奴所破。"宋子京盖涉上文突厥之语致误也）所破，稍南依葱岭，即有其地，枝庶分王：曰安，曰曹，曰石，曰米，曰何，曰火寻，曰戊地，曰史，世谓"九姓"，皆氏昭武。

又同书同卷《安国传》云：

> 募勇健者为柘羯。柘羯，犹中国言战士也（寅恪案：上引《西域记》之文有"赭羯之人"一语，然则赭羯乃种族之名，此云"犹中国言战士"，若非宋景文误会，即后来由专名引申为公名耳）。

又同书同卷《石国传》云：

> 石，或曰柘支，曰柘折，曰赭时，汉大宛北鄙也。

据此，可知"赭羯"即"柘羯"之异译，凡康安石等中亚月氏种人，皆以勇健善战著闻者也。《旧唐书》二百上《安禄山传》云：

> 安禄山，营州柳城杂种胡人也。

《旧书》所谓"杂种胡"之确切界说尚待详考，但《新唐书》二二五上《逆臣传·安禄山传》云：

> 安禄山，营州柳城胡也，本姓康，母阿史德。少孤，随母嫁虏将安延偃，乃冒姓安，更名禄山，通六蕃语，为互市郎。

寅恪案：安禄山事迹上引《郭子仪雪安思顺疏》，谓安禄山本姓康。今敦煌写本《天宝·丁籍》亦有康、安、石等姓以羯为称者（见《历史与地理》杂志第三三编第四卷《天宝十载·丁籍》及同书第四一编第四卷《天宝四载·丁籍》），故安禄山父系之为羯胡，即中亚月氏种可无疑矣。至史思明之种族则《新唐书》二二五上《逆臣传·史思明传》云：

> 史思明，本名窣干，营州宁夷州突厥种，与安禄山共乡里，通六蕃译，亦为互市郎。

疑史思明非出中亚胡种者。然《旧唐书》二百《安禄山传》云：

安禄山，营州柳城杂种胡人也。（前已引，兹为论述便利起见，特重及之。）

同书同卷《史思明传》云：

史思明，本名窣干，营州，宁夷州突厥杂种胡人也。

又《旧唐书》一百四《哥舒翰传》（《新唐书》一三五《哥舒翰传》同）略云：

哥舒翰，突骑施首领哥舒部落之裔也。翰母尉迟氏，于阗之族也。〔安禄山〕谓翰曰："我父是胡，母是突厥，公父是突厥，母是胡。与公族类同，何不相亲乎？"

据此类史料，初视之，似当时所谓杂种胡人者即指混合血统胡族，如哥舒翰等之例。但更详考史传，则知当时杂种胡人之称实径指昭武九姓月支种而言，如《新唐书》二一七上《回鹘传》（参《通鉴》二二六"建中元年八月甲午张光晟杀突董"条）云：

始回纥至中国，常参以九姓胡，往往留京师，至千人，居赀殖产甚厚。会酋长突董、翳蜜施、大小梅录等还国，装橐系道。

所言与《旧唐书》一二七《张光晟传》云：

建中元年，回纥突董、梅录领众并杂种胡等自京师还国，舆载金帛，相属于道。

者同是一事，而旧传之所谓"杂种胡"即九姓胡，可为确证。然则

《旧唐书》之称安禄山为杂种胡人者，实指其九姓胡而言，又其目史思明为突厥杂种胡人者，殆以其父系为突厥，而母系为羯胡，故曰"突厥杂种胡人"也。观于史思明与安禄山俱以通六蕃语为互市郎，正是具有中亚胡种血统之特征。至其以史为姓者，盖从父系突厥姓阿史德或阿史那之湆称，不必为母系昭武九姓之史也。

又考安史生长之地即营州，在开元之初已多中亚贾胡，如《旧唐书》一八五下《良吏传·宋庆礼传》（《新唐书》一三十《宋庆礼传》同）略云：

> 初，营州都督府置在柳城，控带奚、契丹。则天时，都督赵文翙政理乖方，两蕃反版，攻陷州城，其后移于幽州东二百里渔阳城安置。开元五年，奚、契丹各款塞归附，玄宗欲复营州于旧城，乃诏庆礼等更于柳城筑营州城，俄拜庆礼御史中丞，兼检校营州都督，开屯田八十余所，追拔幽州及渔阳、淄青等户，并招辑商胡，为立店肆。

此必其时营州区域之内或其近傍颇有西域贾胡，庆礼始能招辑之也。故营州一地在开元以前已多中亚胡人，可知之矣。

更试一检《新唐书·安禄山传》（参考安禄山事迹），如言：

> 潜遣贾胡行诸道，岁输财百万。

及

> 凡降蕃夷皆接以恩，禄山通夷语，躬自尉抚，皆释俘囚为战士，故其下乐输死，所战无前。

等，则安禄山利用其中亚胡种商业语言特长之例证也。

又如言：

养同罗、降奚、契丹曳落河八千人为假子。

及

禄山已得〔阿〕布思众，则兵雄天下。

则安禄山利用其混合血统胡人之资格，笼络诸不同之善战胡族，以增强其武力之例证也。故据《新唐书》一一八《韦凑传》附见素传云：

明年（天宝十四载），禄山表请蕃将三十二人代汉将，帝许之。见素不悦，谓〔杨〕国忠曰："禄山反状暴天下，今又以蕃代汉，难将作矣。"未几，禄山反。

可知禄山之举兵与胡汉种族武力问题有关也。至《旧唐书》一百六《李林甫传》（《新唐书》二二三上《奸臣传·李林甫传》同，又《大唐新语》一一《惩戒篇》及《谀佞篇》尤可参校）云：

国家武德、贞观已来，蕃将如阿史那社尔、契苾何力，忠孝有才略，亦不专委大将之任，多以重臣领使以制之。开元中，张嘉贞、王晙、张说、萧嵩、杜暹皆以节度使入知政事。林甫固位，志欲杜出将入相之源，尝奏曰："文士为将，怯当矢石，不如用寒族蕃人。蕃人善战有勇，寒族即无党援。"帝（玄宗）以为然，乃用〔安〕思顺代林甫领〔朔方节度〕使。自是高仙芝、哥舒翰皆专任大将，林甫利其不识文字，无入相由。然而禄山竟为乱阶，由专得大将之任故也。

其"寒族蕃人"一语涉及唐代统治阶级全部，俟后论之。然安史叛乱之关键，实在将领之种族，则可与《新唐书》韦见素一传互相证发也。

又《旧唐书》一九九上《东夷传·高丽传》(《新唐书》一百十《泉男生传》附献诚传同)云:

> 〔泉〕献诚授右卫大将军,兼令羽林卫上下。天授中,则天尝内出金银宝物,令宰相及南北衙文武官内择善射者五人共赌之。内史张光辅先让献诚为第一,献诚复让右玉钤卫大将军薛土摩支,摩支又让献诚。既而献诚奏曰:"陛下令简能射者五人,所得者多非汉官。臣恐自此已后,无汉官工射之名,伏望停寝此射。"则天嘉而从之。

寅恪案:泉献诚、薛土摩支皆蕃将也。武则天时,蕃将之武艺已远胜于汉人,于此可见。《邺侯家传》言府兵制之破坏实始于则天时,此亦一旁证。盖宇文泰所鸠合之六镇关陇胡汉混合集团至武曌时已开始崩溃,不待玄宗朝,而汉将即此混合集团之首领,其不如蕃将之善战已如此矣。至泉献诚为盖苏文之孙,男生之子,亡国败降之余裔,其武伎精妙犹称当时第一,则高丽之以东隅小国能屡抗隋唐全盛之日倾国之师,岂无故哉!岂无故哉!

复次,《新唐书》一二七《张嘉贞传》附弘靖传(《旧唐书》一二九《张延赏传》附弘靖传同,但无"俗谓禄山、思明为二圣"之语)略云:

> 充卢龙节度使。始入幽州,俗谓禄山、思明为二圣。弘靖惩始乱,欲变其俗,乃发墓毁棺,众滋不悦。幽蓟初效顺,不能因俗制变,故范阳复乱。

寅恪案:圣人者,唐俗称天子之语。如《通鉴》二二二"上元二年三月"条(《旧唐书》二百上、《新唐书》二二五上《史思明传》附朝义传略同)略云:

〔史〕朝义泣曰："诸君善为之，勿惊圣人！"（寅恪案：此圣人指思明言。）

胡《注》云：

当时臣子谓其君父为圣人。

盖安史俱称帝，故在其统治之下者率以圣人称之，自无足异。所可注意者，穆宗长庆初上距安史称帝时代已六七十年，河朔之地，禄山、思明犹存此尊号，中央政府官吏以不能遵循旧俗，而致变叛，则安史势力在河朔之深且久，于此可见。兹节录《两唐书》所载安史同时并后来河朔及其他藩镇胡化事迹于下，其种族、文化二者之关系不待解释，自然明了。至其人前后逆顺贤否虽各有不同，但非此篇所论范围，故不置言也。

其血统确有胡族分子者，如《旧唐书》二百上《安禄山传》附孙孝哲传（《新唐书》二二五上《逆臣传》同）云：

孙孝哲，契丹人也。

《新唐书》二百十《藩镇魏博·史宪诚传》（《旧唐书》一十一《史宪诚传》同）云：

史宪诚，其先奚也，内徙灵武，为建康人，三世署魏博将。

同书二一一《藩镇镇冀·李宝臣传》（《旧唐书》一四二《李宝臣传》同）云：

李宝臣本范阳内属奚也，善骑射。范阳将张锁、高畜为假

187

子，故冒其姓，名忠志，为卢龙府果毅。

同书同卷《王武俊传》（《旧唐书》一四二《王武俊传》同）云：

王武俊本出契丹怒皆部。父路俱，开元中，与饶乐府都督李诗等五千帐求袭冠带，入居蓟。武俊甫年十五，善骑射，与张孝忠齐名，隶李宝臣帐下为裨将。

同书同卷《王廷凑传》（《旧唐书》一四八《王廷凑传》同）云：

王廷凑，本回纥阿布思之族，隶安东都护府，曾祖五哥之，为李宝臣帐下，骁果善斗，王武俊养为子，故冒姓王，世为裨将。

同书二一二《藩镇卢龙·李怀仙传》（《旧唐书》一四三《李怀仙传》同）云：

李怀仙，柳城胡也。世事契丹，守营州。善骑射，智数敏给。禄山之反，以为裨将。

同书同卷《李茂勋传》（《旧唐书》一八十《李可举传》同）云：

李茂勋本回鹘阿布思之裔。张仲武时，与其侯王皆降。资沈勇，善驰射，仲武器之，任以将兵，常乘边积功，赐姓及名。

同书二一三《藩镇淄青·李正己传》（《旧唐书》一二四《李正己传》同）云：

李正己，高丽人，为营州副将，从侯希逸入青州，希逸母即其姑。

同书一四四《侯希逸传》（《旧唐书》一二四《侯希逸传》同）云：

侯希逸，营州人，天宝末为州裨将，守保定城。安禄山反，以亲将徐归道为节度使，希逸率兵与安东都护王玄志斩之，遣使上闻，诏拜玄志平卢节度使。玄志卒，副将李正己杀其子，共推希逸，有诏就拜节度使。与贼确，数有功。然孤军无援，又为奚侵掠，乃拔其军二万，浮海入青州，据之，平卢遂陷。肃宗因以希逸为平卢、淄青节度使。自是淄青常以平卢冠使。

据上引《李正己传》，知侯希逸至少其母系出自高丽，虽其初不从安禄山之命，然其种族固含有胡人血脉，其部下兵众亦是胡化集团。是以自李正己袭夺其业后，淄青一镇亦与河朔同风，遂为唐代中央政府之巨患。推求其故，实由其统治者本从河朔胡化集团中分出者也。

《新唐书》一四八《张孝忠传》（《旧唐书》一四一《张孝忠传》同）云：

张孝忠本奚种，世为乙失活酋长。父谧，开元中提众纳款，授鸿胪卿。孝忠始名阿劳，以勇闻。燕、赵间共推张阿劳、王没诺干，二人齐名。没诺干，王武俊也。天宝末，以善射供奉仗内。安禄山奏为偏将。禄山、史思明陷河、洛，常为贼前锋。朝义败，乃自归。

同书二二四上《叛臣传·李怀光传》(《旧唐书》一二一《李怀光传》同）云：

> 李怀光，渤海靺鞨人，本姓茹。父常，徙幽州，为朔方部将，以战多赐姓，更名嘉庆。怀光在军，积劳至开府仪同三司，为都虞候，节度使郭子仪仁厚，不亲事，以纪纲委怀光。

寅恪案：李怀光乃朔方军将，属于别一系统不在河朔范围，然以其先尝居幽州，故亦附及之。至唐室中兴元勋李光弼，则《新唐书》一三《陆其本传》(《旧唐书》一一十《李光弼传》略同）云：

> 李光弼，营州柳城人。父楷洛，本契丹酋长，武后时入朝。

是亦出于东北胡族，且与安禄山同乡里，不过政治上适立于相反之地位耳。

以上诸人皆确为胡族无复疑义。又有实为汉人，或虽号汉族，而带胡种嫌疑未能决定者，兹并列之于下。其要点在无论实为汉人或有胡族之嫌疑，其人必家世或本身居住河朔，久已胡化，故亦与胡人无异者也。如《新唐书》二一十《藩镇魏博·田承嗣传》(《旧唐书》一四一《田承嗣传》同）云：

> 田承嗣，平州卢龙人。世事卢龙军，以豪侠闻。隶安禄山麾卜。

《旧唐书》一四一《田弘正传》(《新唐书》一四八《田弘正

传》同）略云：

> 田弘正祖延恽，魏博节度使承嗣之季父也。弘正善骑射，为衙内兵马使，既受节钺，上表曰：“臣家本边塞，累代唐人，驱驰戎马之乡，不睹朝廷之礼，伏自天宝已还，幽陵肇乱，山东奥壤，悉化戎墟，外抚车马，内怀枭獍，官封代袭，刑赏自专。”

《新唐书》二一十《藩镇魏博·何进滔传》（《旧唐书》一八一《何进滔传》同）云：

> 何进滔，灵武人，世为本军校。少客魏，委质军中。

寅恪案：前引《新唐书·西域传》，昭武九姓中有何姓，何进滔又从灵武徙居于魏，故疑其先世是羯胡，其本身又居魏，而当时魏地亦胡化区域也。

《旧唐书》一八一《韩允忠传》（《新唐书》二一十《藩镇魏博·韩君雄传》同）云：

> 韩允忠，魏州人也，父国昌，历本州右职。

同书同卷《乐彦祯传》（《新唐书》二一十《藩镇魏博·乐彦祯传》同）云：

> 乐彦祯，魏州人也。父少寂，历澶、博、贝三州刺史。

同书同卷《罗弘信传》（《新唐书》二一十《藩镇魏博·罗弘信传》同）云：

罗弘信，魏州贵乡人。曾祖秀，祖珍，父让，皆为本州军校。

据《北梦琐言》五"中书蕃人事"条，罗亦胡姓，然则罗弘信不独世居胡化之地，且有本出胡族之嫌疑矣。

《新唐书》二二五中《逆臣传·朱泚传》（《旧唐书》二百下《朱泚传》同）云：

朱泚，幽州昌平人。父怀珪，事安、史二贼。

《旧唐书》一四三《朱滔传》（《新唐书》二一二《藩镇卢龙·朱滔传》同）云：

朱滔，贼泚之弟也。

《新唐书》二一二《藩镇卢龙·朱克融传》（《旧唐书》一八十《朱克融传》同）云：

朱克融，滔孙也。

《旧唐书》一四三《刘怦传》（《新唐书》二一二《藩镇卢龙·刘怦传》同）云：

刘怦，幽州昌平人也。父贡，尝为广边大斗军使。怦即朱滔姑之子。

《新唐书》二一二《藩镇卢龙·李载义传》（《旧唐书》一八十《李载义传》同）云：

192

李载义，自称恒山愍王之后。性矜荡，好与豪杰游，力挽强搏斗。刘济在幽州，高其能，引补帐下。

寅恪案：李载义之称承乾后裔，固出依托，即使其真出自承乾，亦与河朔诸汉将同为胡化之汉人也。

《新唐书》二一二《藩镇卢龙·杨志诚传》（《旧唐书》一八十《杨志诚传》同）云：

〔杨〕志诚者事〔李〕载义为牙将。载义走，因自为都知兵马使。〔大和〕八年，为下所逐，推部将史元忠总留后。

寅恪案：杨志诚、史元忠之氏族史传不详，无以确言，但俱为胡化之人，则无可疑者。突厥阿史那氏、阿史德氏皆省作史氏，中亚昭武九姓中有史氏，史宪诚本奚族，亦姓史氏（见前引《两唐书·史宪诚传》），故史元忠殊有源出胡族之嫌疑也。

《新唐书》二一二《藩镇卢龙·张仲武传》（《旧唐书》一八十《张仲武传》同）云：

张仲武，范阳人，通《左氏春秋》。会昌初，为雄武军使。〔陈〕行泰杀〔史〕元忠，而仲武遣其属吴仲舒入朝，请以本军击回鹘。〔李〕德裕因问北方事，仲舒曰："行泰（及杀行泰之张），绛皆游客，人心不附；仲武，旧将张光朝子，年五十余，通书习戎事，性忠义，愿归款朝廷旧矣。"德裕入白帝，乃擢兵马留后，绛果为军中所逐。

寅恪案：陈行泰、张绛始末不详，可不置论。张仲武受汉化较深，在河朔颇为例外，然迹其所以得军心者，以本为范阳土著，且家世旧将，而陈行泰、张绛俱是游客，故不能与之争，然非李文饶之策略，仲武亦未必遽得为镇将也。

193

《新唐书》二一二《藩镇卢龙·张允伸传》（《旧唐书》一八十《张公素传》同）云：

张允伸，范阳人。世为军校。

同书同卷《张公素传》（《旧唐书》一八十《张公素传》同）云：

公素，范阳人。以列将事〔张〕允伸。

同书同卷《李全忠传》（《旧唐书》一八十《李全忠传》同）云：

李全忠，范阳人，仕为棣州司马，罢归，事〔李〕可举为牙将，可举死，众推为留后。

同书同卷《刘仁恭传》云：

刘仁恭，深州人。父晟，客范阳，为李可举新兴镇将，故仁恭事军中。

《旧唐书》一八十朱克融等传末略云：

史臣曰：彼幽州者，其民刚强，近则染禄山、思明之风。二（？）百余年，自相崇树，虽朝廷有时命帅，而土人多务逐君。习苦忘非，尾大不掉，非一朝一夕之故也。

《新唐书》二一三《藩镇横海·程日华传》（《旧唐书》一四三《程日华传》同）云：

194

程日华，定州安喜人，父元皓为安禄山帐下，伪署定州刺史，故日华籍本军，为张孝忠牙将。

同书同卷《李全略传》（《旧唐书》一四三《李全略传》同）云：

李全略事〔镇州〕王武俊为偏裨。

同书二一四《藩镇彰义·吴少诚传》（《旧唐书》一四五《吴少诚传》同）云：

吴少诚，幽州潞人（父为魏博节度都虞候）。

同书同卷《吴少阳传》（《旧唐书》一四五《吴少阳传》同）云：

少阳者，与〔吴〕少诚同在魏博军，相友善。少诚得淮西，多出金帛邀之，养以为弟，署右职，亲近无间。

同书同卷《藩镇泽潞·刘悟传》（《旧唐书》一六一《刘悟传》同）云：

刘悟其祖正臣，平卢军节度使，袭范阳，不克，死。

寅恪案：《旧唐书》一四五《刘全谅传》（《新唐书》一五一《董晋传》附陆长源传同）略云：

父客奴，由征行家于幽州之昌平。少有武艺，从平卢军，〔天宝〕十五载四月，授客奴平卢军使，仍赐名正臣，袭范阳，

195

未至，为逆贼将史思明等大败之。正臣奔归，为王玄志所鸩而卒。

据此，知刘氏亦家于幽州昌平，渐染胡化者也。

《旧唐书》一二二《张献诚传》（《新唐书》一三三《张守珪传》附献诚传同）云：

张献诚，陕州平陆人，幽州大都督府长史守珪之子也。天宝末，陷逆贼安禄山，受伪官，连陷史思明，为思明守汴州，统逆兵数万。

同书一二四《薛嵩传》（《新唐书》一一一《薛仁贵传》附嵩传同）云：

薛嵩，绛州万泉人。祖仁贵，高宗朝名将，封平阳郡公。父楚玉，为范阳平卢节度使。嵩有膂力，善骑射，不知书。自天下兵起，束身戎伍，委质逆徒。

寅恪案：张献诚、薛嵩虽俱大臣子孙，又非河朔土著，然以其父官范阳之故，少居其地，渐染胡化，竟与田承嗣之徒无别。甚哉风俗之移人若是，而河朔当日社会文化情状，亦可想见矣。《旧唐书》一二四《令狐彰传》（《新唐书》一四八《令狐彰传》同）云：

令狐彰，京兆富平人也，父潾，初任范阳县尉，通幽州人女，生彰，及秩满，留彰于母氏，彰遂少长范阳，善弓矢，乃策名从军。事安禄山。

同书同卷《田神功传》（《新唐书》一四八《田神功传》

196

同）云：

> 田神功，冀州人也。家本微贱，天宝末为县里胥，会河朔兵兴，从事幽、蓟。

《新唐书》一四八《康日知传》云：

> 康日知，灵州人。祖植，当开元时，缚康待宾，平六胡州，日知少事李惟岳，累擢赵州刺史。

寅恪案：以康日知姓氏及籍贯言之，当亦中亚胡种也。
《新唐书》一四八《牛元翼传》云：

> 牛元翼，赵州人，材果而谋。王承宗时倚其计为疆雄，与傅良弼二人冠诸将。
>
> 良弼清河人，以射冠军中。

《旧唐书》一四五《李忠臣传》（《新唐书》二二四下《叛臣传·李忠臣传》同）云：

> 李忠臣，本姓董，名秦，平卢人也，世家于幽州蓟县。忠臣少从军，事幽州节度使薛楚玉、张守珪、安禄山等。

同书同卷《李希烈传》（《新唐书》二二五中《逆臣传·李希烈传》同）云：

> 李希烈，辽西人。少从平卢军，后随李忠臣过海至河南。

综上所引诸人氏族或确是汉人，或有胡种嫌疑，或为唐室大臣子孙，或出微贱之族，其于中央政府或忠或叛，复有先后顺逆等之互异。要而言之，家世或本身曾留居河朔及长于骑射二事则大抵相类，斯实河朔地域之胡化演变所致者也。《新唐书》一四八《史孝章传》载其谏父宪诚之言曰：

> 天下指河朔若夷狄然。

又同书二一十《〈藩镇传〉序》云：

> 遂使其人自视由羌狄然。一寇死，一贼生，讫唐亡百余年，卒不为王土。

故不待五代之乱，神州东北一隅如田弘正所谓"悉化戎墟"矣（见上引《田弘正传》）。尤可异者，即在李唐最盛之时即玄宗之世，东汉、魏晋、北朝文化最高之河朔地域，其胡化亦已开始，此点自昔史家鲜有解释，兹试作一假说，以待将来之确证，然私心殊未敢自信也。

依据上列史料，知神州东北一隅河朔地域之内，其人民血统属于汉种者，既若是之胡化，则其地必有胡族之迁徙无疑。凡居东北与河朔有关之胡族如高丽、东突厥（《唐会要》《旧唐书》俱谓之北突厥，盖旧称如此）、回纥、奚、契丹之类移居于与其部落邻近之地，如河朔区域，自有可能，而于事理亦易可通者也。独中国东北隅河朔之地而有多数之中亚胡人，甚为难解。若彼辈远自西北万里之外短期之内忽然迁移至东北端滨海之区，恐不可能。姑就旧史所载者考之，似有三因：其远因为隋季之丧乱，其中因为东突厥之败亡，其近因或主因为东突厥之复兴。所谓隋季之丧乱者，即《旧唐书》九三《唐休璟传》（《新唐书》一一一《唐休璟传》略同）略云：

调授营州户曹。调露中，单于突厥背叛，诱扇奚、契丹侵掠州县，其后奚、羯胡又与桑干突厥同反。都督周道务遣休璟将兵击破之，超拜丰州司马。永淳中朝议欲罢丰州，休璟上疏曰："丰州自秦汉已来，列为郡县，隋季丧乱，不能坚守，乃迁徙百姓就宁、庆二州，致使戎羯交侵，乃以灵、夏为边界。贞观之末，始募人以实之，西北一隅，方得宁谧。"

寅恪案：中亚羯胡必经由中国西北，而渐至东北。在隋末中国扰乱之世最为中亚胡人逐渐转徙之良机会，《两唐书・唐休璟传》或可于此事略露消息也。惟《新唐书・唐休璟传》及《通鉴》二百二"调露元年十月"条俱无"奚、羯胡与桑干突厥同反"之语，又《新唐书・唐休璟传》虽亦作"戎羯交侵"，而《通鉴》二百三"弘道元年五月"条改"戎羯"为"胡虏"，固以"戎羯"为泛称（见《后汉书》四八《吴盖陈臧传论》章怀太子《注》），然于此恐不免疏误也。然则调露前后中国东北部已有不少羯胡，而羯胡之迁徙实由隋季侵入西北，辗转移来，此于事实颇为合理者也。所谓东突厥之败亡者，即戈本《贞观政要》九《安边篇》略云：

自突厥颉利破后，诸部落首领来降者，皆拜将军中郎将，布列朝廷，五品已上百余人，殆与朝士相半。唯拓拔不至，又遣招慰之，使者相望于道。凉州都督李大亮，以为于事无益，徒费中国，上疏云云，太宗不纳。

寅恪案：《通典》一九七《边防典・突厥传上》与此同，盖皆源出《太宗实录》也。惟无"太宗不纳"之句，当是杜氏略去。又"拓拔"作"柘羯"，尚未经后人误改。《旧唐书》六二及《新唐书》九九《李大亮传》纪此事，俱只举酋长之名，而《通鉴》一九三"贞观四年秋九月"条则不著酋长之名，而以"西突厥"一语概括之，盖柘羯一种原在西突厥范围内也。又《两唐书・

〔李〕大亮传》俱言太宗从大亮之请，与《贞观政要》不合，鄙意吴书似得其实，而《两唐书·大亮传》乃后来修饰之词，故君卿于此阙疑耶？然则东突厥之败亡，必有少数柘羯因之东徙者矣。所谓东突厥之复兴者，即综考上引史料，诸胡人入居河朔或归降中国之时代大抵在武则天及唐玄宗开元之世。而此三十年间中国东北方胡族之活动其最有关大局者，莫过于东突厥之复兴，即骨咄禄、默啜兄弟武力之开拓远及中亚，竟取西突厥帝国之领部置于其管制下之事实也。关于东突厥自颉利于贞观时破灭后至骨咄禄而复兴之始末，非此所能详及，兹惟就《两唐书》所载东突厥复兴与西突厥关系之史料略引一二，以供推证焉。《旧唐书》一九四上《北突厥传》（《新唐书》二一五上《突厥传》同）略云：

> 骨咄禄者，颉利之疏属，乃自立为可汗，以其弟默啜为杀，骨咄禄天授中病卒。骨咄禄死时，其子尚幼，默啜遂篡其位，自立为可汗。

> 默啜立其弟咄悉匐为左厢察，骨咄禄子默矩为右厢察，各主兵马二万余人。又立其子匐俱为小可汗，仍主处木昆等十姓（寅恪案：《旧唐书》一九四下《西突厥传》云：“其国分为十部，每部令一人统之，号为十设。每设赐以一箭，故称十箭焉。又分十箭为左右厢，其左厢号为五咄陆部落，其右厢号为五弩失毕。五咄陆部落居于碎叶已东，五弩失毕部落居于碎叶已西，自是都号为十姓部落。其咄陆有五啜，一曰处木昆律啜云云。”）兵马四万余人，又号为拓西可汗。

> 初，默啜景云中率兵西击娑葛，破灭之。契丹及奚自神功之后，常受其征役，其地东西万余里，控弦四十万，自颉利之后最为强盛，自恃兵威，虐用其众，默啜既老，部落渐多逃散。

> 〔开元〕四年，默啜又北讨九姓拔曳固，战于独乐河，拔曳固大败，默啜负胜轻归，而不设备，遇拔曳固进卒颉质略于

200

柳林中，突出击默啜，斩之。

同书同卷下《西突厥阿史那弥射传》附孙献传（《新唐书》二一五下《西突厥传》略同）云：

（长安元年）充安抚招慰十姓大使。献本蕃渐为默啜及乌质勒所侵，遂不敢还国。

同书同卷《阿史那步真传》（《新唐书》二一五下《西突厥传》略同）云：

自垂拱已后，十姓部落频被突厥默啜侵掠，死散殆尽。及随斛瑟罗才六七万人，徙居内地，西突厥阿史那氏遂绝。（寅恪案：《通鉴》二百四纪此事删去"默啜"二字，盖与上文"垂拱"二字冲突之故，于此足征温公读书之精密。）

同书同卷《突骑施乌质勒传》（《新唐书》二一五下《突骑施乌质勒传》同）云：

突骑施乌质勒者，西突厥之别种也。乌质勒卒，其长子娑葛代统其众，景龙三年，娑葛弟遮弩恨所分部落少于其兄，遂叛入突厥，请为乡导，以讨娑葛。默啜乃留遮弩，遣兵二万人与其左右来讨娑葛，擒之而还。

综合上引诸条，可知东突厥复兴后之帝国其势力实远及中亚，此时必有中亚胡族向东北迁徙者。史言"默啜既老，部落渐多逃散"，然则中国河朔之地不独当东突厥复兴盛强之时遭其侵轶蹂躏，即在其残败衰微之后亦仍吸收其逃亡离散之诸胡部落，故民族受其影响，风俗为之转变，遂与往日之河朔迥然不同，而成为一混杂之胡化区域矣。夫此区域之民族既已脱离汉化，而又包括东北及西北之诸胡种，唐代中央政府若欲羁縻统治而求一武力与权术兼具之人才，为此复杂胡族方隅之主将，则柘羯与突厥合种之安禄山者，实为适应当时环境之唯一上选也。玄宗以东北诸镇付之禄山，虽尚有他故，而禄山之种性与河朔之情势要必为其主因，岂得仅如旧史所载，一出于李林甫固位之私谋而已耶？

更总括以上所述者论之，则知有唐一代三百年间其统治阶级之变迁升降，即是宇文泰"关中本位政策"所鸠合集团之兴衰及其分化。盖宇文泰当日融冶阙陇胡汉民族之有武力才智者，以创霸业；而隋唐继其遗产，又扩充之。其皇室及佐命功臣大都西魏以来此关陇集团中人物，所谓八大柱国家即其代表也。当李唐初期此集团之力量犹未衰损，皇室与其将相大臣几全出于同一之系统及阶级，故李氏据帝位，主其轴心，其他诸族入则为相，出则为将，自无文武分途之事，而将相大臣与皇室亦为同类之人，其间更不容别一统治阶级之存在也。至于武曌，其氏族本不在西魏以来关陇集团之内，因欲消灭唐室之势力，遂开始施行破坏此传统集团之工作，如崇尚进士文词之科破格用人及渐毁府兵之制等皆是也。此关陇集团自西魏迄武曌历时既经一百五十年之久，自身本已逐渐衰腐，武氏更加以破坏，遂致分崩堕落不可救止。其后皇位虽复归李氏，至玄宗尤称李唐盛世，然其祖母开始破坏关陇集团之工事竟及其身而告完成矣。此集团既破坏后，皇室始与外朝之将相大臣即士大夫及将帅属于不同之阶级。同时阉寺党类亦因是变为一统治阶级，拥蔽皇室，而与外朝之将相大臣相对抗。假使皇室与外廷将相大臣同属于一阶级，则其间固无阉寺阶级统治国政之余地也。抑更可注意者，关陇集团本融合胡汉文武为一体，故文武不殊途，而将相可兼任；今既别产生一以科举文词进用之士大夫阶级，则宰相不能不由翰林学士中选出，边镇大帅之职舍蕃将莫能胜任，而将相文武蕃汉进用之途，遂分歧不可复合。举凡进士科举之崇重，府兵之废除，以及宦官之专擅朝政，蕃将即胡化武人之割据方隅，其事俱成于玄宗之世。斯实宇文泰所创建之关陇集团完全崩溃，及唐代统治阶级转移升降即在此时之征象。是以论唐史者必以玄宗之朝为时代画分界线，其事虽为治国史者所得略知，至其所以然之故，则非好学深思通识古今之君子，不能详切言之也。

中篇　政治革命及党派分野

　　唐代政治革命依其发源根据地之性质为区别，则有中央政治革命与地方政治革命二类。何以安史之乱以前地方政治革命均不能成功，且无多影响？而中央政治革命亦何以有成功与失败？又唐代皇位之继承常不固定，当新旧君主接续之交往往有宫廷革命，其原因为何？及外廷士大夫党派若牛李等党究如何发生？其分野之界线何在？斯皆前人所未显言而今此篇所欲讨论者也。上篇言宇文泰以"关中本位政策"创建霸业，隋唐因之，遂混一中国，为极盛之世。《陆宣公奏议》一《论关中事宜状》（参《新唐书》一五七《陆赞传》、《通鉴》二二八"建中四年八月"条）云：

　　　　太宗文皇帝既定大业，万方底义，犹务戎备，不忘虑危，列置府兵，分置禁卫，大凡诸府八百余所，而在关中者殆五百焉，举天下不敌关中，则居重驭轻之意明矣。承平既久，武备浸微，虽府卫具存，而卒乘罕习，故禄山窃倒持之柄，乘外重之资，一举滔天，两京不守。

　　寅恪案：陆敬舆所言唐代内外轻重之形势与政治之关系固甚确切，但唐人论事多追颂其祖宗创制之美，此不独臣下立言之体宜然，实亦由于府兵制度之起及其发展颇有误会所致。盖府兵制为宇文泰当日"关中本位政策"中最要之一端，此政策之实情自唐初以降已不复为世人所知，如李繁之《邺侯家传》为唐人论府兵制主要之书，其间多所未谛，他更无论矣，此事已于拙著《隋唐制度渊源略论稿·兵制章》详言之，兹可不论。然可由宣公之言推定其在

"关中本位政策"犹未完全破坏以前凡操持关中主权之政府即可以宰制全国，故政治革命只有中央政治革命可以成功，地方革命则无论如何名正言顺，终归失败，此点可以解释尉迟迥、徐敬业所以失败，隋文帝、武则天所以成功，与夫隋炀帝远游江左，所以卒丧邦家，唐高祖速据关中，所以独成帝业。迨玄宗之世"关中本位政策"完全改变，所以地方政治革命始能成功，而唐室之衰亡实由于地方政治革命之安、史、庞勋、黄巢等之叛乱，及黄巢部将朱温之篡夺也。

或问：唐代在"关中本位政策"即内重外轻之情形未变易以前，其政治革命惟有在中央发动者可以成功，但中央政治革命有成功，亦有失败，其故又安在？应之曰：其关键实系于守卫宫城北门禁军之手，而北门之重要则由于唐代都城建置之形势使然，其详见拙著《隋唐制度渊源略论稿·礼仪章》附论"都城建筑"一节。兹仅略述大意，附载唐代历次中央政治革命与宫城北门有关之史实，以资证明焉。

《旧唐书》一二六《李揆传》（参《新唐书》五十《兵志》及一五十《李揆传》、《通鉴》二二一"乾元二年三月"条、《十七史商榷》八九"南衙北司"条）云：

> 时京师多盗贼，有通衢杀人置沟中者。李辅国方恣横，上请选羽林骑士五百人以备巡检。揆上疏曰："昔西汉以南北军相统摄，故周勃因南军入北军（寅恪案：新传亦与旧传同作"因南军入北军"，其实应作"因北军入南军"，此揆元疏之误，非传写之说也。《通鉴》此条胡注明知其误，犹只云："恐不如此"，亦太谦慎矣），遂安刘氏。皇朝置南北衙，文武区分，以相伺察。今以羽林代金吾警夜，忽有非常之变，将何以制之？"遂制罢羽林之请。

又同书一六八《冯宿传》附弟定传（《新唐书》一七七《冯宿

传》附弟定传同）云：

> 改元〔开成〕，御〔宣政〕殿，中尉仇士良请用神策仗卫在殿门，定抗疏论罢。

《通鉴》二四五"开成元年正月"载此事，胡注云：

> 南牙十六卫之兵，至此虽名存实亡。然以北军卫南牙，则外朝亦将听命于北司，既紊太宗之纪纲，又增宦官之势焰，故冯定言其不可。

据此可知唐代之北军即卫宫之军，权力远在南军即卫城之军之上。其情势与西汉南北军所处者适相反。关于西汉南北军制，自宋迄今，论者多矣，可以不赘。兹所欲论者，即唐代北军及都城建置，与中央政治革命之关系一端而已。

《周官·考工记·匠人》云：

> 面朝背市。

据通常之解释，王宫居中，其南为朝，其北为市。故止就宫与市之位置言，则宫在市之南，或市居宫之北也。《考工记》作成之时代虽晚，但必为儒家依据其所得之资料，加以理想化编纂之书，似无疑义。然则所言匠人营国，其宫市之位置必有当日真实之背景者。今知西汉首都之长安，其未央宫南之司马门直抵城垣，并无坊市，而未央宫长乐宫之北则有六街三市，是与《考工记》之文适相符合，岂与此书作成之时代有关耶？至隋代所营建之大兴城，即后来唐代之长安城，其宫近城之北端，而市则在城之南方，其宫市位置适与以前之西汉长安城相反，故唐代之南北军与西汉之南北军其名虽同，而实际之轻重则相殊异也。夫中央政府之命令出于君主一

206

人之身，君主所居之处乃政治剧变时成败之所系。西汉之长安，其宫在城南，故南军为卫宫之武力；唐代之长安，其宫在城北，故北军为卫宫之武力。苟明乎此，则唐代历次中央政治革命之成败，悉决于玄武门即宫城北门军事之胜负，而北军统制之权实即中央政柄之所寄托也。兹略引有关史事于下：

武德九年六月四日玄武门事变为唐代中央政治革命之第一次，而太宗一生最艰危之苦斗也。后世往往以成败论人，而国史复经胜利者之修改，故不易见当时真相。然高祖起兵太原，建成即与太宗各领一军。及为太子，其所用官僚如王珪、魏徵之流即后来佐成贞观之治之名臣，可知建成亦为才智之人。至于元吉者，尤以勇武著闻，故太宗当日相与竞争之人决非庸懦无能者，又况建成以嫡长之名位，而内得高祖宫闱之助乎？太宗终能于玄武门一击，而建成、元吉仓卒败亡，似此二人曾绝无计虑及准备者，颇为不近情理，疑其间必有未发之覆，而相传之史料复多隐讳之处也。

《旧唐书》六八《尉迟敬德传》（《新唐书》八九《尉迟敬德传》略同）略云：

> 隐太子、巢刺王元吉将谋害太宗，密致书以招敬德，仍赠以金银器物一车，敬德辞曰（中略）。敬德曰："且在外勇士八百余人，今悉入宫，控弦被甲，事势已就，王何得辞？"（中略）。〔东〕宫〔齐王〕府诸将薛万彻、谢叔方、冯立等率兵大至，屯玄武门，杀屯营将军。敬德持建成、元吉首以示之，宫府兵遂散。

同书同卷《张公谨传》（《新唐书》八九《张公谨传》同）云：

> 〔武德九年〕六月四日，公谨与长孙无忌等九人伏于玄武门以俟变。及斩建成、元吉，其党来攻玄武门，兵锋甚盛。公

谨有勇力，独闭关以拒之。

同书一八七上《忠义传上·敬君弘传》（《新唐书》一九一《忠义传·敬君弘传》同）略云：

武德中，为骠骑将军，掌屯营兵于玄武门，加授云麾将军。隐太子建成之诛也？其余党冯立、谢叔方率兵犯玄武门，君弘挺身出战，乃与中郎将吕世衡大呼而进，并遇害。太宗甚嗟赏之，赠君弘左屯卫大将军，世衡右骁卫将军。

同书同卷《冯立传》略云：

隐太子建成引为翊卫车骑将军，建成被诛，〔立〕率兵犯玄武门，苦战久之，杀屯营将军敬君弘，解兵遁于野，俄而来请罪。太宗数之曰："昨日复出兵来战，杀伤我将，何以逃死？"

同书同卷《谢叔方传》略云：

太宗诛隐太子及元吉于玄武门，叔方率〔齐王〕府兵与冯立合军，拒战于北阙下，杀敬君弘、吕世衡。太宗兵不振，秦府护军尉迟敬德传元吉首以示之，叔方下马号哭而遁。明日出首，太宗命释之。

据此，太宗之所以得胜，建成、元吉之所以致败，俱由一得以兵据玄武门即宫城之北门，一不得以兵入玄武门故也。然则玄武门为武德九年六月四日事变成败之关键，至为明显。但此中实有未发之覆，即玄武门地势之重要，建成、元吉岂有不知，必应早有所防卫，何能令太宗之死党得先隐伏夺据此要害之地乎？今得见巴黎图书馆藏《敦煌写本》"伯希和号"二六四十李义府撰《常何墓志铭》，然后知太宗与建成、元吉两方皆诱致对敌之勇将。常何旧曾隶属建成，而为太宗所利诱。当武德九年六月四日常何实任屯守玄武门之职，故建成不以致疑，而太宗因之窃发。迨太宗既杀其兄弟之后，常何遂总率北门之屯军矣。此亦新史料之发见，足资补释旧史所不能解之一端也。至于敬君弘、吕世衡则观太宗数冯立罪所言，殆与常何同为太宗之党欤？史料缺乏，未敢遽定，俟更详考之。

《旧唐书》九一《桓彦范传》（《新唐书》一二十《桓彦范传》同，并参《旧唐书》一八七上《新唐书》一九一《忠义传·王同皎传》）略云：

> 〔张〕柬之遽引彦范及〔敬〕晖并为左右羽林将军，委以禁兵，共图其事。时皇太子每于北门起居，彦范与晖因得谒见，密陈其计，太子从之。神龙元年正月，彦范与敬晖及左羽林将军李湛、李多祚，右羽林将军杨元琰，左威卫将军薛思行等，率左右羽林兵及千骑五百余人讨〔张〕易之、昌宗于宫中。令李湛、李多祚就东宫迎太子。兵至玄武门，彦范等奉太子斩关而入，兵士大噪。时则天在迎仙宫之集仙殿，斩易之、昌宗于廊下，明日，太子即位。

同书一百九《李多祚传》（《新唐书》一一十《李多祚传》同）略云：

> 少以军功历位右羽林大将军，前后掌禁兵，北门宿卫二十余年。神龙初，张柬之将诛张易之兄弟，引多祚等其事，谓曰："将军在北门几年？"曰："三十年矣。"柬之曰："将军位极武臣，岂非大帝之恩乎？"曰："然。"又曰："将军既感大帝殊泽，能有报乎？大帝之子见在东宫，逆竖张易之兄弟擅

209

权，朝夕危逼，诚能报恩，正属今日。"多祚曰："苟缘王室，唯相公所使。"遂与柬之等定谋诛易之兄弟。

寅恪案：武则天虽居洛阳，然东都宫城之玄武门亦与长安宫城之玄武门同一位置，俱为形势要害之地。中宗复辟之成功，实在沟通北门禁军之故。张柬之既得羽林军统将李多祚之同意，大局即定，虽以武曌之枭杰，亦无抵御之能力矣。

《旧唐书》八六《节愍太子重俊传》（《新唐书》八一《节愍太子重俊传》同）略云：

〔神龙〕三年七月，〔重俊〕率左羽林大将军李多祚等矫制发左右羽林兵及千骑三百余人，杀〔武〕三思及〔武〕崇训于其第，又令左金吾大将军成王千里分兵守宫城诸门，自率兵趋肃章门，斩关而入，求韦庶人及安乐公主所在。韦庶人及〔安乐〕公主遽拥帝（中宗）驰赴玄武门楼，召左羽林将军刘仁景等，令率留军飞骑及百余人于楼下列守。俄而多祚等兵至，欲突玄武门楼，宿卫者拒之，不得进。帝据槛呼多祚等所将千骑，谓曰："汝并是我爪牙，何故作逆？若能归顺，斩多祚等，与汝富贵。"于是千骑王欢喜等倒戈，斩多祚等，余党遂溃散。

寅恪案：李多祚以一人之身，二次躬率禁军预闻中央政治革命之役，然而前后成败互异者，以神龙三年七月辛丑之役韦后、安乐公主等犹得拥护中宗，及保有刘仁景等一部分之北门卫兵，故能据守玄武门楼之要地，及中宗亲行宣谕，而多祚等所率之禁军遂倒戈自杀，一败涂地矣。然则中央政治革命之成败与玄武门之地势及守卫北门禁军之关系如是重大，治唐史者诚不宜忽视之也。《旧唐书》八《玄宗纪上》（《新唐书》五《玄宗纪》及《通鉴》二百九"景龙四年六月"条同）略云：

210

〔唐隆元年六月〕庚子夜〔上〕率〔刘〕幽求等数十人自苑南入,总监锺绍京又率丁匠百余以从,分遣万骑往玄武门,杀羽林将军韦播、高嵩,持首而至,众欢叫大集。攻白兽、玄德等门,斩关而进。左万骑自左入,右万骑自右入,合于凌烟阁前。时太极殿前有宿卫梓官万骑,闻噪声,皆披甲应之。韦庶人惶惑走入飞骑营,为乱兵所害。

同书五一《后妃传》上《中宗韦庶人传》(《新唐书》七六《后妃传·中宗韦庶人传》同,并参考《旧唐书》一八三、《新唐书》二百六《外戚传·韦温传》)略云:

帝(中宗)遇毒暴崩,后惧,秘不发丧。定策,立温王重茂为皇太子,召诸府兵五万人屯京城,分为左右营,然后发丧。少帝即位,尊后为皇太后,临朝摄政。韦温总知内外兵马,守援宫掖。驸马韦捷、韦濯分掌左右屯营。武延秀及温从子播、族弟璿、外甥高嵩共典左右羽林军及飞骑、万骑。播、璿欲先树威严,拜官日先鞭万骑数人,众皆怨,不为之用。临淄王率薛崇简、锺绍京、刘幽求领万骑及总盐丁夫入自玄武门,至左羽林军,斩将军韦璿、韦播及中郎将高嵩于寝帐。遂斩关而入,至太极殿。后惶骇遁入殿前飞骑营,为乱兵所杀。

同书一百六《王毛仲传》(《新唐书》一二一《王毛仲传》同)云:

初,太宗贞观中,择官户蕃口中少年骁勇者百人,每出游猎,令持弓矢于御马前射生。令骑豹文鞯,着画兽文衫,谓之"百骑"。至则天时渐加其人,谓之"千骑",分隶左右羽林营。孝和谓之"万骑",亦置使以领之。玄宗在藩邸时,常接其豪俊者,或赐饮食财帛,以此尽归心焉。毛仲亦悟玄宗旨,待之甚谨，玄宗益怜其敏慧。及〔景龙〕四年六月中宗遇弑，韦后称制，令韦播、高嵩为羽林将军，令押千骑营（寅恪案：《通鉴》"千"作"万"，是，盖中宗已改千骑为万骑矣，温公之精密有如是者），榜棰以取威。其营长葛福顺、陈玄礼等相与见玄宗诉冤。会玄宗已与刘幽求、麻嗣宗、薛崇简等谋举大计，相顾益欢，令幽求讽之，皆愿决死从命。及二十日夜，玄宗入苑中，宜德从焉，毛仲避之不入。乙夜，福顺等至，玄宗曰："与公等除大逆，安社稷，各取富贵，在于俄顷，何以取信？"福顺等请号而行，斯须斩韦播、韦璿、高嵩等头来，玄宗举火视之。又召锺绍京领总监丁匠刀锯百人至，因斩关而入，后及安乐公主等皆为乱兵所杀。

寅恪案：玄宗景龙四年六月二十日夜之举兵，与三年前即神龙三年七月六日节愍太子重俊发动之玄武门事变正复相似，而成败不同者，以玄宗能预结羽林万骑诸营长葛福顺、陈玄礼等，而韦后死党守卫玄武门之羽林禁军诸统将如韦播、韦璿、高嵩等，皆为其部下所杀故也。

又以上所述自高祖、太宗至中宗、玄宗，中央政治革命凡四次，俱以玄武门之得失及屯卫北门禁军之向背为成败之关键。然此皆诉诸武力，公开决战者。至于武曌之改唐为周，韦氏之潜移政柄，其转变不出闺闱之间，兵不血刃，而全国莫之能抗，则以"关中本位政策"施行以来，内重外轻之势所致也。然自玄宗末年安史叛乱之后，内外轻重之形势既与以前不同，中央政变除极少破例及极小限制外，大抵不决之于公开战争（唐末强藩与中央政府权臣及阉寺离合之关系构成战乱，其事应列入统治阶级之升降及党派分野范围论之，故凡本书所未能详述者，以义类推之可知也），而在宫廷之内以争取皇位继承之形式出之。于是皇位继承之无固定性及新旧君主接续之交，辄有政变发生，遂为唐代政治史之一大问题也。

唐自开国时建成即号为皇太子，太宗以功业声望卓越之故，实

212

有夺嫡之图谋，卒酿成武德九年六月四日玄武门之事变，已详前述，且其事为世所习知者也。太宗立承乾为皇太子，承乾乃长孙皇后之长子，既居长嫡之位，其他诸子又无太宗之功业声望可以启其窥伺之心者，然承乾终被废弃，而诸子争立，太宗心中之苦闷及其举止之失态，观《两唐书·长孙无忌传》所载可知矣。《旧唐书》六五《长孙无忌传》（《新唐书》一百五《长孙无忌传》同）云：

> 太子承乾得罪，太宗欲立晋王，而限以非次，回惑不决。御两仪殿，群官尽出，独留无忌及司空房玄龄、兵部尚书李勣，谓曰："我三子一弟，所为如此，我心无憀。"因自投于床，抽佩刀欲自刺。无忌等惊惧，争前扶抱，取佩刀以授晋王。无忌等请太宗所欲，报曰："我欲立晋王。"无忌曰："谨奉诏，有异议者，臣请斩之。"太宗谓晋王曰："汝舅许汝，宜拜谢。"晋王因下拜。太宗谓无忌等曰："公等既符我意，未知物论何如？"无忌曰："晋王仁孝，天下属心久矣。伏乞召问百僚，必无异辞。若不蹈舞同音，臣负陛下万死。"于是建立遂定，因加授无忌太子太师。寻而太宗又欲立吴王恪，无忌密争之，其事遂辍。

寅恪案：太宗盖世英雄，果于决断，而至皇位继承问题乃作如此可笑之状，虽或施用权术，故为失态，借以笼制诸腹心大臣，然其内心之烦恼回惑已臻极点，则无可疑。盖皇位继承既不固定，则朝臣党派之活动必不能止息，太宗之苦闷不堪，实职此之由也。又观于其经此戏剧式之御前会议，建立晋王为太子之后，复欲改立吴王恪，可知当日皇位继承终是摇动不固定之事，因此，太子之嗣位亦不得不别有拥戴扶立之元勋。若皇储之继承权本极固定者，则此辈元勋何从得居拥立之功耶？

至于高宗本庸懦之主，受制于武后，其皇储之不固定夫何足怪？而武曌则为旷世怪杰，既屡屠杀其亲生之子孙，何况区区废立之事？故其皇位继承之不定乃更意中事也。若立子立侄之问题乃属于别一范围，兹不讨论，仅略引有关高宗武曌废立其子之史文于下：

《旧唐书》八六《燕王忠传》（《新唐书》八一《燕王忠传》同）云：

> 燕王忠，高宗长子也，〔永徽〕三年，立忠为皇太子，显庆元年，废忠为梁王。

同书七《中宗纪略》云：

> 永隆元年，章怀太子废，其年立为皇太子。弘道元年十二月，高宗崩，遗诏皇太子枢前即帝位，嗣圣元年二月，皇太后废帝为庐陵王，幽于别所。其年五月，迁于均州，寻徙居房陵。圣历元年，召还东都，立为皇太子。神龙元年正月，凤阁侍郎张柬之等率羽林兵诛〔张〕易之、昌宗，迎皇太子监国。乙巳，则天传位于皇太子。丙午，即皇帝位于通天宫。

同书同卷《睿宗纪略》云：

> 嗣圣元年，则天临朝，废中宗为庐陵王，立豫王〔旦〕为皇帝，仍临朝称制。及革命，改国号为周，降帝为皇嗣，徙居东宫，其具仪一比皇太子。圣历元年，中宗自房陵还，请让位于中宗。则天遂立中宗为皇太子，封帝为相王。景龙四年夏六月，中宗崩，临淄王讳〔隆基〕等率兵入北军，诛韦温等。甲辰，少帝逊于别宫，是日即皇帝位。

同书一一六《承天皇帝倓传》（《新唐书》八二《承天皇帝倓传》同，又参《旧唐书》八六、《新唐书》八一《孝敬皇帝传》

214

《章怀太子传》）云：

> 〔李〕泌因奏〔肃宗〕曰："臣幼稚时念《黄台瓜辞》，陛下尝闻其说乎？高宗大帝有八子，睿宗最幼，〔与〕天后所生四子，自为行第，故睿宗第四。长曰孝敬皇帝（弘），为大子监国，而仁明孝悌。天后方图临朝，乃鸩杀孝敬，立雍王贤为太子。贤每日忧惕，知必不保全，与二弟同侍于父母之侧，无由敢言。乃作《黄台瓜辞》，令乐工歌之，冀天后闻之省悟，即生哀愍。辞云：'种瓜黄台下，瓜熟子离离。一摘使瓜好，再摘令瓜稀。三摘犹尚可，四摘抱蔓归。'而太子贤终为天后所逐，死于黔中。"

然最可注意者，实神龙元年正月癸卯（二十日）玄武门之事变，其事自唐室诸臣言之，则易周为唐为中兴复辟；自武则天方面言之，则不过贪功之徒拥立既已指定而未甚牢固之继承储君而已（凡唐代之太子实皆是已指定而不牢固之皇位继承者，故有待于拥立之功臣也）。此役之是非及其本末今不能详述，所欲论者，即中宗虽复立为皇太子，其皇位继承权实非固定，若全国俱认为必能终继武曌之位，无有可疑者，则五王等更将何所依借，以为号召之口实耶？兹录《通鉴》"神龙元年五月甲午以侍中齐公敬晖为平阳王"条考异所引，而为司马君实所不取之《统纪》原文，以佐证鄙说焉，其文云：

> 太后善自粉饰，虽子孙在侧，不觉其衰老（其实此语《通鉴》上文已采用之矣）。及在上阳宫，不复栉颒，形容羸悴。上（中宗）入见，大惊。太后泣曰："我自房陵迎汝来，固以天下授汝矣，而五贼贪功，惊我至此。"上悲泣不自胜，伏地拜谢死罪。由是〔武〕三思等得入其谋。

215

此节史料实可解释中宗朝武氏权势不因则天失位而消灭之故，温公转不之信，无乃过于审慎欤？

《旧唐书》八六《殇皇帝重茂传》云：

> 景龙四年，中宗崩，韦庶人立重茂为帝，而自临朝称制。及韦氏败，重茂遂逊位，让叔父相王。

同书同卷《节愍太子重俊传》（《新唐书》八一《节愍太子重俊传》同）云：

> 〔神龙〕二年秋，立为皇太子，时武三思得幸中宫，深忌重俊。三思子崇训尚安乐公主，常教公主陵忽重俊，以其非韦氏所生，常呼之为奴。或劝公主请废重俊为王，自立为皇太女，重俊不胜忿恨。

寅恪案：殇帝重茂以韦氏败见废，假使韦氏不败，而仿武曌之前例行事，则重茂亦未必能久立，何况其非韦氏所生者乎？重俊起兵失败，已于前言之，兹不复论，但究其所以举兵之由，实以既受武三思父子及安乐公主等之陵忌，明知其皇位继承权至不固定，遂出此冒险之举耳。睿宗嫡长子成器虽曾居皇太子之位，终以其庶弟隆基（玄宗）功业显著之故，而让皇储之位。是其皇位继承之不固定，无待言矣。至玄宗虽非长嫡，然以诛灭韦氏戴立睿宗之大功得越其嫡兄成器而立为皇太子，此盖有惩于建成太宗之故事，宜其皇位继承权之固定，及考诸记载，殊亦不然，兹略引史文以证明之。

《旧唐书》九五《让皇帝宪传》（《新唐书》八一《让皇帝宪传》同）云：

> 让皇帝宪，本名成器，睿宗长子也。文明元年，立为皇太子，时年六岁。及睿宗降为皇嗣，则天册授成器为皇孙，唐隆

元年，进封宋王。期睿宗践阼，将建储贰，以成器嫡长，而玄宗有讨平韦氏之功，意久不定。成器固让，（睿宗）乃许之。

同书八《玄宗纪》上（《新唐书》五《玄宗纪》略同）略云：

〔唐隆元年〕七月丙午，〔睿宗〕制曰："第三子平王〔隆〕基可立为皇太子！"〔景云〕二年，又制曰："皇太子〔隆〕基宜令监国，俾尔为政。其六品以下除授及徒罪以下，并取〔隆〕基处分！"延和元年六月，凶党因术人闻睿宗曰："据玄象，帝座及前星有灾，皇太子合作天子，不合更居东宫矣。"睿宗曰："传德避灾，吾意决矣。"七月壬午，制曰："皇太子可令即皇帝位！"上（玄宗）意惶惧，驰见叩头，请所以传位之旨。睿宗曰："吾因汝功业得宗社，易位于汝，吾知晚矣。"上始居武德殿视事，三品以下除授及徒罪皆自决之。先天二年七月三日左羽林大将军常元楷、右羽林将军李慈等与太平公主同谋，期以其月四日以羽林军作乱。上密知之，因出武德殿，入虔化门。枭常元楷、李慈于北阙。睿宗明日下诏曰："朕将高居无为，自今军国政刑一事已上，并取皇帝处分！"

（寅恪案：《通鉴》二一十"开元元年七月乙丑，上皇徙居百福殿。"）

同书九六《姚崇传》（《新唐书》一二四《姚崇传》同）云：

时玄宗在东宫，太平公主干预朝政，宋王成器为闲厩使，岐王范、薛王业皆掌禁兵，外议以为不便，元之（崇本名元崇，因恶与突厥叛人同名，改为元之）同侍中宋璟密奏，请令公主往就东都，出成器等诸王为刺史，以息人心。睿宗以告公主，公主大怒。玄宗乃上疏以元之、璟等离间兄弟，请加罪，乃贬元之为申州刺史。

同书同卷《宋璟传》（《新唐书》一二四《宋璟传》同）云：

时太平公主谋不利于玄宗，尝于光范门内乘辇，伺执政以讽之，众皆失色。璟昌言曰："东宫有大功于天下，真宗庙社稷之主，安得有异议？"乃与姚崇同奏请令公主就东都。玄宗惧，抗表请加罪于璟等，乃贬璟为楚州刺史。

同书九七《张说传》（《新唐书》一二五《张说传》同）云：

是岁（景云二年）二月，睿宗谓侍臣曰："有术者上言：五日内有急兵入宫，卿等为朕备之！"左右相顾，莫能对。说进曰："此是谗人设计，拟摇动东宫耳，陛下若使太子监国，则君臣分定，自然窥觎路绝，灾难不生。"睿宗大悦，即日下制皇太子监国。明年，又制皇太子即帝位。俄而太平公主引萧至忠、崔湜为宰相。以说为不附己，转为尚书左丞，罢知政事，仍令往东都留司。说既知太平等阴怀异计，乃使献佩刀于玄宗，请先事讨之，玄宗深嘉纳焉。

寅恪案：玄宗既以有大功故得立为皇太子，而其皇位继承权仍不固定，其后虽已监国，并受内禅，即皇帝位矣，而其皇位之不安定也如故，必至诛夷太平公主党徒之后，睿宗迫不得已，放弃全部政权，退居百福殿，于是其皇位始能安定，此诚可注意者也。至太平公主欲以羽林军作乱，幸玄宗早知其谋，先发制人，得斩禁军统将常元楷、李慈等，唐代中央政治革命之成败系于北门卫兵之手，斯又一例证矣。

《旧唐书》一百七《废太子瑛传》（《新唐书》八二《太子瑛传》同）略云：

废太子瑛，玄宗第二子也，开元三年正月，立为皇太子。及武惠妃宠幸，〔瑛母赵〕丽妃恩乃渐弛，惠妃之子寿王瑁，钟爱非诸子所比，〔惠〕妃泣诉于玄宗，以太子结党，将害于妾母子，亦指斥于至尊。玄宗惑其言，震怒，谋于宰相，意将废黜。中书令张九龄奏曰："今太子既长，无过。"玄宗默然，事且寝。李林甫代张九龄为中书令，希惠妃之旨，托意于中贵人，扬寿王瑁之美。（开元）二十五年四月〔惠妃女咸宜公主夫〕杨洄又构于惠妃，言瑛兄弟（鄂王瑶、光王琚）三人与太子妃兄薛锈常构异谋。玄宗遽召宰相筹之。林甫曰："此盖陛下家事，臣不合参知。"玄宗意乃决矣。使中官宣诏于宫中，并废为庶人，锈配流，俄赐死于城东驿。

寅恪案：瑛乃玄宗初立之太子，其皇位继承既已不能固定矣，至于此后所立之太子即后来继位之肃宗，其皇位继承权亦屡经动摇，若非乘安禄山叛乱之际拥兵自立为帝，则其果能终嗣皇位与否，殊未可知也。

《新唐书》二百七《宦者传上·高力士传》（参考《通鉴》二一四"开元二十六年"条《考异》）云：

初，太子瑛废，武惠妃方嬖，李林甫等皆属寿王〔瑁〕，帝（玄宗）以肃宗长，意未决，居忽忽不食。力士曰："大家不食，亦膳羞不具耶？"帝曰："尔，我家老，揣我何为而然？"力士曰："嗣君未定耶？推长而立，孰敢争？"帝曰："尔言是也。"储位遂定。

《旧唐书》十《肃宗纪》略云：

肃宗，玄宗第三子，开元二十六年六月庚子，立上为皇太子。初，太子瑛得罪，上召李林甫，议立储贰，时寿王瑁母武惠妃方承恩宠，林甫希旨，以瑁对，及立上（肃宗）为太子，林甫惧不利己，乃起韦坚、柳勣之狱，上几危者数四。后又杨国忠依倚妃家，恣为褒秽，惧上英武，潜谋不利，为患久之。〔天宝〕十四载十一月，〔安〕禄山果叛，称兵诣阙，十二月辛丑，制太子监国，仍遣上亲总诸军进讨。时禄山以诛杨国忠为名，由是军民切齿于杨氏。国忠惧，乃与〔杨〕贵妃谋间其事，上遂不行。明年六月，关门不守，国忠讽玄宗幸蜀，车驾将发〔马嵬顿〕，留上在后宣谕百姓，上回军〔欲收复长安〕。七月辛酉，上至灵武，〔裴〕冕〔杜鸿渐〕等凡六上笺〔请即皇帝位〕。上不获已，乃从。是月甲子，上即皇帝位于灵武。

同书一八四《宦官传·李辅国传》（《新唐书》二百八《宦者传下·李辅国传》同）云：

> 〔安〕禄山之乱，玄宗幸蜀，辅国侍太子（肃宗）扈从，至马嵬，诛杨国忠，辅国献计太子，请分玄宗麾下兵，北趋朔方，以图兴复。辅国从至灵武，劝太子即帝位，以系人心。

寅恪案：玄宗何以舍寿王瑁而立肃宗为皇太子，此为别一问题，非兹篇所能论及也。惟肃宗既立为皇太子之后，其皇位继承权甚不固定，故乘安禄山叛乱玄宗仓卒幸蜀之际，分兵北走，自取帝位，不仅别开唐代内禅之又一新局，而李辅国因是为拥戴之元勋，遂特创后来阉寺拥戴或废黜储君之先例，此甚可注意也。

《旧唐书》一一《代宗纪略》云：

> 代宗，肃宗长子，〔乾元元年〕四月庚寅，立为皇太子。宝应元年四月，肃宗大渐，所幸张皇后无子，后惧上（代宗）功高难制，阴引越王系于宫中，将图废立。乙丑，皇后矫诏召太子，中官李辅国、程元振素知之，乃勒兵于凌霄门，俟太子

至，即卫从太子入飞龙厩，以俟其变。是夕，勒兵于三殿，收捕越王系及内官朱光辉、马英俊等，禁锢之，幽皇后于别殿。丁卯，肃宗崩，元振等始迎上于九仙门，见群臣，行监国之礼。已巳，即皇帝位于枢前。

同书五二《后妃传》下《肃宗张皇后传》（《新唐书》七七《后妃传下·肃宗张皇后传》同）略云：

先在灵武时，太子（代宗）弟建宁王倓为后诬谮而死。自是太子忧惧，常恐后之构祸。后以建宁之隙，常欲危之。宝应元年四月肃宗大渐，后与内官朱辉光、马英俊、啖庭瑶、陈仙甫等谋立越王系，矫诏召太子入侍疾。中官程元振、李辅国知其谋，及太子入，二人以难告，请太子在飞龙厩。元振率禁军收越王，捕朱辉光等。俄而肃宗崩，太子监国，遂移后于别殿，幽崩，诛马英俊〔等〕。

同书一一六《承天皇帝倓传》（《新唐书》八二《承天皇帝倓传》同）略云：

时广平王（代宗）立大功，亦为张皇后所忌，潜构流言。

同书一八四《宦官传·李辅国传》（《新唐书》二百八《宦者传下·李辅国传》同）云：

辅国判元帅行军司马，专掌禁兵，代宗即位，辅国与程元振有定策功。

同书同卷《宦官传·程元振传》（《新唐书》二百七《宦者传上·程元振传》同）云：

宝应末，肃宗晏驾，张皇后与太子（代宗）有怨，恐不附己，引越王系入宫，欲令监国。元振知其谋，密告李辅国，乃挟太子，诛越王并其党与。

寅恪案：代宗虽有收复两京之功，而其皇位继承权不固定如此。最可注意者，则为自宝应元年四月乙丑（十六日）事变张皇后失败后，唐代宫禁中武曌以降女后之政柄，遂告终结。而皇位继承之决定，乃归于阉寺之手矣。但阉寺之中又分党派，互有胜败，如程元振等与朱辉光等之争，即是其例。至于李氏子孙无论其得或不得继承帝位如代宗与越王系之流，则皆阉寺之傀儡工具而已。

《旧唐书》一一八《杨炎传》（《新唐书》一四五《杨炎传》同）略云：

李正己上表请杀〔刘〕晏之罪，指斥朝廷。炎惧，乃遣腹心分往诸道，言"晏之得罪以昔年附会奸邪，谋立独孤妃为皇后，上自恶之，非他过也。"

同书同卷《黎干传》（《新唐书》一四五《黎干传》同）云：

大历中，德宗居东宫，干及〔宦官刘〕清潭尝有奸谋动摇。

同书一二三《刘晏传》（《新唐书》一四九《刘晏传》同）略云：

时人风言：代宗宠独孤妃，而又爱其子韩王迥，晏密启请立独孤为皇后。〔杨〕炎因对扬流涕奏言："赖祖宗福佑，先皇（代宗）与陛下（德宗）不为贼臣所间。不然，刘晏、黎干之辈，摇动社稷，凶谋果矣。"

同书一三七《赵涓传》（《新唐书》一六一《赵涓传》同）云：

> 永泰初，涓为监察御史。时禁中失火，烧屋室数十间，火发处与东宫稍近，代宗深疑之。涓为巡使，俾令即讯。涓周历墙圃，按据迹状，乃上直中官遗火所致也。推鞫明审，颇尽事情，既奏，代宗称赏焉。德宗时在东宫，常感涓之究理详细。

寅恪案：此德宗为太子时，其皇位继承权亦不固定之证也。
《新唐书》七《顺宗纪略》云：

> 大历十四年十二月乙卯，立为皇太子，郜国公主以蛊事得罪，太子妃，其女也。德宗疑之，几废者屡矣，赖李泌保护，乃免。

《旧唐书》一三十《李泌传》（《新唐书》一三九《李泌传》同）云：

> 顺宗在春宫，妃萧氏母郜国公主交通外人，上（德宗）疑其有他，连坐贬黜者数人，皇储亦危。泌百端奏说，上意方解。

同书一五九《卫次公传》（《新唐书》一六四《卫次公传》同，并参考《旧唐书》一五九《郑絪传》）云：

> 〔贞元〕二十一年正月，德宗昇遐。时东宫（顺宗）疾恙方甚，仓卒召学士郑絪等至金銮殿。中人或云："内中商量，所立未定。"众人未对，次公遽言曰："皇太子（顺宗）虽有疾，地居冢嫡，内外系心。必不得已，当立广陵王（宪宗）。

223

若有异图，祸难未已。"绲等随而唱之，众议方定。

寅恪案：《通鉴》二三二"贞元三年六月"条及二三三"贞元三年八月"条载顺宗为皇太子时几被废黜事甚详，盖与《新唐书·李泌传》同采自《邺侯家传》，李繁述其父事虽多溢美，然顺宗当日皇位继承权之动摇则为事实也。

依时代之次序，此下当论述宪宗之事迹。但永贞内禅尤为唐代内廷阉寺党派竞争与外朝士大夫关系之一最著事例，且唐代外廷士大夫之牛李党争即起于宪宗元和之世。兹为叙述便利之故，本篇中专论唐代皇位继承不固定之事实，则至德宗顺宗之交为止。此后以内廷及外朝之党派关系与皇位继承二端合并论证，而在论证此二端之前，先一言唐代士大夫党派分野之界线焉。唐代统治阶级在武曌未破坏"关中本位政策"以前，除宇文泰所创建之胡汉关陇集团胡汉诸族外，则为北朝传统之山东士族，凡外廷士大夫大抵为此类之人也。所谓士族者，其初并不专用其先代之高官厚禄为其唯一之表征，而实以家学及礼法等标异于其他诸姓。如范阳卢氏者，山东士族中第一等门第也，然魏收著《魏书》，其第四七卷《卢玄传论》（李延寿于《北史》三十卢玄等《传论》即承用伯起元文）云：

卢玄绪业著闻，首应旌命，子孙继迹，为世盛门。其文武功烈，殆无足纪，而见重于时，声高冠带，盖德业儒素有过人者。

其实伯起此言不独限于北魏时之范阳卢氏，凡两晋、南北朝之士族盛门，考其原始，几无不如是。魏晋之际虽一般社会有巨族、小族之分，苟小族之男子以才器著闻，得称为"名士"者，则其人之政治及社会地位即与巨族之子弟无所区别，小族之女子苟能以礼法特见尊重，则亦可与高门通婚，非若后来士族之婚宦二事专以祖宗官职高下为惟一之标准者也。此点关系两晋、南北朝士族问题之全部，兹篇殊难详悉考辨。故除上引《魏书·卢玄传论》之关于河北者外，更举关于江左一事，以为例证，其余不能多及，但可以类推也。

《旧唐书》一九十上《文苑传》上《袁朗传》（《新唐书》二百一《文艺传上·袁朗传》同）略云：

> 袁朗，其先自陈郡仕江左，世为冠族。朗自以中外人物为海内冠族，虽琅邪王氏继有台鼎，而历朝首为佐命，鄙之不以为伍。朗孙谊，又虞世南外孙。神功中，为苏州刺史。尝因视事，司马清河张沛通谒，沛即侍中文瓘之子。谊揖之曰："司马何事？"沛曰："此州得一长史，是陇西李亶，天下甲门。"谊曰："司马何言之失？门户须历代人贤，名节风教，为衣冠顾瞩，始可称举，老夫是也。夫山东人尚于婚媾，求于利禄，作时柱石，见危授命，则旷代无人，何可说之，以为门户？"沛怀惭而退，时人以为口实。

寅恪案：袁谊、张沛之言皆是也，不过袁说代表六朝初期门第原始本义，张说代表六朝后期及隋唐时代门第演化通义，其分别如是而已，然于此亦可观古今世变矣。又袁谊"山东人尚于婚媾"之言，可取与《新唐书》一九九《儒学传中·柳冲传》附载柳芳论氏族文中

> 山东之人质，故尚婚娅，其信可与也；江左之人文，故尚人物，其智可与也；关中之人雄，故尚冠冕，其达可与也；代北之人武，故尚贵戚，其泰可与也。

诸语参证。其实袁张之异同亦涉及地域及种族问题，匪仅古今时间之关系，但此非本篇所能具论者也。

夫士族之特点既在其门风之优美，不同于凡庶，而优美之门风

实基于学业之因袭。故士族家世相传之学业乃与当时之政治社会有极重要之影响，此事寅恪尝于拙著《隋唐制度渊源略论稿·礼仪章》论之，兹不复赘。但东汉学术之重心在京师之太学，学术与政治之关锁则为经学，盖以通经义、励名行为仕宦之途径，而致身通显也。自东汉末年中原丧乱以后，学术重心自京师之太学移转于地方之豪族，学术本身虽亦有变迁，然其与政治之关锁仍循其东汉以来通经义、励名行以致从政之一贯轨辙。此点在河北即所谓山东地域尤为显著，实与唐高宗、武则天后之专尚进士科，以文词为清流仕进之唯一途径者大有不同也。由此可设一假定之说：即唐代士大夫中其主张经学为正宗、薄进士为浮冶者，大抵出于北朝以来山东士族之旧家也。其由进士出身而以浮华放浪著称者，多为高宗、武后以来君主所提拔之新兴统治阶级也。其间山东旧族亦有由进士出身，而放浪才华之人或为公卿高门之子弟者，则因旧日之士族既已沦替，乃与新兴阶级渐染混同，而新兴阶级虽已取得统治地位，仍未具旧日山东旧族之礼法门风，其子弟逞才放浪之习气犹不能改易也。总之，两种新旧不同之士大夫阶级空间、时间既非绝对隔离，自不能无传染熏习之事。但两者分野之界画要必于其社会历史背景求之，然后唐代士大夫最大党派如牛李诸党之如何构成，以及其与内廷阉寺之党派互相勾结利用之隐微本末，始可以豁然通解，请略征史实，以证论之。

《旧唐书》一八上《武宗纪》"会昌四年末"载宰相李德裕之言（参考《新唐书》四四《选举志》，又《唐语林》一《言语类》"李太尉德裕未出学院"条，谓"德裕父吉甫劝勉德裕应举"及"玉泉子李德裕以己非科第"条所言，恐皆不可信）云：

> 臣无名第，不合言进士之非。然臣祖（李栖筠）天宝末以仕进无他伎，勉强随计，一举登第。自后不于私家置《文选》，盖恶其祖尚浮华，不根艺实。然朝廷显官，须是公卿子弟，何者？自小便习举业，自熟朝廷间事，台阁仪范，班行准则，不

教而自成。寒士纵有出人之才，登第之后，始得一班一级，固不能熟习也。

《新唐书》四四《选举志》（参考《旧唐书》一七三《郑覃传》、王定保《摭言》一"散序进士"条等）略云：

文宗好学嗜古，郑覃以经术位宰相，深嫉进士浮薄，屡请罢之。文宗曰："敦厚浮薄，色色有之。进士科取人二百年矣，不可遽废。"因得不罢。武宗即位，宰相李德裕尤恶进士。初，举人既及第，缀行通名，诣主司第谢，又有曲江会题名席。至是，德裕奏："国家设科取士，而附党背公，自为门生，自今一见有司而止，其期集、参谒、曲江题名皆罢。"

《旧唐书》一七四《李德裕传》（《新唐书》一八十《李德裕传》同，又参考"玉泉子李卫公以己非科第"条）略云：

李德裕，赵郡人，祖栖筠御史大夫，父吉甫，赵国忠懿公。元和初宰相，德裕苦心力学，尤精《西汉书》《左氏春秋》。耻与诸生同乡赋，不喜科试。

《新唐书》一六三《柳公绰传》附仲郢传云：

知吏部铨，〔李〕德裕颇抑进士科，仲郢无所徇，是时以进士选，无受恶官者。

《旧唐书》一七三《郑覃传》（《新唐书》一六五《郑珣瑜传》附覃传同）。略云：

郑覃（荥阳人），故相珣瑜之子，以父荫补弘文校理。覃长于经学，稽古守正，帝（文宗）尤重之。覃从容奏曰："经籍讹谬，博士相沿，难为改正。请召宿儒奥学，校定六籍，准后汉故事，勒石于太学，永代作则，以正其阙。"从之。〔大和〕五年，李宗闵、牛僧孺辅政，宗闵以覃与李德裕相善，薄之，奏罢〔覃翰林〕侍讲学士。文宗好经义，心颇思之。六年二月，复召为侍讲学士。七年春，德裕作相，以覃为御史大夫。文宗尝于延英谓宰相曰："殷侑通经学，为人颇似郑覃。"宗闵曰："覃侑诚有经学，于议论不足听览。"李德裕对曰："覃尝嫉人朋党，为宗闵所薄故也。"八年德裕罢相，宗闵复知政，与李训、郑注同排斥李德裕、李绅。二人贬黜，覃亦左授秘书监。九年六月，杨虞卿、李宗闵得罪长流，复以覃为刑部尚书。十月，迁尚书右仆射，兼周子祭酒。训、注伏诛，以本官同平章事。覃虽精经义，不能为文，嫉进士浮华。开成初，奏：礼部贡院宜罢进士科。初，紫宸对上（文宗）语及选士，覃曰："南北朝多用文华，所以不治。士以才堪即用，何必文辞？"帝曰："进士及第人已曾为州县官者，方镇奏署，即可之，余即否。"覃曰："此科率多轻薄，不必尽用。"帝曰："轻薄敦厚，色色有之，未必独在进士。此科置已二百年，亦不可遽改。"覃曰："亦不可过有崇树。"上尝于延英论古今诗句工拙。覃曰："近代陈后主、隋炀帝皆能章句，不知王者大端，终有季年之失。章句小道，愿陛下不取也。"〔开成〕四年五月，罢相，守左仆射。武宗即位，李德裕用事，欲援为宰相，固以足疾不任朝谒〔辞〕。会昌二年，守司徒致仕，卒。覃位至相国，所居未尝增饰，才庇风雨，家无媵妾，人皆仰其素风。女孙适崔皋，官裁九品卫佐，帝重其不婚权家。（此十八字新传之文）

《唐语林》二《文学类》云：

文宗皇帝曾制诗以示郑覃。覃奏曰："且乞留圣虑于万几，天下仰望。"文宗不悦。覃出，复示李宗闵。叹伏不已，一句一拜，受而出之。上笑谓之曰："勿令适来阿父子见之！"

寅恪案：赵郡李氏、荥阳郑氏俱是北朝数百年来显著之士族，实可以代表唐代士大夫中主要之一派者。而德裕及覃父子又世为宰相，其社会历史之背景既无不相同，宜其共结一党，深恶进士之科也。《文选》为李氏所鄙视，《石经》为郑覃所建刊，其学术趣向殆有关家世遗传，不可仅以个人之偶然好恶为解释。否则李文饶固有唐一代不属于复古派之文雄，何以亦薄《文选》之书？推究其故，岂不以"熟精《文选》理"乃进士词科之人即高宗、武后以后新兴阶级之所致力，实与山东旧族以经术礼法为其家学门风者迥然殊异，不能相容耶？南北朝社会以婚、宦二端判别人物流品之高下，唐代犹承其风习而不改，此治史者所共知。兹更举关于郑覃之一事，以补证《新唐书》所纪其不婚当世权门而重旧日士族之一节如下：

《太平广记》一八四《氏族类》"庄恪太子妃"条（《新唐书》一七二《杜兼传》附中立传云：开成初文宗以真源、临真二公主降士族，谓宰相曰："民间修婚姻，不计官品，而尚阀阅。我家二百年天子，顾不及崔、卢耶？诏宗正卿取世家子以闻！"寅恪案：中立固出名家，但尚主与纳妃微有不同，故附记于此，以供参证）云：

文宗为庄恪太子选妃，朝臣家子女者，悉被进名，士庶为之不安。帝知之，召宰臣曰："朕欲为太子婚娶，本求汝郑门衣冠子女为新妇。闻在外朝臣，皆不愿共朕作亲情，何也？朕是数百年衣冠，无何神尧打家罗诃去。"因遂罢其选。（原注：出《卢氏杂说》。寅恪案：《唐语林》四《企羡类》亦引《卢氏杂说》此条，但作"打朕家事罗诃去"。）

229

寅恪案：此条所载文宗语末句颇不易解，姑从阙疑。据《旧唐书》一七五《庄恪太子永传》（《新唐书》八二《庄恪太子永传》同），鲁王永以文宗大和六年十月册为皇太子，开成三年十月薨，又据《新唐书》六三《宰相表》（《旧唐书》一三、《新唐书》九《文宗纪》及《两唐书·郑覃传》俱同），郑覃以大和九年十一月至开成四年五月之时间任宰相之职，而自大和六年十月至开成三年十月即鲁王永为皇太子期间，宰相中覃之外，别无郑姓者。故知文宗"汝郑门"之语专对覃而言者也。依覃之意，李唐数百年天子之家尚不及山东旧门九品卫佐之崔氏，然则唐代山东士族心目中社会价值之高下估计亦可想见矣。又唐代皇室本出自宇文泰所创建之关陇胡汉集团，即朱元晦所谓"源流出于夷狄，故闺门失礼之事不以为异"者（上篇之首已引），固应与山东士族之以礼法为门风者大有不同。及汉化程度极深之后，与旧日士族比较，自觉相形见绌，益动企羡攀仰之念。然贵为天子，终不能竞胜山东旧族之九品卫佐，于此可见当日山东旧族之高自标置，并非无因也。

至李唐皇室与山东士族之关系亦有可略言者。考唐室累代其初对于山东旧族本持压抑政策，如《新唐书》九五《高俭传》（参考《旧唐书》六五《高士廉传》、《唐会要》三六"氏族"条、《贞观政要》七《礼乐篇》"贞观六年谓房玄龄"条、《旧唐书》七八《新唐书》一百四《张行成传》、《旧唐书》八二《新唐书》二二三《奸臣传上·李义府传》、《通鉴》一九五"贞观十二年正月"条、《太平广记》一八四《氏族类》"七姓"条等）略云：

初太宗尝以山东士人尚阀阅，后虽衰，子孙犹负世望，由是诏士廉责天下谱牒，参考史传，检正真伪，合二百九十三姓，千六百五十一家，为九等，号曰《氏族志》，而崔干仍居第一。帝曰："我于崔、卢、李、郑无嫌，顾其世衰，不复冠冕，犹恃旧，不解人间何为贵之？朕以今日冠冕为等级高下。"遂以崔干为第三姓（姓旧传作等），班其书天下。高宗时，许敬宗以不叙武后世，又李义府耻其家无名，更刊定之，裁广类例。帝（高宗）自叙所以然，各以品位高下叙之，凡九等，改为《姓氏录》。当时军功入五品者，皆升谱限，搢绅耻焉，目为"勋格"，义府奏：悉索《氏族志》，烧之。先是，后魏太和中，定四海望族，以〔李〕宝等为冠。其后矜尚门地，故《氏族志》一切降之。王妃、主婿皆取当世勋贵名臣家，未尝尚山东旧族（寅恪案：此为唐初情状，后来不如是也）。后房玄龄、魏徵、李勣复与昏，故望不减。

又《国史补·上》（参考《太平广记》一八四《氏族类》）略云：

李积，酒泉公义琰侄孙，门户第一，而有清名。官至司封郎中怀州刺史。常以为爵位不如族望，与人书札，唯称"陇西李积"而不衔。

又《通鉴》二四八"大中二年十一月万寿公主适郑颢"条云：

颢弟顗，尝得危疾，上遣使视之。还，问〔万寿〕公主何在？曰在慈恩寺观戏场。上（宣宗）怒叹曰："我怪士大夫家不欲与我家为昏，良有以也。"亟命召公主入宫，立之阶下，不之视，公主惧，涕泣谢罪。上责之曰："岂有小郎病，不往省视，乃观戏乎？"遣归郑氏。由是终上之世，贵戚皆兢兢守礼法，如山东衣冠之族。

又《东观奏记·上》（参《唐语林》七补遗"万寿公主宣宗之女"条、《新唐书》一一九《白居易传》附敏中传）略云：

万寿公主，上（宣宗）女将下嫁，命择郎婿。郑颢，相门子（寅恪案：颢之祖绹，宪宗朝宰相），首科及第，声名籍甚，时昏卢氏。宰臣白敏中奏选尚主，颢衔之。大中五年，敏中免相，为邠宁都统，行有日，奏上曰："颢不乐国姻，衔臣入骨髓，臣在中书，颢无如臣何，一去玉阶，必媒蘖臣短，死无种矣。"

寅恪案：前言山东士族之所以兴起，实用儒素德业以自矜异，而不因官禄高厚见重于人。降及唐代，历年虽久，而其家风礼法尚有未尽沦替者。故贞观天子钦定《氏族志》，虽可以降抑博陵崔氏第二房郁后之崔干为第三等（见《新唐书》七二下《宰相世系表》"崔氏"条及《旧唐书》六十、《新唐书》七八《淮安王神通传》），而开成皇帝不能禁其宰相之宁以女孙适九品卫佐之崔皋（皋之家世未及详考，然其为"七姓"之一，则无可疑也），而不愿其家人为皇太子妃。至大中朝借皇室之势，夺婚卢氏，其后君臣翁婿卒皆以此为深恨，又何足怪哉！帝王之大权不及社会之潜力，此类之事即其一例，然非求之数百年往日背景，不易解释也。

既明乎此，则牛李（德裕）党派分野界画之所在，终可得而言。

《唐语林》三《识鉴类》（参考《南部新书·丁》）云：

> 陈夷行、郑覃请经术孤立者进用，李珏与杨嗣复论地胄词彩者居先，每延英议政多异同，卒无成效，但寄之颊舌而已。

盖陈、郑为李（德裕）党，李、杨为牛党，经术乃两晋、北朝以来山东士族传统之旧家学，词彩则高宗、武后之后崛兴阶级之新工具。至孤立、地胄之分别，乃因唐代自进士科新兴阶级成立后，其政治社会之地位逐渐扩大，驯致旧日山东士族如崔皋之家，转成孤寒之族。若李（珏）杨之流虽号称士族，即使俱非依托，但旧习门风沦替殆尽，论其实质，亦与高宗、武后由进士词科进身之新兴

232

阶级无异。迨其拔起寒微之后，用科举座主门生及同门等关系，勾结朋党，互相援助，如杨于陵、嗣复及杨虞卿、汝士等，一门父子兄弟俱以进士起家，致身通显（见《旧唐书》一六四、《新唐书》一六三《杨于陵传》，《旧唐书》一七六、《新唐书》一七四《杨嗣复传》，《旧唐书》一七六、《新唐书》一七五《杨虞卿传》及《南部新书·己》"大和中人指杨虞卿宅南亭子为行中书"条等），转成世家名族，遂不得不崇尚地胄，以巩固其新贵党类之门阀，而拔引孤寒之美德高名翻让与山东旧族之李德裕矣（见《摭言》七《好放孤寒门》"李太尉德裕颇为寒畯开路"条及《唐语林》七《补遗》"李卫公颇升寒素"条等），斯亦数百年间之一大世变也，请略征旧籍，证明于下：

《摭言》三"慈恩寺题名游赏赋咏杂记"条（略见上引《新唐书·选举志》）略云：

　　进士题名，自神龙之后，过关宴后，率皆集会于慈恩塔下题名。会昌三年，赞皇公（李德裕）为上相，其年十二月（二十二日），中书覆奏："奉宣旨，不欲令及第进士呼有司为座主，趋附其门，兼题名局席等条疏进来者。伏以国家设文学之科，求贞正之士，所宜行崇风俗，义本君亲，然后申于朝廷，必为国器，岂可怀赏拔之私惠，忘教化之根源，自谓门生，遂成胶固。所以时风浸薄，臣节何施，树党背公，靡不由此。臣等商量，今日已后，进士及第，任一度参见有司，向后不得聚集参谒，及于有司宅置宴。其曲江大会，朝官及题名局席，并望勒停。"奉敕："宜依！"

　　于是向之题名，各尽削去。盖赞皇公不由科第，故设法以排之。洎公失意，悉复旧态。

《玉泉子》云：

李相德裕抑退浮薄，奖拔孤寒。于时朝贵朋党，德裕破之，由是结怨，而绝于附会，门无宾客。

　　《旧唐书》一八下"宣宗纪大中三年九月贬李德裕为崖州司户参军制"云：

　　　　诬贞良造朋党之名。

　　据此，李德裕所谓朋党，即指新兴阶级浮薄之士借进士科举制度座主门生同门等关系缔结之牛党也。

　　或疑《通鉴》二三八"元和七年春正月辛未"条（《新唐书》一六二《许孟容传》附季同传同），载"京兆尹元义方为鄜坊观察使事"略云：

　　　　义方入谢，因言李绛私其同年许季同，除京兆少尹，出臣鄜坊。明日，上以诘绛曰："人于同年固有情乎？"对曰："同年乃九州四海之人偶同科第，或登科然后相识，情于何有？"

　　则似科举制度与结党无关者。但详考之，知《通鉴》此条及《新唐书·许孟容传》俱采自《李相国论事集》，其书专诋李吉甫，固出于牛党之手，其所言同年无情，乃牛党强自辩护之词，殊非实状也。夫唐代科举制度下座主门生及同年或同门关系之密切原为显著之事，可不详论，兹仅举三数例于下，亦足以为证明也。

　　《旧唐书》一七七《韦保衡传》（《新唐书》一八四《路岩传》附韦保衡传同）云：

　　　　保衡恃恩权，素所不悦者，必加排斥。王铎贡举之师，萧遘同门生，以素薄其为人，皆摈斥之。

寅恪案：史所书保衡之恶，依当时习惯言，乃一破例。此正可以反证当日座主门生以及同年或同门之间互相援助之常态也。

《白氏长庆集》一六《重题〔草堂东壁〕（七律）四首》之四云：

> 宦途自此心长别，世事从今口不言。岂止形骸同土木，兼将寿夭任乾坤。胸中壮气犹须遣，身外浮荣何足论！还有一条遗恨事，高家门馆未酬恩。

寅恪案：白乐天此诗自言已外形骸，了生死，而犹倦倦于座主高郢之深恩未报，斯不独香山居士一人之笃于恩旧者为然，凡苟非韦保衡之薄行寡情者，莫不如是。此实可为唐代门生对座主关系密切之一例证也。

《独异志》（参《唐语林》四《贤媛类》《南部新书·己》）云：

> 崔群为相，清名甚重，元和〔中〕，自中书舍人知贡举，既罢，夫人李氏因暇日常劝其树庄田，以为子孙之计。笑答曰："余有三十所美庄良田遍天下，夫人何忧？"夫人曰："不闻君有此业。"群曰："吾前岁放春榜三十人，岂非良田耶？"夫人曰："若然者，君非陆相门生乎？然往年君掌文柄，使人约其子简礼，不令就春闱之试。如君以为良田，则陆氏一庄荒矣！"群惭而退，累日不食。

寅恪案：座主以门生为庄田，则其施恩望报之意显然可知。此唐代座主对于门生关系密切之一例证也。

《旧唐书》一七六《杨嗣复传》（《新唐书》一七四《杨嗣复传》不载同门结党之由，不及《旧传》之得其实，又《旧唐书》一七六《李宗闵传》可与参证）云：

嗣复与牛僧孺、李宗闵皆权德舆贡举门生，情义相得，进
退取舍，多与之同。

寅恪案：史言牛派巨子以同门之故，遂结为死党。此唐代科举
同门关系之一例证也。

复次，唐代贡举名目虽多，大要可分为进士及明经二科。进士
科主文词，高宗、武后以后之新学也；明经科专经术，两晋、北朝
以来之旧学也。究其所学之殊，实由门族之异。故观唐代自高宗、
武后以后朝廷及民间重进士而轻明经之记载，则知代表此二科之不
同社会阶级在此三百年间升沉转变之概状矣。其记载略录于下：

康骈《剧谈录》（参《唐语林》六《补遗》）云：

> 元和中，进士李贺善为歌篇，为韩愈深所知重，于缙绅间
> 每加延誉，由此声华藉甚。时元相国稹年少，以明经擢第，亦
> 攻篇什，常交结于贺。日执贽造门，贺览刺不容遽入。仆者谓
> 曰："明经及第，何事来看李贺？"（稹）惭愤而退。其后
> 〔稹〕以左拾遗制策登科，及为礼部郎中，因议贺祖（祖当作
> 父）讳晋〔肃〕，不合应（进士）举，（贺）遂致辗轲。韩愈
> 惜其才，为著《讳辩录》明之，然竟不成名。

寅恪案：《剧谈录》所纪多所疏误，自不待论。但据此故事之
造成，可推见当时社会重进士轻明经之情状，故以通性之真实言
之，仍不失为珍贵之社会史料也。

《东观奏记·上》（参《新唐书》一八二《李珏传》及《唐语
林》三《识鉴类》）略云：

> 李珏，赵郡赞皇人。早孤，居淮阴，举明经。李绛为华州
> 刺史，一见谓之曰："日角珠庭，非常人也，当掇进士科。明
> 经碌碌，非子发迹之路。一举不第，应进士〔举〕，许孟容为

236

宗伯，擢居上第。

《新唐书》一八三《崔彦昭传》云：

> 〔彦昭〕与王凝外昆弟也，凝大中初先显，而彦昭未仕，尝见凝，凝倨不冠带，嫚言曰："不若从明经举。"彦昭为憾。至是凝为兵部侍郎，母闻彦昭相，敕婢多制履袜，曰："王氏妹必与子皆逐，吾将共行。"彦昭闻之，泣且拜，不敢为怨，而凝竟免。（寅恪案：此采自尉迟偓《中朝故事》。）

《摭言·散序进士门》云：

> 其艰难谓之"三十老明经，五十少进士。"

据上诸条，进士、明经二科在唐代社会其价值之高下，可以推知，不待广引也。又唐代社会于此二科之评价，有高下之殊，亦由当时政治之关系所致，盖朝廷与民众二者互相影响也。如《唐语林》四《企羡类》略云：

> 薛元超谓所亲曰："吾不才，富贵过人，平生有三恨：始不以进士擢第，不娶五姓女，不得修国史。"

寅恪案：上篇引《通典》一五《选举典三》所载沈既济之言，谓进士科之特见尊重，实始于高宗、武后时。薛元超为高宗朝晚年宰相，是与沈氏之语适合也。

《新唐书》四四《选举志》（《摭言》三"慈恩寺题名游赏赋咏杂志"条同，又《新志》此条前已征引，今为解释便利之故，复节录数语于此）略云：

武宗即位，李德裕为宰相，尤恶进士。至是，德裕奏："国家设科取士，而附党背公，自为门生，自今一见有司而止，其期集、参谒、曲江题名皆罢。"

《旧唐书》一八下《宣宗纪》"大中元年二月丁酉礼部侍郎魏扶奏：'臣今年所放进士三十三人'"条略云：

帝（宣宗）雅好儒士，留心贡举。有时微行人间，采听舆论，以观选士之得失。又敕："自今进士放榜后，杏园任依旧宴集，有司不得禁制！"

寅恪案：宣宗朝政事事与武宗朝相反，进士科之好恶崇抑乃其一端，而此点亦即牛李二党进退荣辱之表征也。请更取证于下列史料：

《唐语林》四《企羡类》（参《说郛》七三引《卢氏杂说》）云：

宣宗爱羡进士，每对朝臣，问"登第"否？有以科名对者，必有喜，便问所试诗赋题并主司姓名，或有人物优而不中者，必叹息久之。尝于禁中题"乡贡进士李道龙"（寅恪案：可参同书同卷同类"宣宗好儒"条"殿柱自题曰：乡贡进士李某"）。

又同书同类（参《东观奏记·上》）略云：

宣宗尚文学，尤重科名。大中十年，郑颢知举，宣宗索《登科记》，敕翰林："自今放榜后，仰写及第人姓名及所试诗赋题目进入，仰所司逐年编次！"

夫大中一朝为纯粹牛党当政李党在野之时期,宣宗之爱羡进士科至于此极,必非偶然也。

又张尔田先生《玉溪生年谱会笺》三"大中二年"下引沈曾植先生之言曰:

> 唐时,牛、李两党以科第而分,牛党重科举,李党重门第。

寅恪案:乙盦先生近世通儒,宜有此卓识,其所谓"牛党重科举者"自指重进士科而言也。或疑问曰:"牛党中以进士科出身者如李珏,则系出赵郡李氏(见前引《东观奏记·上》,并参《唐语林》三《识鉴类》及《旧唐书》一七三《新唐书》一八二《李珏传》等),李宗闵则为唐宗室,而郑王元懿之四世孙(见《旧唐书》一七六《新唐书》一七四《李宗闵传》及《新唐书》七十下《宗室世系表》"小郑元王房"条等),至党魁牛僧孺更是隋代达官兼名儒牛弘之八世孙,且承其赐田赐书之遗业。并以进士擢第者(见《旧唐书》一七二、《新唐书》一七四《牛僧孺传》及《唐文粹》六五李珏撰《牛僧孺神道碑》、杜牧《樊川集》七《牛僧孺墓志铭》等),然则牛党巨子俱是北朝以来之旧门及当代之宗室,而李党之健者如陈夷行、李绅、李回、李让夷之流复皆以进士擢第(见《旧唐书》一七三、《新唐书》一八一《陈夷行传》,《旧唐书》一七三《新唐书》、一八一《李绅传》,《旧唐书》一七三、《新唐书》一三一《李回传》,《旧唐书》一七六、《新唐书》一八一《李让夷传》等),是李党亦重进士之科,前所谓牛李党派之分野在科举与门第者,毋乃不能成立耶? 应之曰:牛李两党既产生于同一时间,而地域又相错杂,则其互受影响,自不能免,但此为少数之特例,非原则之大概也。故互受影响一事可以不论,所可论者约有三端:一曰牛李两党之对立,其根本在两晋、北朝以来山东士族与唐高宗、武则天之后由进士词科进用之新兴阶级两者互不相容，至于李唐皇室在开国初期以属于关陇集团之故，虽与山东旧族颇无好感，及中叶以后山东旧族与新兴阶级生死竞争之际，远支之宗室其政治社会之地位实已无大别于一般士族。如《新唐书》七十上《宗室世系表》所云：

> 唐有天下三百年，子孙蕃衍，可谓盛矣。其初皆有封爵，至其世远亲尽，则各随其人贤愚，遂与异姓之臣杂而仕宦，至或流落于民间，甚可叹也。

故对于此新旧两统治阶级之斗争，傳处于中立地位，既自可牛，此李宗闵之所以为牛党也，亦复可李，此李回之所以为李党也。二曰：凡山东旧族挺身而出，与新兴阶级作殊死斗者，必其人之家族尚能保持旧有之特长，如前所言门风家学之类，若郑覃者，即其一例也。亦有虽号为山东旧门，而门风废替，家学衰落，则此破落户之与新兴阶级不独无所分别，且更宜与之同化也。兹更举数例以为证明，而解疑惑焉。

《旧唐书》一三六《崔损传》（《新唐书》一七六《崔损传》同）略云：

> 崔损，博陵人，高祖行功已后，名位卑替，损大历末进士擢第。户部尚书裴延龄素与损善，乃荐之于德宗。〔贞元〕十二年，以本官（右谏议大夫）同中书门下平章事。〔损〕身居宰相，母野殡，不言展墓，不议迁祔，姊为尼，没于近寺，终丧不临，士君子罪之。

同书同卷《卢迈传》（《新唐书》一五十《卢迈传》同）略云：

> 卢迈，范阳人。少以孝友谨厚称，深为叔舅崔祐甫所亲

240

重。两经及第，迁尚书右丞，〔贞元〕九年以本官同中书门下平章事。〔迈〕友爱恭俭，迈从父弟起为剑南西川判官，卒于成都，归葬于洛阳，路由京师，迈奏请至城东，哭于其柩，许之。近代宰臣多自以为崇重，三服之亲，或不过从而吊临，而迈独振薄俗，请临弟丧，士君子是之。

同书一八八《孝友传·崔沔传》（《新唐书》一二九《崔沔传》同，参《颜鲁公文集》一四《博陵崔孝公宅陋室铭记》）略云：

崔沔，京兆长安人，自博陵徙关中，世为著姓。沔淳谨，口无二言，事亲至孝，博学有文词，母卒，哀毁逾礼。沔既善礼经，朝廷每有疑义，皆取决焉。

同书一一九《崔祐甫传》（《新唐书》一四二《崔祐甫传》同）略云：

崔祐甫，父沔，黄门侍郎，谥曰孝公。家以清俭礼法，为士流之则。安禄山陷洛阳，士庶奔进，祐甫独崎危于矢石之间，潜入私庙，负木主以窜。常衮当国，非以辞赋登科者，莫得进用（此语前已引），及祐甫代衮，荐延推举，无复疑滞，日除十数人，作相未逾年，凡除吏八百员，多称允当。朱泚之乱，祐甫妻王氏陷于贼中，泚以尝与祐甫同列，雅重其为人，乃遗王氏缯帛菽粟，王氏受而缄封之。及德宗还京，具陈其状以献，士君子益重祐甫家法，宜其享令名也。

据此，知崔损虽与沔、祐甫同属博陵崔氏，而一为当世所鄙薄之“破落户”，一为礼法名家。卢迈既是祐甫之甥，其以孝友恭俭著称，必受其父母两系门风之熏习无疑。然则崔沔、祐甫、卢迈之流，乃真山东旧族之代表，可与新兴阶级对垒相抗者也。又《旧唐书》一一九《常衮传》(《新唐书》一五十《常衮传》同)云：

> 天宝末举进士，〔作相〕尤排摈非文辞登科第者。

而祐甫代衮，用人不拘于进士，岂其意旨与李德裕、郑覃所持之说亦有合欤？是前日常崔之异同，即后来牛、李之争执，读史者不可不知其一贯之联系也。三曰：凡牛党或新兴阶级所自称之门阀多不可信也，如杜牧《樊川集》七《牛僧孺墓志铭》(参考《旧唐书》一七二、《新唐书》一七四《牛僧孺传》及《唐文粹》五六李珏撰《牛僧孺神道碑》、《新唐书》五七上《宰相世系表》"牛氏"条等) 云：

> 八代祖弘，以德行儒学相隋氏，封奇章郡公，赠文安侯。文安后四世讳凤及，仕唐为中书门下侍郎、修国史，于公为高祖。文安后五世集州刺史、赠给事中讳休克，于公为曾祖。集州生太常博士、赠太尉绍。太尉生华州郑县尉、赠太保讳幼闻。太保生公，孤始七岁，长安南下杜樊乡东，文安有隋氏赐田数顷，书千卷尚存。

寅恪案：《新唐书》七五上《宰相世系表》"牛氏"条与牧之文微有出入。牛弘仕隋，官至吏部尚书，迄未尝一为宰相 (见《隋书》四九《北史》七二《牛弘传》，但《两唐书·牛僧孺传》皆谓弘为仆射，似因此可称"相隋"，考《旧史弘传》止载弘卒后赠开府仪同三司光禄大夫，并未言赠仆射。又李珏撰《牛僧孺神道碑》虽亦言赐田等事，但无"牛弘相隋"之语，《通鉴》二三七"元和三年夏四月"条胡《注》则云："牛弘相隋"，盖承昔人之误也。可详考《通典》二一《职官典三》"宰相"条，兹不备论)，殆以吏部尚书当天官冢宰之误。然此等俱无关宏旨，可不深论。独家有牛弘隋代赐田一事，似僧孺与弘之血统关系确凿可信，但一取与此相类之事即僧孺同党白居易、敏中兄弟家所谓前代先祖赐田者考之，则又不能不使人致疑于新兴阶级之多所依托也。

《白氏长庆集》二九《襄州别驾府君事状》云：

> 初，高祖赠司空有功于北齐，诏赐庄宅各一区，在同州韩城县，至今存焉。

此所谓"有功于北齐"之司空即白建也。据《北齐书》四十《白建传》（《北史》五五《白建传》略同）略云：

> 白建字彦举，武平七年卒，赠司空。

是白建卒于北齐未亡以前。其生存时期，周、齐二国东西并峙，互相争竞。建为齐朝主兵之大臣，其所赐庄宅何得越在同州韩城，即仇雠敌国之内乎？其为依托，不待辨说也。又《新唐书》七五下《宰相世系表》"白氏"条列白居易、敏中之先世云：

> 白建字彦举，后周弘农郡守、邵陵县男。

此白建既字彦举，与北齐主兵大臣之姓氏名字俱无差异，是即白香山所自承之祖先也。但其官则为北周弘农郡守，与北齐赠司空之事绝不能相容，其间必有窜改附会，自无可疑。岂居易、敏中之先世赐田本属于一后周姓白名某字某之弘农郡守，而其人却是乐天兄弟真正之祖宗，故其所赐庄宅能在后周境内，后来子孙远攀异国之贵显，遂致前代祖宗横遭"李树代桃"之厄耶？今虽难确定此一重公案，而新兴阶级所谓前代赐田之不能作绝对可信之物证，亦由是得以推知也。至白氏亲舅甥之婚配（见近刊《罗贞松先生遗稿》），乃新兴阶级之陋习，宜其为尊尚礼法门风之山东旧族所鄙薄。又白香山之违犯当时名教，坐不孝贬官，虽有政治性质，终亦与其门族渊源不无关系，但非兹篇所能旁及者矣。

复次，《旧唐书》一七二《令狐楚传》（《新唐书》一六六《令狐楚传》略同）云：

> 令狐楚自言国初十八学士德棻之裔。

《新唐书·令狐楚传》虽删去"自言"二字，据其书七五下《宰相世系表》"令狐氏"条，楚实非出自德棻。然则《旧传》"自言"之语固不应删也。夫楚、绹父子继世宰相，尤为牛党之中坚，而其家世谱牒之有所依托，亦与白敏中相同。是牛党或新兴阶级所自称之门阀不足信赖，观此可知也。

又，就牛李党派之分画以进士科及旧门族为标识一点尚有须注意者，即李栖筠在天宝末年已以仕进无他途，不得不举进士（见前引《旧唐书·武宗纪中》李德裕语），则贞元以后宰相多以翰林学士为之，而翰林学士复出自进士词科之高选，山东旧族苟欲致身通显，自宜趋赴进士之科，此山东旧族所以多由进士出身，与新兴阶级同化，而新兴阶级复已累代贵仕，转成乔木世臣之家矣。如杨收一门者可谓唐末五代间之世家也，观《旧唐书》一七七《杨收传》所云：

> 杨收自言隋越公素之后。
> 史臣曰："门非世胄，位以艺升。"

可为一例。然唐末黄巢失败后，朱全忠遂执统治之大权。凡借进士词科仕进之士大夫，不论其为旧族或新门，俱目为清流，而使同罹白马之祸，斯又中古政治社会之一大变也（见《旧唐书》二十《哀帝纪》"天佑二年四月癸巳"敕文、一一三《裴遵庆传》附枢传及《新唐书》一四十《裴遵庆传》附枢传等）。又唐代新兴之进士词科阶级异于山东之礼法旧门者，尤在其放浪不羁之风习。故唐之进士一科与倡伎文学有密切关系，孙棨《北里志》所载即是一证。又如韩偓以忠节著闻，其平生著述中《香奁》一集，淫艳之词亦大抵应进士举时所作（寅恪案：此集冬郎《自序》中"大盗入关"之语实指黄巢陷长安而言。震钧即唐晏作《韩承旨年谱》乃误以大盗属之朱全忠，遂解释诗旨，多所附会，殊不可信也，以不在此篇范围，故不详辨）。然则进士之科其中固多浮薄之士，李德裕、郑覃之言殊未可厚非，而数百年社会阶级之背景实与有关涉，抑又可知矣。

如牛党之才人杜牧，实以放浪著称。《唐语林》七《补遗》所载"杜牧少登第恃才喜酒色"条、"杜舍人牧恃才名颇纵酒色"条，及其《樊川集》中《遣怀（七绝）》十年一觉扬州梦，赢得青楼薄幸名"之句等皆是其证例。或疑其祖佑既为宰相，而兼通儒，是其人乃名家之子弟，似不可列之新兴阶级中。但详考其家世风习，则知佑之父希望实以边将进用（见《新唐书》一六六《杜佑传》及《唐文粹》六八权德舆撰《杜佑墓志铭》），虽亦号为旧家，并非士大夫之胜流门族。《旧唐书》一四七《杜佑传》（《新唐书》一六六《杜佑传》同）云：

> 〔佑〕在淮南时，妻梁氏亡后，升嬖妾李氏为正室，封密国夫人，亲族子弟言之，不从，时论非之。（寅恪案：权文公铭佑之墓，而不载李氏者，殆为之讳耶？）

又同书一二四《李正己传》附师古传（《新唐书》二一三《藩镇淄青·李正己传》附师古传同）云：

> 〔贞元〕十五年正月，师古、杜佑、李栾妾滕并为国夫人。

又同书一三五《李齐运传》（《新唐书》一六七《李齐运传》同）云：

245

末以妾卫氏为正室，身为礼部尚书，冕服以行其礼，人士嗤诮。

又同书一八八《孝友传·李日知传》（《新唐书》一一六《李日知传》同）略云：

〔日知〕卒后，少子伊衡，以妾为妻，家风替矣。

夫杜氏既号称旧门（见《新唐书》七二上《宰相世系表》"杜氏"条），而君卿所为乃与胡族武人同科，在当时士论，至少亦有如李伊衡之"以妾为妻，家风替矣"之叹。若取较山东士族仍保持其闺门礼法者，固区以别矣。然则牧之以进士擢第，浮华放浪，投身牛党，不独其本人性质近似使然，亦其家世风习与新兴阶级符合所致，实可与前述博陵崔损事并论，盖虽俱称旧门，仍不妨列之新兴阶级中也（可取《两唐书·杜佑传》附牧传与《唐语林》七《补遗》"杜牧少登第恃才喜酒色"条附载"牧子晦辞亦好色事"互相参证。知其家风固习于浮薄，不同山东礼法旧门也）。

至于李商隐之出自新兴阶级，本应始终属于牛党，方合当时社会阶级之道德，乃忽结婚李党之王氏，以图仕进。不仅牛党目以放利背恩，恐李党亦鄙其轻薄无操。斯义山所以虽秉负绝代之才，复经出入李、牛之党，而终于锦瑟年华惘然梦觉者欤？此五十载词人之凄凉身世固极可哀伤，而数百年社会之压迫气流尤为可畏者也（参《旧唐书》一九十下《文苑传》、《新唐书》二百三下《李商隐传》）

若柳仲郢处牛李二党之间，则与义山不同，《旧唐书》一六五《柳公绰传》附仲郢传（《新唐书》一六三《柳公绰传》附仲郢传同）略云：

〔公绰〕子仲郢，元和十三年进士擢第，牛僧孺镇江夏，辟为从事。仲郢有父风，动修礼法。僧孺叹曰："非积习名教，安能及此?"〔后李〕德裕奏为京兆尹，谢日，言曰："下官不期太尉恩奖及此! 仰报厚德，敢不如奇章门馆。"德裕不以为嫌。仲郢严礼法，重气义，尝感李德裕之知。大中朝，李氏无禄仕者，仲郢领盐铁时，取德裕兄子从质为推官，知苏州院事，令以禄利赡南宅。令狐绹为宰相，颇不悦。仲郢与绹书自明，绹深感叹，寻与从质正员官。仲郢以礼法自持，私居未尝不拱手，内斋未尝不束带。三为大镇，厩无名马，衣不薰香，退公布卷，不舍昼夜。子玭尝著书诫其子弟。初，公绰理家甚严，子弟克禀诫训，言家法者，世称柳氏云。

考柳氏虽是旧门，然非山东冠族七姓之一，公绰、仲郢父子所出，亦非柳氏显著之房望（见《新唐书》七三上《宰相世系表》"柳氏"条），独家风修整，行谊敦笃，虽以进士词科仕进（公绰举贤良方正直言极谏科），受牛僧孺之知奖，自可谓之牛党，然终用家门及本身之儒素德业，得见谅于尊尚门风家学之山东旧族李德裕，故能置身牛、李恩怨之外，致位通显，较李商隐之见弃于两党，进退维谷者，诚相悬远矣。君子读史见玉溪生与其东川府主升沉荣悴之所由判，深有感于士之自处，虽外来之世变纵极纷歧，而内行之修谨益不可或阙也。

牛李党派之社会背景及其分野界画既略阐明，其朝政竞争胜败进退之史实始易于解释。前论唐代中央政变皇位继承不固定之事迹至德顺之间而止，兹请续述顺宪间永贞内禅隐秘之内容。佀因永贞内禅为内廷阉寺与外朝士大夫党派勾结之一显著事例，而牛李党派实又起于宪宗元和时之故，此后即取内外朝之党派与皇位继承二事合并言之。所以然者，不仅为纪述便利计，亦因此二事原有内在之关联性，不得分隔论之也。

关于永贞内禅之隐秘，寅恪已于拙著《〈顺宗实录〉与〈续玄怪录〉》专论之（载《北京大学四十周年纪念论文·甲编》）。故兹于《顺宗实录》避免繁冗，仅录其条目，而略其原文，别更节写其他关于此事者于韩书之后，以供参证焉。

韩愈《顺宗实录》一之

〔王〕伾以〔王〕叔文意入言于宦者李忠言，称诏行下条。

同书三之

叔文欲依前带翰林学士，宦者俱文珍等恶其专权，削去翰林之职条。

同书四之

天下事皆专断于叔文，而李忠言王伾为之内主，〔韦〕执谊执行于外，而中官刘光琦、俱文珍、薛盈珍、尚解玉等，皆先朝任使旧人，同心猜怨条。

同书五之

叔文入至翰林，而伾入至柿林院，见李忠言、牛昭容等条。

《新唐书》二百七《宦者传上·刘贞亮》即《俱文珍传》（《旧唐书》一八四《宦官传·俱文珍传》略同）略云：

贞元木，宦人领兵，附顺者益众。会顺宗立，淹痼弗能朝，惟〔宦者〕李忠言、牛美人侍。美人以帝旨付忠言，忠言授之王叔文，叔文与柳宗元等裁定，然后下中书，然未得纵欲，遂夺神策兵以自强，即用范希朝为京西北禁军都将，收宦者权。而忠言素懦谨，每见叔文，与论事，无敢异同。唯贞亮乃与之争。又恶朋党炽结，因与中人刘光琦、薛文珍、尚衍、解玉、吕如全等同劝帝立广陵王为太子监国，帝纳其奏。元和八年卒，宪宗思其翊戴之功，赠开府仪同三司。（此十五字旧传之文。）

《旧唐书》一五九《路随传》（《新唐书》一四二《路随传》同）略云：

> 初，韩愈撰《顺宗实录》，说禁中事颇切直，内官恶之，往往于上前言其不实，累朝有诏改修。及随进《宪宗实录》后，文宗复令改正永贞时事。随奏曰："伏望条示旧记最错误者，宣付史官，委之修定。"诏曰："其《实录》中所书德宗、顺宗朝禁中事，宜令史官详正刊去，其他不要更修！"

寅恪案：宪宗之得立为帝，实由宦者俱文珍等之力。文珍与其同类李忠言异趣，故内廷文珍之党竞胜，王伾、王叔文固不待论，而外廷之士大夫韦执谊、刘禹锡、柳宗元等遂亦不得不退败矣。

韩退之本与文珍有连（见《昌黎外集》三《送俱文珍序》及王鸣盛《蛾术编》五七），其述永贞内禅事，颇袒文珍等。其公允之程度虽有可议，而其纪内廷宦官之非属一党及压迫顺宗拥立宪宗之隐秘转可信赖。惟其如此，后来阉寺深不欲外人窥知，所以屡图毁灭此禁中政变之史料也。刘禹锡《梦得外集》九《子刘子自传》述"永贞内禅事"云：

> 时太上（顺宗）久寝疾，宰臣及用事者都不得召对，宫掖事秘，而建桓立顺，功归贵臣。

梦得在当时政治上与退之处于反对地位者（观《昌黎集》一《赴江陵途中》诗"同官尽才俊，偏善柳与刘，或虑言语泄，传之落冤雠"等语。又三《永贞行及忆昨行》诗"伾文未揥崖州炽，虽得赦宥恒愁猜"之句，可以为证，其详不能于此言之也），而所言禁中事亦与退之相同。然则韩、刘之述作皆当时俱文珍一党把持宫掖胁迫病君拥立皇子之实录，而永贞内禅乃唐代皇位继承之不固定及内廷阉寺党派影响于外朝士大夫之显著事例也。

又《旧唐书》一五九《崔群传》（《新唐书》一六五《崔群传》同）云：

> 群臣议上尊号，皇甫镈欲加"孝德"两字。群曰：有"睿圣"，则"孝德"在其中矣。竟为镈所构，宪宗不乐，出为湖南观察都团练使。

寅恪案：皇甫镈以靳惜"孝德"二字构崔群，宪宗竟信其语，因之不乐而出群。据此，宪宗之于其父，似内有惭德也。然则永贞内禅一役必有隐秘不能昌言者，从可知矣。牛李党派之争起于宪宗之世，宪宗为唐室中兴英主，其为政宗旨在矫正大历、贞元姑息苟安之积习，即用武力削平藩镇，重振中央政府之威望。当时主张用兵之士大夫大抵属于后来所谓李党，反对用兵之士大夫则多为李吉甫之政敌，即后来所谓牛党。而主持用兵之内廷阉寺一派又与外朝之李党互相呼应，自不待言。是以元和一朝此主用兵派之阉寺始终柄权，用兵之政策因得以维持不改。及内廷阉寺党派竞争既烈，宪宗为别一反对派之阉寺所弑，穆宗因此辈弑逆徒党之拥立而即帝位，于是"销兵"之议行，而朝局大变矣（后来牛李二党魁维州之异同与此点亦有关，不仅由僧孺之嫉功也。可参考《旧唐书》一七二、《新唐书》一七四《牛僧孺传》及《唐文粹》五六李珏撰《牛僧孺神道碑》、杜牧《樊川集》七《牛僧孺墓志铭》，而《通鉴》二四七"会昌三年三月"条司马光之论及胡三省之《注》尤可注意也）。

《旧唐书》一八四《宦官传·吐突承璀传》（《新唐书》二百七《宦者传上·吐突承璀传》同）略云：

吐突承璀幼以小黄门直东宫，宪宗即位，授内常侍，知内侍省事，俄授左军中尉、功德使〔元和〕四年，王承宗叛，诏以承璀为河中等道赴镇州行营兵马招讨等使。谏官、御史上疏相属，皆言："自古无中贵人为兵马统帅者"，宪宗不获已，改为充镇州已东招抚处置等使。出师经年无功，承璀班师，仍为禁军中尉。段平仲抗疏，极论承璀轻谋弊赋，请斩之以谢天下。宪宗不获已，降为军器使，俄复为左卫上将军，知内侍省事，出为淮南节度监军使，上待承璀之意未已，而率相李绛在翰林时，数论承璀之过，故出之。八年，欲召承璀还，乃罢绛相位。承璀还，复为神策中尉。惠昭太子薨，承璀建议请立澧王宽为太子，宪宗不纳，立遂王宥。穆宗即位，衔承璀不佑己，诛之。

同书一六四《李绛传》（《新唐书》一五二《李绛传》多采《李相国论事集》，可参读）云：

吐突承璀恩宠莫二，是岁（元和六年）将用绛为宰相，前一日，出承璀为淮南监军。翌日，降制，以绛为中书侍郎、同中书门下平章事。同列李吉甫便僻，善逢迎上意，绛梗直，多所规谏，故与吉甫不协。时议者以吉甫通于承璀，故绛尤恶之。

同书一四八《李吉甫传》（《新唐书》一四六《李栖筠传》附吉甫传同）云：

刘辟反，帝（宪宗）命诛讨之，计未决，吉甫密赞其谋，兼请广征江淮之师，由三峡路入，以分蜀寇之力，事皆允从，由是甚见亲信。淮西节度使吴少阳卒，其子元济请袭父位，吉甫以为淮西内地，不同河朔，且四境无党援，国家常宿数十万兵以为守御，宜因时而取之，颇叶上旨，始为经度淮西之谋。

《新唐书》二百一《文艺传上·元万顷传》附义方传（《通鉴》二三八"元和七年正月辛末条"同）云：

历虢商二州刺史、福建观察使，中官吐突承璀，闽人也，义方用其亲属为右职。李吉甫再当国，阴欲承璀奥助，即召义方为京兆尹。（寅恪案：《新唐书》及《通鉴》俱采自《李相国论事集》。）

寅恪案：宪宗与吐突承璀之关系可谓密切矣。故元和朝用兵之政策必为在内廷神策中尉吐突承璀所主持，而在外朝赞成用兵之宰相李吉甫其与承璀有连，殊不足异也。至《旧唐书》一三七《吕渭传》附温传（《新唐书》一六十《吕渭传》附温传同）云：

〔元和〕三年，吉甫为中官所恶，将出镇扬州，温欲乘其有间，倾之。

其所谓中官疑是宦官中之别一党派，与吐突承璀处于反对之地位者也。《旧唐书》一六七《李逢吉传》（《新唐书》一七四《李逢吉传》同，并参《旧唐书》一七二、《新唐书》一六六《令狐楚传》）云：

时用兵讨淮、蔡，宪宗以兵机委裴度。逢吉虑其成功，密沮之，由是相恶。及度亲征，学士令狐楚为度制辞，言不合

252

旨。楚与逢吉相善，帝皆黜之，罢楚学士，罢逢吉政事。

同书一七十《裴度传》（《新唐书》一七三《裴度传》同，并
参《旧唐书》一七二、《新唐书》一百一《萧俛传》附偱传、《旧
唐书》一六八、《新唐书》一七七《钱徽传》等）云：

> 先是诏群臣各献诛吴元济可否之状，朝臣多言罢兵赦罪为
> 便，翰林学士钱徽、萧俛语尤切。唯度言：贼不可赦。

寅恪案：元和廷议用兵淮蔡之时，宪宗总持于上，吐突承璀之
流主张于内，而外朝士大夫持论虽有异同，然其初未必遽有社会阶
级之背景存乎其间也。不意与吐突承璀交结赞助用兵出自山东旧门
之外廷宰相李吉甫，其个人适为新兴阶级之急进派牛僧孺等所痛
诋，竟酿成互相报复之行动。夫两派既势不并立，自然各就其气类
所近招求同党，于是两种不同社会阶级争取政治地位之竞争，遂因
此表面形式化矣。及其后斗争之程度随时间之久长逐渐增剧，当日
士大夫纵欲置身于局外之中立，亦几不可能。如牛党白居易之以消
极被容（乐天幸生世较早耳，若升朝更晚，恐亦难幸免也），柳仲
郢之以行谊见谅，可谓例外。其余之人若无固定显明之表示，如出
入牛李未能始终属于一党之李商隐，则卒为两党所俱不收，而"名
宦不进，坎壈终身"（《旧唐书》一九十下《文苑传下·李商隐传》
语）。此点为研究唐代中晚之际士大夫身世之最要关键，甚不可忽
略者也。

《旧唐书》一七六《李宗闵传》（《新唐书》一七四《李宗闵
传》同，并参考《新唐书》一七四《牛僧孺传》，《旧唐书》一四
八、《新唐书》一六九《裴垍传》，《旧唐书》一五八、《新唐书》
一六九《韦贯之传》，《旧唐书》一六四、《新唐书》一六三《杨于
陵传》，《旧唐书》一六九、《新唐书》一七九《王涯传》，《旧唐
书》一四《宪宗纪下》"元和三年夏四月"条，《通鉴》二三七

李宗闵，宗室郑王元懿之后，贞元二十一年进士擢第，元和四年（寅恪案：四年当作三年），复登制举贤良方正科。初，宗闵与牛僧孺同年登进士第，又与僧孺同年登制科。应制之岁，李吉甫为宰相当国，宗闵、僧孺对策，指切时政之失，言甚鲠直，无所回避。考策官杨于陵、韦贯之、李益等又第其策，为中等，又为不中第者注解牛、李策语，同为唱诽。又言：翰林学士王涯甥皇甫湜中选，考核之际不先上言。裴垍时为学士，居中覆视，无所异同。吉甫泣诉于上前，宪宗不获已，罢王涯、裴垍学士。垍守户部侍郎，涯守都官员外郎，吏部尚书杨于陵出为岭南节度使，吏部员外郎韦贯之出为果州刺史，王涯再贬虢州司马，贯之再贬巴州刺史。僧孺、宗闵亦久之不调，随牒诸侯府。七年，吉甫卒，方入朝为监察御史。

《旧唐书》一七一《张仲方传》（《新唐书》一二六《张九龄传》附仲方传同，并参考《白氏长庆集》六十《张仲方墓志铭》）略云：

张仲方，韶州始兴人，伯祖始兴文献公九龄，开元朝名相。仲方贞元中进士擢第，宏辞登科，历侍御史、仓部员外郎。会吕温、羊士谔诬告宰相李吉甫阴事，二人俱贬。仲方坐吕温贡举门生，出为金州刺史（寅恪案：此亦座主门生关系密切之例证）。吉甫卒，入为度支郎中。时太常定吉甫谥为"恭懿"，博士尉迟汾请为"敬宪"。仲方驳议曰："兵者凶器，不可从我始。师徒暴野，戎马生郊，僵尸血流，骸骼成岳，酷毒之痛，号诉无辜。剿绝群生，逮今四载，祸胎之肇实始其谋。请俟蔡寇将平，天下无事，然后都堂聚议，谥亦未迟。"宪宗方用兵，恶仲方深言其事，怒甚，贬为遂州司马。

同书一七二《萧俛传》（《新唐书》一百一《萧瑀传》附俛传同）略云：

> 萧俛曾祖太师徐国公嵩，开元中宰相，俛，贞元七年进士擢第，元和六年，召充翰林学士，九年，改驾部郎中、知制诰，内职如故。坐与张仲方善。仲方驳李吉甫谥议，言用兵征发之弊，由吉甫而生。宪宗怒，贬仲方，俛亦罢学士，左授太仆少卿。

同书一七九《萧遘传》（《新唐书》一百一《萧俛传》附遘传同）略云：

> 萧遘，兰陵人。开元朝宰相太师徐国公嵩之四代孙（寅恪案："四"字误）。遘以咸通五年登进士第，志操不群，自比李德裕，同年皆戏呼"太尉"。

寅恪案：新兴阶级党派之构成，进士词科同门之关系乃一重要之点，前论李绛及杨嗣复事已涉及之。今观《李宗闵传》，益为明显。至李吉甫为人固有可议之处，而牛李诋斥太甚，吉甫亦报复过酷，此所以酿成士大夫党派竞争数十年不止也。张仲方乃九龄之侄孙，九龄本为武后所拔擢之进士出身新兴阶级。据《大唐新语》七《识量篇》（参考《旧唐书》一百六《李林甫传》、《新唐书》二一六《张九龄传》、《通鉴》二一四"开元二十四年冬十月"条）云：

> 牛仙客为凉州都督，节财省费，军储所积万计。玄宗大悦，将拜为尚书。张九龄谏曰："不可。"玄宗怒曰："卿以仙客寒士嫌之耶？若是，如卿岂有门籍？"九龄顿首曰："〔臣〕荒陬贱类，陛下过听，以文学用臣。仙客起自胥吏，目不知书，韩信，淮阴一壮士耳，羞与绛、灌同列，陛下必用仙客，

臣亦耻之。"

又《国史补·上》（参考《太平广记》一八四《氏族类》）云：

张燕公好求山东婚姻，当时皆恶之。及后与张氏为亲者，乃为甲门。

及《新唐书》一九九《儒学传中·孔若思传》附至传云：

明氏族学，与韦述、萧颖士、柳冲齐名，撰《百家类例》，以张说等为"近世新族"，剟去之。说子垍方有宠，怒曰："天下族姓，何豫若事，而妄纷纷邪？"垍弟素善至，以实告。初，书成，示韦述，述谓可传，及闻垍语，惧，欲更增损。述曰："止！丈夫奋笔成一家书，奈何因人动摇，有死，不可改！"遂罢。时述及颖士、冲皆《撰类例》，而至书称工。

可知始兴张氏实为以文学进用之寒族，即孔至之所谓"近世新族"之列。宜乎张说与九龄共通谱牒，密切结合，由二人之气类本同也。因是，九龄侄孙仲方与山东旧门李吉甫气类绝不相近，亦成为反对之党。若兰陵萧氏元是后梁萧詧之裔，而加入关陇集团，与李唐皇室对于新旧两阶级之争得处于中立地位者相似。故萧俛由进士出身，成为牛氏之党，而萧遘虽用进士擢第，转慕李文饶之为人，乃取以自况也。

元和朝虽号称中兴，然外朝士大夫之党派既起，内廷阉寺党派之竞争亦剧，遂至牵涉皇位继承问题，而宪宗因以被弑矣。

《旧唐书》一七五《澧王恽传》（《新唐书》八二《澧王恽传》同）云：

澧王恽，宪宗第二子也，本名宽。吐突承璀恩宠特异，惠昭太子薨，议立储副，承璀独排众议，属澧王，欲以威权自树。赖宪宗明断不惑，及宪宗晏驾，承璀赐死，王亦薨于其夕。

同书一五九《崔群传》（《新唐书》一六五《崔群传》同）云：

元和七年，惠昭太子薨，穆宗时为遂王，宪宗以澧王居长，又多内助，将建储贰，命群与澧王作让表。群上言曰："大凡己合当之，则有陈让之仪；己不合当，因何遽有让表？今遂王嫡长，所宜正位青宫。"竟从其奏。

同书一八四《宦官传·吐突承璀传》（《新唐书》二百七《宦者传上·吐突承璀传》同）云：

惠昭太子薨，承璀建议请立澧王宽为太子，宪宗不纳，立遂王宥。穆宗即位，衔承璀不佑己，诛之。（前文已引，兹为论述之便利，特重录之。）

同书同卷《王守澄传》（《新唐书》二百八《宦者传下·王守澄传》同，并参考《旧唐书》一四、《新唐书》七《宪宗纪》及《旧唐书》一五九、《新唐书》一四二《韦处厚传》中"不讳内恶"之语）云：

宪宗疾大渐，内官陈弘庆等弑逆。宪宗英武，威德在人，内官秘之，不敢除讨，但云：药发暴崩。时守澄与中尉马进潭、梁守谦、刘承偕、韦元素等定册立穆宗皇帝。

《通鉴》二四一"元和十五年正月"条（参考《旧唐书》一二十《新唐书》一三七《郭子仪传》附钊传）云：

> 初，左军中尉吐突承璀谋立澧王恽为太子，上（宪宗）不许，及上寝疾，承璀谋尚未息，太子（穆宗）闻而忧之，密遣人问计于司农卿郭钊，钊曰："殿下但孝谨以俟之，勿恤其他!"钊，太子之舅也。

《新唐书》八《宣宗纪》云：

> （大中十二年）二月，废穆宗忌日，停〔穆宗〕光陵朝拜及守陵宫人。

《通鉴》二四九"大中十二年二月甲子朔"条纪此事，胡《注》云：

> 以陈弘志弑逆之罪归穆宗也。

裴廷裕《东观奏记·上》云：

> 宪宗皇帝晏驾之夕，上（宣宗）虽幼，颇记其事，追恨光陵、商臣之酷，即位后，诛除恶党无漏网者。时郭太后无恙，以上英察孝果，且怀惭惧。时居兴庆宫，一日与二侍儿同升勤政楼，倚衡而望，便欲殒于楼下，欲成上过，左右急持之。即闻于上，上大怒，其夕太后暴崩，上志也。

《通鉴考异》"大中二年"条引《〔宣宗〕实录》，并附按语云：

〔大中二年〕五月戊寅，以太皇太后寝疾，权不听政，宰臣率百僚问太后起居。已卯，复问起居，下遗令。是日，太后崩。初，上（宣宗）篡位，以宪宗遇弑，颇疑后在党中，至是暴得疾崩，帝之志也。

六月，贬礼院检讨官王皞为润州句容令，以皞抗疏，请郭后合葬景陵（宪宗陵名），配飨宪宗庙室故也。

〔司马光〕按，《实录》所言暴崩事，皆出于《东观奏记》，若实有此事，则既云"是夕暴崩"，何得前一日先下诏云"以太后寝疾，权不听政"？若无此事，则廷裕岂敢辄诬宣宗？或者，郭后实以病终，而宣宗以平日疑忿之心，欲黜其礼，故皞争之，疑以传疑，今参取之。

寅恪案：元和末年内廷阉寺吐突承璀一派欲以澧王恽继皇位，王守澄一派欲立遂王宥即后来之穆宗，竞争至剧。吐突承璀之党失败，宪宗遇弑，穆宗因得王守澄党之拥戴而继位矣。至郭后乃穆宗之生母，其预知弑逆之谋，似甚可能。司马君实所论虽不失史家审慎忠厚之旨，但参取两端，颇近模棱，难以信从。盖裴廷裕比穆宗于商臣，若非确有所据，必不敢为此诬妄之说也。鄙意郭后之暴崩倘果出于宣宗之志，则崩前一日何不可预作伏笔？或者，即因有前日寝疾之诏，遂促成次日暴崩之事乎？总之，宫掖事秘，虽不宜遽断，然皇位继承之不固定及阉寺党派之竞争二端，与此唐室中兴英王宪宗之结局有关，则无可疑也（锺辂《前定录》李生条亦纪懿安太后为宣宗幽崩事，又日本僧圆仁《入唐求法记》四所载郭太后被药杀事，则年月名号俱有讹误也）。

复次，内廷阉寺中吐突承璀之党即主张用兵之党既失败，其反对党得胜，拥立穆宗，故外朝宰相即此反对党之附属品，自然亦不主张用兵，而"销兵"之议遂成长庆一朝之国策矣。《旧唐书》一

六 《穆宗纪》云：

> （长庆元年）二月乙酉，天平军节度使马总奏：当道见管军士三万三千五百人，从去年正月已后，情愿居农者放，逃亡者不捕。先是，平定河南，及王承元去镇州，宰臣萧俛等不顾远图，乃献"销兵"之议，请密诏天下军镇，每年限百人内八人逃死，故总有是奏。

同书一七二《萧俛传》（《新唐书》一百一《萧瑀传》附俛传略同）云：

> 穆宗乘章武（宪宗）恢复之余，即位之始，两河廓定，四鄙无虞，而俛与段文昌屡献太平之策，以为兵以静乱，时已治矣，不宜黩武，劝穆宗休兵偃武，又以兵不可顿去，请密诏天下军镇有兵处，每年百人之中限八人逃死，谓之"消兵"。帝既荒纵，不能深料，遂诏天下，如其策而行之。而藩籍之卒合而为盗，伏于山林。明年，朱克融、王廷凑复乱河朔，一呼而遣卒皆至。朝廷方征兵诸藩，籍既不充，寻行招募，乌合之徒，动为贼败，由此复失河朔，盖"消兵"之失也。

寅恪案："销兵"之数每年仅限百分之八，且历时甚短，其所以发生如是之大影响者，盖当时河朔为胡化区域，其兵卒皆善战之人，既被裁遣，"合而为盗"，遂为朱克融、王廷凑所利用，而中央政府征募之人自然不能与河朔健儿为敌也。

又《旧唐书》一六六《元稹传》（《新唐书》一七四《元稹传》略同）云：

> 荆南监军崔潭峻甚礼接稹，不以掾吏遇之，常征其诗什讽诵之。长庆初，潭峻归朝，出稹《连昌宫辞》等百余篇奏御，

穆宗大悦。

《新唐书》一七九《李训传》（参考《新唐书》二百八《宦者传下·王守澄传》）云：

> 宦人陈弘志时监襄阳军，训启帝（文宗）召还，至青泥驿，遣使者杖杀之。复以计白罢〔王〕守澄观军容使，赐鸩死。又逐西川监军杨承和、淮南韦元素、河东王践言于岭外，已行，皆赐死。而崔潭峻前物故，诏剖棺鞭尸，元和逆党几尽。

据《新唐书·李训传》明言崔潭峻为元和逆党，但宪宗于元和十五年正月二十七日被弒，则《旧唐书·元稹传》"长庆初潭峻归朝"之语微有未妥，故《新唐书·元稹传》改作"长庆初潭峻方亲幸"也。夫潭峻既为拥立穆宗之元和逆党中人，其主张"销兵"自不待言，于是知元才子《连昌宫词》全篇主旨所在之结句"努力庙谟休用兵"一语，实关涉当时政局国策，世之治史读诗者幸勿等闲放过也（参考一九三三年六月《清华学报》拙著《读〈连昌宫词〉质疑》。又宦官王践言为元和逆党之一，而文宗大和九年八月丙申诏书以李德裕与之连结者，盖践言曾言送还吐蕃悉怛谋之非计，与德裕主张相合，李训、郑注遂借之以为说耳。详见《新唐书》一七四《李宗闵传》，《旧唐书》一七四、《新唐书》一八十《李德裕传》等，兹不能悉论也）。

《新唐书》八《敬宗纪》（参考《旧唐书》一七上《敬宗纪》）略云：

> 敬宗讳湛，穆宗长子也，始封鄂王，徙封景王。长庆二年穆宗因击球暴得疾，不见群臣者三日，左仆射裴度三上疏请立皇太子，而翰林学士、两省官相次皆以为言。居数日，穆宗疾

少间，宰相李逢吉请立景王为皇太子（癸巳诏以景王为皇太子）。四年正月，穆宗崩，丙子，皇太子即皇帝位于太极殿。

《旧唐书》一七三《李绅传》（《新唐书》一八一《李绅传》同）略云：

> 王守澄每从容谓敬宗曰："陛下登九五，〔李〕逢吉之助也。先朝初定储贰，唯臣备知。时翰林学士杜元颖、李绅劝立深王，而逢吉固请立陛下，而李续之、李虞继献章疏。"帝虽冲年，亦疑其事。会逢吉进拟，言："李绅在内署时，尝不利于陛下，请行贬逐。"帝初即位，方倚大臣，不能自执，乃贬绅端州司马。会禁中检寻旧事，得穆宗时封书一箧，发之，得裴度、杜元颖与绅三人所献疏，请立敬宗为太子。帝感悟兴叹，悉命焚逢吉党所上谤书。由是谗言稍息，绅党得保全。

李德裕党刘轲《牛羊日历》云：

> 穆宗不豫，宰臣议立敬宗为皇太子，时牛僧孺独怀异志，欲立诸子。僧孺乃昌言于朝曰："梁守谦、王守澄将不利于上"，又使杨虞卿、汉公辈言于外曰："王守澄欲谋废立"，又令其徒于街衢门墙上施榜，每于穆宗行幸处路傍或苑内草间削白而书之（寅恪案：牛党所为殊似今日通衢广张之效肇外国政党宣传标语，岂知吾中国人早已发明此方法耶？可笑，可叹！），冀谋大乱。其凶险如此。

寅恪案：敬宗为穆宗长子，故外朝诸臣请立为皇储，又值穆宗初即位，元和逆党方盛之时，其党魁王守澄既赞成其事，而穆宗不久即崩，其皇位继承权所以幸未动摇也。然观外廷士大夫如李逢吉、刘轲之流俱借皇储问题互诋其政敌，并牵涉禁中阉寺党魁，则

262

唐代皇位继承之不固定及内廷阉寺党派与外朝士大夫党派互相关系，于此复得一例证矣。

《旧唐书》一七上《敬宗纪》（《新唐书》八《敬宗纪》同）云：

> （宝历二年十二月）辛丑，帝夜猎还宫，与中官刘克明、田务成（成，《通鉴》作澄）、许文端打球，军将苏佐明、王嘉宪、石定宽等二十八人饮酒。帝方酣，入室更衣，殿上烛忽灭，刘克明等同谋害帝，即时殂于室内。

《新唐书》八《文宗纪》（《旧唐书》一七上《文宗纪》同）云：

> 文宗讳昂（初名涵），穆宗第二子也，始封江王。宝历二年十二月，敬宗崩，刘克明等矫诏，以绛王悟句当军国事。壬寅，内枢密使王守澄、杨承和，神策护军中尉魏从简、梁守谦奉江王而立之，率神策六军、飞龙兵诛克明，杀绛王。

《旧唐书》一五九《韦处厚传》（《新唐书》一四二《韦处厚传》同）云：

> 宝历季年，急变中起，文宗厎绥内难，诏命将降，未有所定。处厚闻难奔赴，昌言曰："《春秋》之法，大义灭亲，内恶必书，以明逆顺，正名讨罪，于义何嫌？安可依违，有所避讳？"遂奉藩教行焉。

《通鉴》二四二"宝历二年十二月"条云：

> 〔宦官〕刘克明等矫称上（敬宗）旨，命翰林学士路隋草

263

遗制，以绛王悟权句当军国事。壬寅，宣遗制，绛王见宰相百官于紫宸殿外庑。克明等欲易置内侍之执权者，于是枢密使王守澄、杨承和、中尉魏从简、梁守谦定议，以卫兵迎江王涵入宫，发左右神策、飞龙兵进讨贼党，尽斩之。克明赴井，出而斩之，绛王为乱兵所害。

寅恪案：宪宗为宦官所弑，阉人以其为英武之主，威望在人，若发表实情，恐外间反对者借此声讨其族类，故讳莫如深。前论《顺宗实录》事引《旧唐书·路隋传》，可以为证。及敬宗又为宦官所弑，当时阉人初亦应有所顾虑，然其所以卒从韦处厚之说，公开宣布者，则由敬宗乃童昏之君，不得比数于宪宗，遂以为无足讳言也。至敬宗及绛王悟之被弑害，与夫文宗之得继帝位，均是内廷阉寺刘克明党与王守澄党竞争下之附属牺牲品及傀儡子耳，亦可怜哉！斯又唐代皇位继承不固定与阉寺党争关系之一例证也。

文宗一朝为牛李党人参杂并进竞争纷剧之时期，故《旧唐书》一七六《李宗闵传》（《新唐书》一七四《李宗闵传》同）云：

> 文宗以二李（寅恪案：二李谓宗闵及德裕也，宗闵代表牛党）朋党，绳之不能去，尝谓侍臣曰："去河北贼非难，去此朋党实难。"

夫唐代河朔藩镇有长久之民族社会文化背景，是以去之不易，而牛李党之政治社会文化背景尤长久于河朔藩镇，且此两党所连结之宫禁阉寺，其社会文化背景之外更有种族问题，故文宗欲去士大夫之党诚甚难，而欲去内廷阉寺之党则尤难，所以卒受"甘露之祸"也。况士大夫之党乃阉寺党之附属品，阉寺既不能去，士大夫之党又何能去耶？及全唐之末世，士大夫阶级暂时联合，与阉寺全体敌抗，乃假借别一社会阶级即黄巢余党朱全忠之武力，终能除去阉寺之党。但士大夫阶级本身旋罹摧残之酷，唐之皇室亦随以覆亡，其间是非成败详悉之史实虽于此不欲置论，而士大夫阶级与阉寺阶级自文宗以后，在政治上盛衰分合互相关涉之要点，则不得不述其概略也。

就牛李党人在唐代政治史之进退历程言之，两党虽俱有悠久之历史社会背景，但其表面形式化则在宪宗之世。此后纷乱斗争，愈久愈烈。至文宗朝为两党参错并进，竞逐最剧之时。武宗朝为李党全盛时期，宣宗朝为牛党全盛时期，宣宗以后士大夫朋党似已渐次消泯，无复前此两党对立、生死搏斗之迹象，此读史者所习知也。然试一求问此两党竞争之历程何以呈如是之情状者，则自来史家鲜有解答。鄙意外朝士大夫朋党之动态即内廷阉寺党派之反影。内廷阉寺为主动，外朝士大夫为被动。阉寺为两派同时并进，或某一时甲派进而乙派退，或某一时乙派进而甲派退，则外朝之士大夫亦为两党同时并进，或某一时甲党进而乙党退，或某一时乙党进而甲党退。迄至后来内廷之阉寺"合为一片"（此唐宣宗语，见下文所引）全体对外之时，则内廷阉寺与外廷士大夫成为生死不两立之仇敌集团，终于事势既穷，乞援外力，遂同受别一武装社会阶级之宰割矣。兹略引旧史，稍附论释，借以阐明唐代内廷阉寺与外朝士大夫党派关联变迁之历程于下，或可少补前人之所未备言者欤？

《旧唐书》一六九《李训传》（《新唐书》一七九《李训传》同）略云：

（文宗）以宦者权宠太过，继为祸胎。元和末弑逆之徒尚在左右，虽外示优假，心不堪之。思欲芟落本根，以雪雠耻。九重深处，难与将相明言，前与侍讲宋申锡谋，谋之不臧，几成反噬（寅恪案：事见《旧唐书》一六八、《新唐书》一五二《宋申锡传》），自是巷伯尤横。因郑注得幸〔王〕守澄，俾之援训，冀黄门不疑也。训既秉权衡，即谋诛内竖。中官陈弘庆者，自元和末负弑逆之名，忠义之士无不扼腕。时为襄阳监军，乃召自汉南，至青泥驿，遣人封杖决杀。王守澄自长庆已来知枢密，典禁军，作威作福。训既作相，以守澄为六军十二卫观军容使，罢其禁旅之权，寻赐鸩杀之。训愈承恩顾，黄门禁军迎拜戢敛。

同书同卷《郑注传》（《新唐书》一七九《郑注传》同）略云：

是时，〔李〕训、〔郑〕注之权，赫于天下，既得行其志，生平恩雠，丝毫必报。因杨虞卿之狱，挟忌李宗闵、李德裕。心所恶者，目为二人之党，朝士相继斥逐，班列为之一空（寅恪案：此事可参考《旧唐书》一七下《文宗纪》下"大和九年八月、九月"有关诸条，及同书一七四《李德裕传》、一七六《李宗闵传》，《新唐书》一七四《李宗闵传》、一八十《李德裕传》等）。（注）自言有金丹之术，可去痿弱重腿之疾。始李愬自云得效，乃移之〔王〕守澄，亦神其事，由是中官视注皆怜之。卒以是售其狂谋，而守澄自贻其患。

同书一八四《宦官传·王守澄传》（《新唐书》二百八《宦者传下·王守澄传》同）略云：

时仇士良有翊上之功，为守澄所抑，位未通显。〔李〕训奏用士良分守澄之权，乃以士良为左军中尉。守澄不悦，两相矛盾。训因其恶，大和九年帝（文宗）令内养李好古赍鸩赐守澄，秘而不发。守澄死，仍赠扬州大都督。其弟守涓为徐州监军，召还，至中牟，诛之。守澄豢养训、〔郑〕注，反罹其祸。人皆快其受佞，而恶训、注之阴狡。

《新唐书》一七四《李宗闵传》（《旧唐书》一七六《李宗闵传》略同）略云：

266

〔李〕训、〔郑〕注乃劾宗闵异时阴结驸马都尉沈㻚，内人宋若宪、宦者韦元素、王践言等求宰相，而践言监军剑南，受〔李〕德裕赇，复与宗闵交私，乃贬宗闵潮州司户参军事，㻚逐柳州，元素等悉流岭南，亲信并斥。时训、注欲以权市天下，凡不附己者，皆指以二人党，逐去之。人人骇栗，连月雾晦。帝乃诏宗闵、德裕姻家门生故吏，自今一切不问。

《通鉴》二四五"大和九年六月"条（参考《新唐书》二百八《宦者传下·王守澄传》）云：

左神策中尉韦元素、枢密使杨承和、王践言居中用事，与王守澄争权不叶，李训、郑注因之，出承和于西川，元素于淮南，践言于河东，皆为监军。

寅恪案：李训、郑注所以能异于宋申锡，几成扫除阉寺之全功者，实在利用阉寺中自分党派，如王守澄与仇士良、韦元素等之例是也。又当时牛李党人各有其勾结之中官，训、注之选用本皆由于阉寺，故能悉其隐秘，遂欲同时一举将阉寺及士大夫诸党派俱排斥而尽去之也。当日阉寺之党派既是同时并进，互相争斗，达于剧烈之高点，故士大夫之党派各承其反影，亦复如之。斯为文宗一朝政治上最要之关键，前人论此，似少涉及者，特为标出之如此。

《新唐书》一七九《李训传》（《旧唐书》一六九《李训传》同）略云：

〔训〕出〔郑〕注，使镇凤翔，外为助援，擢所厚善，分总兵柄。于是王璠为太原节度使，郭行余为邠宁节度使，罗立言权京兆尹，韩约金吾将军，李孝本御史中丞。阴许璠、行余多募士，及金吾台府卒，劫以为用。〔大和九年〕十一月壬戌，（二十一日）帝（文宗）御紫宸殿，约奏言："甘露降金吾左

267

仗树。"〔帝〕辇如含元殿，诏宰相群臣往视，还，训奏："非甘露。"帝顾中尉仇士良、鱼弘志等验之。训因欲闭止诸宦人，使无逸者。时璠、行余皆辞赴镇，兵列丹凤门外，縠而待，训传呼曰："两镇军入受诏旨！"闻者趋入，邠宁军不至。宦人至仗所，会风动庑幕，见执兵者，士良等惊，走出。阍者将阖扉，为宦侍叱争，不及闭。训急，连呼金吾兵曰："卫乘舆者，人赐钱百千！"于是有随训入者。宦人曰："急矣，上当还内！"即扶辇，决罘罳下殿趋。训攀辇曰："陛下不可去！"士良曰："李训反。"帝曰："训不反。"士良手搏训而踬，训压之，将引刀靴中，救至，士良免。立言、孝本领众四百东西来上殿，与金吾士纵击，宦官死者数十人。训持辇愈急，至宣政门，宦人郗志荣揿训，仆之，辇入东上阁，即闭，宫中呼万岁。会士良遣神策副使刘泰伦、陈君奕等率卫士五百挺兵出，所值辄杀，杀诸司史六七百人，复分兵屯诸宫门，捕训党千余人，斩四方馆，流血成渠。

赞曰：李德裕尝言："天下有常势，北军是也。"训因王守澄以进，此时出入北军，若以上意说诸将，易如靡风，而反以台府抱关游徼抗中人，以搏精兵，其死宜哉！文宗与宰相李石、李固言、郑覃称训天下奇才，公等弗及也。。德裕曰："训曾不得齿徒隶，尚才之云？"世以德裕言为然。（寅恪案：李德裕语见其所著《穷愁志奇才论》。）

寅恪案：此甘露事变之一幕悲剧也。当时中央政权寄托于皇帝之一身，发号施令必用其名义，故政权之争，其成败关键在能否劫持皇帝一人而判定。夫皇帝之身既在北军宦官掌握之内，若不以南衙台府抱关游徼敌抗神策禁旅，则当日长安城中，将用何等兵卒与之角逐乎？此甘露变后所以仅余以藩镇武力对抗阉寺北军之唯一途径，是即崔淄郎之所取用而奏效，但为当世及后世所诟病者也。至谓"以上意说〔北军〕诸将，易如靡风"，则天下事谈何容易！在大和之前即永贞之时，王叔文尝谋夺合寺兵柄，举用范希朝、韩泰，卒无所成（事见韩愈《顺宗实录》五及《旧唐书》一三五、《新唐书》一六八《王叔文传》），况文宗朝宦官盘踞把持之牢固更有甚于顺宗时者乎？而韩退之《永贞行》（《昌黎集》三）所云：

> 君不见太皇（顺宗）谅阴未出令，小人乘时偷国柄。北军百万虎与貔，天子自将非他师。（寅恪案：神策军实宦官所将耳，非天子自将也，退之此语无乃欺人之甚耶？）一朝夺印付私党，懔懔朝士何能为？

不过俱文珍私党之诬词，非公允之论也。然则李训实为"天下奇才"，文宗之语殊非过誉，较当日外朝士大夫牛李党人之甘心作阉寺附属品者，固有不同矣。李文饶挟私嫌，其言不足信，后之史家何可据之，而以成败论人也！

《通鉴纪》二四五"大和九年十一月壬戌"即二十一日"甘露事变"，其结论有云：

> 自是天下事皆决于北司，宰相行文书而已。

诚道其实也。至文宗几为阉寺所废，如皮光业《见闻录》之所言者（见《通鉴考异》"大和九年十一月"条及《唐语林》三《方正类》，《新唐书》二百七《宦者传下·仇士良传》末），固有末谛，已为司马君实所指出。但自此以后，唐代皇位之继承完全决于宦官之手，而外朝宰相惟有服从一点，若取下列史料证之，则更无可疑也。

《唐语林》七《补遗》云：

> 宣宗崩，内官定策立懿宗，入中书商议，命宰臣署状，宰相将有不同者。夏侯孜曰："三十年前外大臣得与禁中事，三

十年以来外大臣固不得知。但是李氏子孙，内大臣立定，外大臣即北面事之，安有是非之说？"

又《新唐书》一八二《李珏传》云：

> 始，庄恪太子薨，帝（文宗）属意陈王（成美），已而武宗即位，人皆为危之。珏曰："臣下知奉所言，安与禁中事？"

盖甘露事变在文宗大和九年，即公元八三五年。宣宗崩于大中十三年，即公元八五九年，夏侯孜所谓"三十年"者，乃约略举成数言之。又李珏之事与夏侯孜不同，其语之意旨亦异。然可据以证知自开成后所谓"建桓立顺，功归贵臣"（刘梦得语，见前引），而外朝宰相固绝难与闻也。

《旧唐书》一七下《文宗纪》（参旧《唐书》一七五《新唐书》八二《陈王成美传》）云：

> 〔大和〕六年十月甲子，诏：鲁王永宜册为皇太子。
>
> 〔开成〕三年九月壬戌，上（文宗）以皇太子慢游败度，欲废之。中丞狄兼谟垂涕切谏。是夜，移太子于少阳院，杀太子宫人左右数十人。十月庚子，皇太子薨于少阳院，谥曰庄恪。
>
> 〔开成〕四年十月丙寅，制：以敬宗第六男陈王成美为皇太子。
>
> 〔开成〕五年春正月戊寅朔，上不康，不受朝贺。己卯，诏立亲弟颍王瀍为皇太弟，权勾当军国事，皇太子成美复为陈王。辛巳，上崩于大明宫之太和殿。

同书一八上《武宗纪》（《新唐书》八《武宗纪》同，并参考《旧唐书》一七五《新唐书》八二《陈王成美传》）略云：

武宗讳炎，穆宗第五子，本名瀍。文宗以敬宗子陈王成美为皇太子。〔开成〕五年正月二日，文宗暴疾，宰相李珏、知枢密刘弘逸奉密旨：以皇太子监国。两军中尉仇士良、鱼弘志矫诏迎颍王于十六宅，立为皇太弟。四日，文宗崩，宣遗诏皇太弟宣于枢前即皇帝位。陈王成美、安王溶殂于邸第。初，杨贤妃有宠于文宗，而庄恪太子母王妃失宠怨望，为杨妃所谮，王妃死，太子废。及开成末年，帝多疾，无嗣，贤妃请以安王溶嗣，帝谋于宰臣李珏，珏非之，乃立陈王。至是，仇士良立武宗，欲归功于己，乃发安王旧事，故二王与贤妃皆死。以开府、右军中尉仇士良封楚国公，左军中尉鱼弘志为韩国公。

《新唐书》八二《庄恪太子永传》(《旧唐书》一七五《庄恪太子永传》同) 略云：

〔大和〕六年立为皇太子，又母 (王德妃) 爱弛，杨贤妃方幸，数谮之。帝 (文宗) 它日震怒，群臣又连章论救，〔帝〕意稍释，然太子终不能自白其诬，是年 (开成三年) 暴薨。(寅恪案：日本僧圆仁《入唐求法记》亦有杀皇太子之记述，可供参考。)

《通鉴》二四六"会昌元年三月"条 (参《新唐书》一百七《宦者传上·仇士良传》)云：

初知枢密刘弘逸、薛季稜有宠于文宗，仇士良恶之。上 (武宗) 之立，非二人及宰相意，故杨嗣复出为湖南观察使，李珏出为桂管观察使。士良屡谮弘逸等于上，劝上诛之，乙未赐弘逸、季稜死。

张固《幽闲鼓吹》云：

朱崖（李德裕）在维扬，监军使杨钦义追入，必为枢近，而朱崖（德裕）致礼皆不越寻常，钦义心衔之。一日，中堂设宴，更无他宾，而陈设宝器图书数床，皆殊绝，一席只奉，亦竭情礼。宴罢，皆以赠之，钦义大喜过望。旬日，西行至汴州，有诏却令监淮南。钦义即至，具以前时所赠归之。朱崖（德裕）笑曰："此无所直，奈相拒焉？"悉却与之。钦义心感数倍，后竟作枢密使，武宗一朝之柄，皆钦义所致也。

《通鉴》二四六"开成五年九月"纪李德裕入相事，即采用张书，胡注云：

> 史言李德裕亦不免由宦官以入相。

寅恪案：上引文宗、武宗两朝间史料，亦皆唐代皇位继承不固定及一时期宫掖阉寺党派竞争决定后，李氏子孙充傀儡，供牺牲，而士大夫党派作阉寺党派之附属品，随其胜败以为进退之明显例证也。又《幽闲鼓吹》载李德裕入相实由杨钦义，鄙意小说家记卫公事多诬词，究其可信与否，未敢确定，即使可信，亦非赞皇入相之主因。据《通鉴》二四七"会昌三年五月壬寅以翰林学士承旨崔铉为中书侍郎同平章事"条云：

> 上（武宗）夜召学士韦琮，以铉名授之，令草制，宰相枢密皆不之知。时枢密使刘行深、杨钦义皆愿愨，不敢预事，老宦者尤之曰："此由刘、杨懦怯，堕败旧风故也。"

是杨钦义以愿愨著闻，不敢依惯例以干预命相，则文饶之入相似非全出钦义之力，可以推知。其时宦官刘弘逸一派与牛党之宰相李珏等翊戴皇太子成美，既遭失败，则得胜之阉寺仇士良、鱼弘志一派自必排去牛党之宰相，而以其有连之李党代之，杨钦义殆属于仇士良派者，此德裕入相之主因也。然则宫掖阉寺竞争之胜败影响于外朝士大夫之进退，于此益得证明而无疑矣。

《新唐书》八《宣宗纪》略云：

> 宣宗讳忱，宪宗第十三子也。始封光王，本名怡。会昌六年武宗疾大渐，左神策护军中尉马元贽立光王为皇太叔。三月甲子，即皇帝位于枢前。四月乙亥，始听政。丙子，李德裕罢。五月乙巳，翰林学士承旨兵部侍郎白敏中同中书门下平章事。

《通鉴》二四八"会昌六年三月"条云：

> 上（武宗）疾笃，旬日不能言，诸宦者密于禁中定策。辛酉下诏，称皇子冲幼，须选贤德，光王怡可立为皇太叔，更名忱，应军国政事令权勾当。甲子，上崩。丁卯，宣宗即位。

胡注：

> 以武宗之英达，李德裕之得君，而不能定后嗣，卒制命于宦竖，北司掌兵，且专宫禁之权也。

寅恪案：会昌季年内廷阉寺党派竞争之史实无从详知，但就武宗诸子不得继位之事推之，必是翊戴武宗即与李党有连之一派失败，则可决言。于是宣宗遂以皇太叔之名义嗣其侄之帝位，而唐代皇位继承之不固定，观此益可知矣。胡氏之语甚谛，自会昌六年三月宦官马元贽等于宫中决策后，外朝李党全盛之局因以告终，相位政权自然转入其敌党牛党之手也。

由宪宗朝至文宗朝，牛李争斗虽剧，而互有进退。武宗朝为始终李党当国时期，宣宗朝宰相则属于牛党，但宣宗以后不复合剧烈之党争。究其所以然之故，自来未有言之者，若依寅恪前所论证，外朝士大夫党派乃内廷阉寺党派之应声虫，或附属品，倘阉寺起族类之自觉，其间不发生甚剧之党争，而能团结一致以对外者，则与外朝诸臣无分别连结之必要，而士大夫之党既失其各别之内助，其竞争遂亦不得不终归消歇也。兹略举二一例，以为证明。

《唐语林》二《政事类下》（参《新唐书》一六九《韦贯之传》附澳传）云：

> 宣宗暇日，召翰林学士韦澳入。上曰："要与卿款曲，少间出外，但言论诗！"上乃出诗一篇。有小黄门置茶床讫，亟屏之。乃问："朕于敕使如何？"澳曰："威制前朝无比。"上闭目摇手曰："总未，依前怕他。在卿如何？计将安出？"澳既不为之备，率意对曰："谋之于外廷，即恐有大和事（寅恪案：大和事指甘露事变），不若就其中拣拔有才者，委以计事。"上曰："此乃末策，朕行之，初擢其小者，至黄，至绿，至绯，皆感恩，若紫衣褂身，即合为一片矣。"澳惭汗而退。

《北梦琐言》五"令狐公密状"条云：

> 唐大和中，阉官恣横，因甘露事，王涯等皆罹其祸，竟未昭雪。宣宗即位，深抑其权，末年尝授旨于宰相令狐公〔绹〕，公欲尽诛之。〔绹〕虑其冤，乃密奏牓子曰："但有罪莫舍，有阙莫填，自然无遗类矣。"后为宦者所见，于是南〔衙〕北〔司〕益相水火。洎昭宗末，崔侍中〔胤〕得行其志，然而玉石俱焚也已。

寅恪案：韦澳意欲利用阉人，以制阉人，即李训、郑注之故技。在文宗大和之世用之虽不能成全功，然其初颇亦收效者，以当时阉寺中王守澄与仇士良之徒尚分党派，未"合为一片"，故可资

274

利用也。迨其起族类之自觉，团结一致，以抗外敌，如《唐语林》《北梦琐言》所载大中时事，则离间之术不能复施，此宣宗以后宫禁阉寺一致对外之新形势，不独在内廷无派别，亦使在外朝无党争，统制中央全局，不可动摇分裂，故激成崔胤借助藩镇外来兵力，尽取此辈族类而歼灭之也。

又，读史者或见僖宗时宦官田令孜恶其同类杨复恭、复光兄弟事，因以致疑于宣宗以后阉寺"合为一片"之说者，如《旧唐书》一九下《僖宗纪》所言：

> 〔中和〕三年六月甲子，杨复光卒于河中，其部下忠武八都都头鹿晏弘、晋晖、王建、韩建等各以其众散去。时复光兄复恭知内枢密，田令孜以复光立破贼功，惮而恶之，故贼平赏薄。及闻复光死，甚悦，复摈复恭，罢枢密为飞龙使。

是也。但检同书同卷"中和三年五月王铎罢行营都统"条云：

> 时中尉田令孜用事，自负帷幄之功，以铎用兵无功，而由杨复光建策召沙陀，成破贼之效，欲权归北司，乃黜王铎而悦复光也。

然则田令孜虽与杨复恭、复光兄弟不相得，对于外朝士大夫则仍能自相团结，一致敌视。盖当时阉寺南衙北司之界限即阶级族类之意识甚为坚强明显，不欲连结外朝士大夫自相攻击，因亦无从造成士大夫之党派，如以前牛李两党者也。

《新唐书》九《懿宗纪》（参考《通鉴》二四九"大中十三年六月"条《通鉴考异》"咸通二年二月"条，及《容斋随笔》六"杜悰"条）略云：

> 懿宗讳漼，宣宗长子也，始封郓王。宣宗爱夔王滋，欲立

为皇太子，而郓王长，故久不决。大中十三年八月，宣宗疾大渐，以夔王属内枢密使王归长、马公儒，宣徽南院使王居方等，而左神策护军中尉王宗实、副使丌元实矫诏立郓王为皇太子。癸巳，即皇帝位于枢前。王宗实杀王归长、马公儒、王居方。

《通鉴》二五十"咸通二年二月"条云：

> 是时士大夫深疾宦官，事小有相涉，则众共弃之。建州进士叶京尝预宣武军宴，识监军之面，既而及第，在长安与同年出游，遇之于途，马上相揖，因之谤议谊然，遂沈废终身，其不相悦如此。（寅恪案：《昌黎外集》三有《送汴州监军俱文珍序并诗》，备极诒诨之词。夫文珍亦宣武军监军也，而退之与叶京之遭遇乃迫不相似，据是可知贞元及咸通时，士大夫与阉寺关系之异同矣。）

依《新纪》所载，似宣宗末年内廷阉寺仍有党派竞争者，然考唐代阉寺中神策军中尉掌握兵柄，其权最大，宣宗牵于所爱，虽明知彼辈已"合为一片"，而其末年仍仿文宗之旧事，勉强试一利用并无实力之枢密使等，使与执持兵柄之神策中尉对抗，实计出无聊，故终于同一无成。而王归长与王宗实二派因实力大相悬殊之故，其竞争必无足道，读史者幸勿误会以此个别之例外，疑及全体之通则也。且其时阉寺已起族类之自觉，一致对外，与文宗时不同，是以无须亦不欲连结外朝士大夫，以兴党争，盖非复宣宗以前由内廷党派胜败，而致外朝党派进退之先例矣。至于唐代帝位继承之不固定，兹又得一例证，自无待言。观《通鉴》"咸通二年"所纪叶京事，可知宣宗末载懿宗初年士大夫亦仿阉寺"合为一片"，与相对敌。后来崔胤以士大夫代表之资格，尽诛宦官，盖非一朝一夕之所致也。

《通鉴》二五二"咸通十四年七月戊寅"条（参考《旧唐书》一九下、《新唐书》九《僖宗纪》）略云：

> 上（懿宗）疾大渐，左军中尉刘行深、右军中尉韩文约立少子普王俨为皇太子，权勾当军国政事。辛巳，上崩于咸宁殿，僖宗即位。八月，刘行深、韩文约皆封国公。

同条《考异》曰：

> 范质《五代通录》：梁李振谓陕州护军韩彝范曰："懿皇初升遐，韩中尉杀长立幼，以利其权，遂乱天下。今将军复欲尔耶？"彝范即文约孙也。按：懿宗八子，僖宗第五，余子新、旧《书》不载长幼，又不言所终，不言所杀者果何王也。

据此，唐代内廷阉寺决定帝位继承之经过及李氏子孙作傀儡牺牲之悲剧，史乘殊多阙漏，要为与前此相似，乃一种公式化之行动，其概况亦可推知也。

《旧唐书》二十上《昭宗纪》（参考《新唐书》十《昭宗纪》、《通鉴》二五七"文德元年三月"条）略云：

> 昭宗讳晔，懿宗第七子，封寿王。文德元年二月，僖宗暴不豫，及大渐之夕，而未知所立，群臣以吉王最贤，又在寿王之上，将立之，唯军容杨复恭请以寿王监国。三月六日，宣遗诏立为皇太弟。八日，柩前即位。

同书一八四《宦官传·杨复恭传》（《新唐书》二百九《宦者传下·杨复恭传》同）略云：

> 李茂贞收兴元，进复恭前后与〔杨〕守亮私书六十纸，内

诉致仕之由云："吾于荆榛中援立寿王，有如此负心门生天子，既得尊位，乃废定策国老。"

寅恪案：唐代科举制度，门生为座主所奖拔，故最感恩，两者之间情谊既深，团结自固。牛党之所以终竞胜李党者，亦与此点有关。杨复恭"门生天子"之喻，乃宦官受士大夫积习之传染，虽拟譬稍有不伦，然止就宦官专决皇位继承一事言之，则其语实与当时政治之情状符合也。《新唐书》十《昭宗纪》（《旧唐书》二十上《昭宗纪》同）云：

> 光化三年十一月己丑，神策军中尉刘季述、王仲先，内枢密使王彦范、薛齐偓作乱，皇帝居于少阳院。辛卯，季述以皇太子裕为皇帝。
> 天复元年正月乙酉，左神策军将孙德昭、董彦弼、周承诲以兵讨乱，皇帝复于位。刘季述、薛齐偓伏诛，降封皇太子裕为德王。

同书八二《德王裕传》（《旧唐书》一七五《德王裕传》同）略云：

> 德王裕，昭宗长子也，大顺二年六月二十八日封，韩建杀诸王，因请立裕为皇太子。刘季述等幽帝（昭宗）东内，奉裕即皇帝位。季述诛，诏还少阳院，复为王。

《旧唐书》一七五"宪宗以下诸子传论"云：

> 自天宝已降，内官握禁旅，中闱篡继，皆出其心，故手才揽于万机，目已眄于六宅（寅恪案：诸王居于十六宅）。

寅恪案：唐代皇帝废立之权既归阉寺，皇帝居宫中亦是广义之模范监狱罪囚。刘季述等之废立不过执行故事之扩大化及表面化耳。唐代皇位继承之不固定，此役乃三百年间最后之结局。盖哀帝（柷）之立及其逊位一段经过，则属于朱全忠创业之装饰物及牺牲品（详见《旧唐书》二十下《哀帝纪》、《新唐书》十《昭宣光烈孝皇帝纪》），不足特为论述也。

《旧唐书》一八四《宦官传·杨复恭传》末（参考《新唐书》二百八《宦者传下·韩全诲张彦弘传》，《旧唐书》二十上《新唐书》十《昭宗纪》）略云：

是月（光化三年正月），〔朱〕全忠迎驾还长安，诏以崔胤为宰相，兼判六军诸卫。胤奏曰："高祖、太宗时，无内官典军旅。自天宝已后，宦官寖盛。贞元、元和，分羽林卫为左、右神策军，以使卫从，令宦官主之，自是参掌枢密，由是内务百司，皆归宦者。不翦其本根，终为国之蟊贼。内诸司使务宦官主者，望一切罢之，诸道监军使，并追赴阙廷。"诏曰："其第五可范已下，并宜赐死，其在畿甸同、华、河中，并尽底处置讫。诸道监军使已下，及管内经过并居停内使，敕到并仰随处诛夷讫闻奏。其左右神策军，并令停废！"

寅恪案：旧传所载崔胤之奏及答诏，乃中古政治史画时代之大文字，故节录之，以结此篇焉。

下篇　外族盛衰之连环性及外患与内政之关系

李唐一代为吾国与外族接触繁多，而甚有光荣之时期。近数十年来考古及异国文籍之发见移译能补正唐代有关诸外族之史事者颇多，固非此篇之所能详，亦非此篇之所欲论也。兹所欲论者只二端：一曰外族盛衰之连环性，二曰外患与内政之关系，兹分别言之于下：

所谓外族盛衰之连环性者，即某甲外族不独与唐室统治之中国接触，同时亦与其他之外族有关，其他外族之崛起或强大可致某甲外族之灭亡或衰弱，其间相互之因果虽不易详确分析，而唐室统治之中国遂受其兴亡强弱之影响，及利用其机缘，或坐承其弊害，故观察唐代中国与某甲外族之关系，其范围不可限于某甲外族，必通览诸外族相互之关系，然后三百年间中国与四夷更叠盛衰之故始得明了，时当唐室对外之措施亦可略知其意。盖中国与其所接触诸族之盛衰兴废，常为多数外族间之连环性，而非中国与某甲外族间之单独性也。《新唐书》二一五上《四夷传总序》略云：

> 唐兴，蛮夷更盛衰，尝与中国亢衡者有四：突厥、吐蕃、回鹘、云南是也。凡突厥、吐蕃、回鹘以盛衰先后为次；东夷、西域又次之，迹用兵之轻重也；终之以南蛮，记唐所由亡云。

宋子京作《唐书·四夷传》，其叙述次第一以盛衰先后，二迹用兵之轻重，三记唐所由亡。兹篇论述则依其所以更互盛衰之迹，列为次序，欲借以阐发其间之连环性。至唐亡由于南诏，乃属于外

280

患与内政关系之范围，俟于篇末论之，兹先不涉及也。

又唐代武功可称为吾民族空前盛业，然详究其所以与某甲外族竞争，卒致胜利之原因，实不仅由于吾民族自具之精神及物力，亦某甲外族本身之腐朽衰弱有以招致中国武力攻取之道，而为之先导者也。国人治史者于发扬赞美先民之功业时，往往忽略此点，是既有违学术探求真实之旨，且非史家陈述覆辙，以供监诫之意，故本篇于某外族因其本身先已衰弱，遂成中国胜利之本末，必特为标出之，以期近真实而供监诫，兼见其有以异乎夸诬之宣传文字也。

《通典》一九七《边防典》"突厥"条上（参《新唐书》二一五上《突厥传》、《唐会要》九四"北突厥"条）云：

> 及隋末乱离，中国人归之者甚众，又更强盛，势陵中夏。迎萧皇后，置于定襄。薛举、窦建德、王世充、刘武周、梁师都、李轨、高开道之徒虽僭尊号，俱北面称臣。东自契丹，西尽吐谷浑、高昌诸国，皆臣之，控弦百万，戎狄之盛，近代未有也。大唐起义太原，刘文静聘其国，引以为援。

《旧唐书》六七《李靖传》（参考《新唐书》二一五上《突厥传》、《贞观政要》二《任贤篇》、《大唐新语》七《容恕篇》）云：

> 太宗初闻靖破颉利，大悦，谓侍臣曰："朕闻'主忧臣辱，主辱臣死'，往者国家草创，太上皇（高祖）以百姓之故，称臣于突厥，朕未尝不痛心疾首，志灭匈奴，坐不安席，食不甘味。今者暂动偏师，无往不捷，单于款塞，耻其雪乎？"

寅恪案：隋末中国北部群雄并起，悉奉突厥为大君，李渊一人岂能例外？温大雅《大唐创业起居注》所载唐初事最为实录，而其纪刘文静往突厥求援之本末，尚于高祖称臣一节隐讳不书。逮颉利败亡已后，太宗失喜之余，史臣传录当时语言，始泄露此役之真相。然则隋末唐初之际，亚洲大部民族之主人是突厥，而非华夏也。但唐太宗仅于十年之后，能以屈辱破残之中国一举而覆灭突厥者，固由唐室君臣之发奋自强，遂得臻此，实亦突厥本身之腐败及回纥之兴起二端有以致之也。兹略引史文，以证明之于下：

《通典》一九七《边防典》"突厥上"条（参考《旧唐书》一九四上、《新唐书》二一五上《突厥传》、《唐会要》九四"北突厥"条等）云：

> 贞观元年，阴山以北薛延陀、回纥、拔也古等十余部皆相率叛之，击走其欲谷设。颉利遣突利讨之，师又败绩，轻骑奔还，颉利怒，拘之十余日，突利由是怨憾，内欲背之。二年，突利遣使奏言与颉利有隙，奏请击之。诏秦武通以并州兵马随便应接。三年，薛延陀自称可汗于漠北，遣使来贡方物。颉利每委任诸胡，疏远族类，胡人贪冒，性多翻覆，以故法令滋章，兵革岁动，国人患之，诸部携贰。频年大雪，六畜多死，国中大馁。颉利用度不给，复重敛诸部，由是下不堪命，内外叛之。

《旧唐书》一九五《回纥传》（《新唐书》二一七上《回鹘传》同，又参《旧唐书》一九九下《铁勒传》、《新唐书》一一七下《薛廷陀传》、《唐会要》九六《薛延陀传》、《通典》一九九《边防典》"薛延陀"条等）云：

> 初，有特健俟斤死，有子曰菩萨，部落以为贤而立之。贞观初，菩萨与薛延陀侵突厥北边，突厥颉利可汗遣子欲谷设率十万骑讨之。菩萨领骑五千与战，破之于马鬣山，因逐北至于天山，又进击，大破之，俘其部众，回纥由是大振，因率其众附于薛延陀，号菩萨为"活颉利发"，仍遣使朝贡。菩萨劲勇，有胆气，善筹策，每对敌临阵，必身先士卒，以少制众，常以

战阵射猎为务，其母乌罗浑主知争讼之事，平反严明，部内齐肃，回纥之盛，由菩萨之兴焉。贞观中擒降突厥颉利等可汗之后，北房唯菩萨、薛延陀为盛。太宗册北突厥莫贺咄为可汗，遣统回纥、仆骨、同罗、思结、阿跌等部，回纥酋帅吐迷度与诸部大破薛延陀多弥可汗，遂并其部曲，奄有其地。

寅恪案：北突厥或东突厥之败亡除与唐为敌外，其主因一为境内之天灾及乱政，二为其他邻接部族回纥、薛延陀之兴起两端，故授中国以可乘之隙。否则虽以唐太宗之英武，亦未必能致如是之奇迹。斯外族盛衰连环性之一例证也。

《旧唐书》一九五《回纥传》（《新唐书》二一七下《回鹘传》同）云：

> 开成初，其相有安允合者，与特勒（寅恪案：勒当作勤，下同）柴草欲篡萨特勒可汗。萨特勒可汗觉，杀柴草及安允合。又有回纥相掘罗勿者，拥兵在外，怨诛柴草、安允合，又杀萨特勒可汗，以𪒩馺特勒为可汗。有将军句录末贺恨掘罗勿，走引黠戛斯，领十万骑破回鹘城，杀𪒩馺，斩掘罗勿，烧荡殆尽，回鹘散奔诸蕃。有回鹘相馺职者，拥外甥庞特勒及男鹿并遏粉等兄弟五人一十五部，西奔葛逻禄，一支投吐蕃，一支投安西，又有近可汗牙十三部以特勒乌介为可汗，南来附汉。（寅恪案：《通鉴》二四六"开成四年末"条"柴草"作"柴革"。《考异》驳《后唐献祖纪年录》之语及《唐会要》九八"回纥"条俱可参考。）

《唐会要》九八"回纥"条云：

> 连年饥疫，羊马死者被地，又大雪为灾。

《新唐书》二一七下《黠戛斯传》略云：

> 回鹘授其君长阿热官为"毗伽顿颉斤"。回鹘稍衰，阿热即自称可汗。回鹘遣宰相伐之，不胜，拿斗二十年不解。阿热特胜肆詈，回鹘不能讨，其将句录莫贺导阿热破杀回鹘可汗，诸特勒（寅恪案："勒"亦当作"勤"）皆溃。

寅恪案：回纥自唐肃宗以后最为雄大，中国受其害甚巨，至文宗之世，天灾党乱扰其内，黠戛斯崛起侵其外，于是崩溃不振矣。然考之史籍，当日中国亦非盛强之时，而能成此攘夷之伟业者，虽以李文饶之才智，恐不易致此，其主因所在，无乃由坚昆之兴起，遂致回纥之灭亡欤？斯又外族盛衰连环性之一例证也。

《新唐书》二一六下《吐蕃传》论云：

> 唐兴，四夷有弗率者，皆利兵移之，蹶其牙，犁其廷而后已。唯吐蕃、回鹘号强雄，为中国患最久。赞普遂尽盗河湟，薄王畿为东境，犯京师，掠近辅，残馘华人，谋夫虓帅环视共计，卒不得要领。晚节二姓自亡，而唐亦衰焉。

寅恪案：吐蕃之盛起于贞观之世，至大中时，其部族瓦解衰弱，中国于是收复河湟，西北边陲稍得安谧。计其终始，约二百年，唐代中国所受外族之患未有若斯之久且剧者也。迨吐蕃衰败之后，其役属之党项别部复兴起焉。此党项部后裔西夏又为中国边患，与北宋相终始。然则吐蕃一族之兴废关系吾国中古史者如是，其事迹兹篇固不能详言，而其盛衰之枢机即与其他外族之连环性，及唐代中央政府四应之对策即结合邻接吐蕃诸外族，以行包围之秘计，旧史虽亦载其概略，惜未有阐发解释者，故不得不于此一论述之也。

李唐承袭宇文泰"关中本位政策"，全国中心本在西北一隅，而吐蕃盛强延及二百年之久。故当唐代中国极盛之时，已不能不于东北方面采维持现状之消极政略（见下论高丽事节），而竭全国之武力财力积极进取，以开拓西方边境，统治中央亚细亚，借保关陇之安全为国策也。又，唐资太宗、高宗两朝全盛之势，历经艰困，始克高丽，既克之后，复不能守，虽天时地势之艰阻有以致之（亦见下文论高丽事节），而吐蕃之盛强使唐无余力顾及东北，要为最大原因。此东北消极政策不独有关李唐一代之大局，即五代、赵宋数朝之国势亦因以构成。由是言之，吐蕃一族与唐之竞争影响甚巨，更不能不为一论述之也。

《新唐书》八《宣宗纪》（参考《旧唐书》一八下《宣宗纪》、一九六下《吐蕃传》、一九八《西戎传·党项传》，《新唐书》二一六下《吐蕃传》、二二一上《西域传·党项传》，及《唐会要》九七"吐蕃"条九八"党项羌"条等）云：

〔大中〕三年二月，吐蕃以秦、原、安乐三州，石门、驿藏、木峡、制胜、六盘、石峡、萧七关归于有司。十月，吐蕃以维州归于有司。十二月，吐蕃以扶州归于有司。

〔大中〕四年十一月，党项寇邠、宁。十二月凤翔节度使李安业、河东节度使李拭为招讨党项使。

〔大中〕五年三月，白敏中为司空，招讨南山、平夏党项行营兵马都统。四月，赦平夏党项羌。八月乙巳，赦南山党项羌。十月，沙州人张义潮以瓜、沙、伊、肃、鄯、甘、河、西、兰、岷、廓十一州归于有司。

同书二一六下《吐蕃传》（参考《通鉴》二四七"会昌二年"、二四八"会昌三年"、二四九"大中三年"诸条）略云：

〔彝泰〕赞普立几三十年病不事，委任大臣，故不能抗中国，边候晏然。死，以弟达磨嗣，达磨嗜酒好畋猎，喜内，且

285

凶憸少恩，政益乱。自是国中地震裂，水泉涌，岷山崩，洮水逆流三日，鼠食稼，人饥疫，死者相枕藉，鄯廓间夜闻鼙鼓声，人相惊。会昌二年赞普死，无子，以妃綝兄尚延力子乞离胡为赞普，始三岁，妃共治其国。大相结都那见乞离胡不肯拜，曰："赞普支属尚多，何至立綝氏子邪？"用事者共杀之。三年，国人以赞普立非是，皆叛去。〔尚〕恐热自号宰相，以兵二十万击〔鄯州节度使尚〕婢婢。恐热败，单骑而逃。大中三年，婢婢引众趋甘州西境，恐热大略鄯、廓、瓜、肃、伊、西等州，保渭州，奉表归唐。

寅恪案：吐蕃之破败由于天灾及内乱，观此可知也。吐蕃中央政权统治之力既弱，故其境内诸部族逐渐离逻逤之管制而独立，党项之兴起，张义潮之来归，皆其例也。宣宗初虽欲以兵力平定党项，而终不得不遣白敏中施招抚之策，含混了之。则河湟之恢复实因吐蕃内部之衰乱，非中国自身武力所能致，抑又可见矣。

《新唐书》二一六上《吐蕃传》略云：

是岁（长寿元年），又诏王孝杰〔等〕击吐蕃，大破其众，更置安西都护府于龟兹，以兵镇守，议者请废四镇勿有也。崔融献议曰："太宗文皇帝践汉旧迹，并南山，抵葱岭，剖裂府镇，烟火相望，吐蕃不敢内侮。高宗时有司无状，弃四镇不能有，而吐蕃遂张，入焉耆之西，长鼓右驱，逾高昌，历车师，钞常乐，绝莫贺延碛，以临敦煌。今孝杰一举而取四镇，还先帝旧封，若又弃之，是自毁成功而破完策也。夫四镇无守，胡兵必临西域，西域震则威慑南羌，南羌连衡，河西必危。且莫贺延碛袤二千里，无水草，若北接虏，唐兵不可度而北，则伊西、北庭、安西诸蕃悉亡。"议乃格。〔开元〕十年，攻小勃律国，其王没谨忙诒书北庭节度使张孝嵩曰："勃律，唐西门，失之，则西方诸国皆堕吐蕃。"始勃律王来朝，父事

286

帝（玄宗），还国，置绥远军以扞吐蕃，故岁常战。吐蕃每曰："我非利若国，我假道攻四镇尔。"

同书一三五《高仙芝传》（参《旧唐书》一百四《高仙芝传》、《新唐书》二二一下《西域传·小勃律传》）略云：

小勃律，其王为吐蕃所诱，妻以女，故西北二十余国皆羁属吐蕃。天宝六载，诏仙芝以步骑一万出讨。八月，仙芝以小勃律王及妻自赤佛道还连云堡，与〔监军边〕令诚俱班师，于是蒲林、大食诸胡七十二国皆震摄降附。

同书二二二上《南蛮传·南诏传》略云：

时（贞元时）唐兵比岁屯京西、朔方，大峙粮，欲南北并攻取故地，然南方转饷稽期，兵不悉集。吐蕃苦唐、诏掎角，亦不敢图南诏。〔韦〕皋令〔部将武〕免按兵嶲州，节级镇守，虽南诏境，亦所在屯戍。吐蕃惩野战数北，乃屯三泸水，遣论妄热诱濒泸诸蛮，复城悉摄，悉摄，吐蕃险要也。蛮酋潜导南诏与皋部将杜毗罗狙击。〔贞元〕十七年春，夜绝泸，破虏屯，斩五百级。虏保鹿危山，毗罗伏以待。又战，虏大奔。于时康、黑衣大食等兵及吐蕃大酋皆降，获甲二万首。

时虏兵三万攻盐州，帝（德宗）以虏多诈，疑继以大军，诏皋深钞贼鄙，分虏势。皋表：贼精铠多置南屯，今向盐、夏，非全军，欲掠河曲党项畜产耳。俄闻虏破麟州，皋督诸将分道出，或自西山，或由平夷，或下陇陀和、石门，或径神川、纳川，与南诏会。是时，回鹘、太原、邠宁、泾原军猎其北，剑南、东川、山南兵震其东，凤翔军当其西，蜀、南诏深入，克城七，焚堡百五十所，斩首万级，获铠械十五万，围昆明、维州，不能克，乃班师。振武、灵武兵破虏二万，泾原、凤翔军败虏原州，惟南诏攻其腹心，俘获最多。

《唐会要》一百"大食"条（参《旧唐书》一九八《西戎传·大食传》、《新唐书》二二一下《西域传·大食传》）略云：

> 又案贾耽《四夷述》云，贞元二年（寅恪案：《旧传》作"贞元中"，新传作"贞元时"，此"二年"两字当有衍误。）与吐蕃为劲敌，蕃兵大半西御大食，故鲜为边患，其力不足也。

寅恪案：唐关中乃王畿，故安西四镇为防护国家重心之要地，而小勃律所以成唐之西门也。玄宗之世，华夏、吐蕃、大食三大民族皆称盛强，中国欲保其腹心之关陇，不能不固守四镇。欲固守四镇，又不能不扼据小勃律，以制吐蕃，而断绝其与大食通援之道。当时国际之大势如此，则唐代之所以开拓西北，远征葱岭，实亦有其不得已之故，未可专咎时主之黩武开边也。夫中国与吐蕃既处于外族交互之复杂环境，而非中国与吐蕃一族单纯之关系，故唐室君臣对于吐蕃施行之策略亦即利用此诸族相互之关系。易言之，即结合邻接吐蕃诸外族，以为环攻包围之计。据上引《新唐书·南诏传》，可知贞元十七年之大破吐蕃，乃略收包围环攻之效者。而吐蕃与中亚及大食之关系，又韦南康以南诏制吐蕃之得策，均可于此《传》窥见二一也。兹复别引史籍，以为证明于下：

《旧唐书》一四十《韦皋传》（《新唐书》一五八《韦皋传》同）云：

> 皋以云南蛮众数十万与吐蕃和好，蕃人入寇，必以蛮为前锋，〔贞元〕四年，皋遣判官崔佐时入南诏蛮，说令向化，以离吐蕃之助。

《新唐书》二二二上《南蛮传·南诏传》略云：

〔贞元〕五年，〔异牟寻〕遗〔韦〕皋书曰：愿竭诚日新，归款天子，请加戍剑南、西山、泾原等州。安西镇守，扬兵四临，委回鹘诸国所在侵掠，使吐蕃势分力散，不能为强，此西南隅不烦天兵，可以立功云。

《旧唐书》一二九《韩滉传》（《新唐书》一二六《韩休传》附滉传同）云：

时两河罢兵，中土宁乂。滉上言："吐蕃盗有河湟，为日已久。大历已前，中国多难，所以肆其侵轶。臣闻近岁已来，兵众浸弱，西迫大食之强，北病回纥之众，东有南诏之防，计其分镇之外，战兵在河、陇五六万而已。国家第令三数良将长驱十万众，于凉、鄯、洮、渭并修坚城，各置二万人，足当守御之要，臣请以当道（寅恪案：《旧唐书》一二《德宗纪上》贞元元年七月丙午，两浙节度使韩滉检校尚书左仆射江淮转运使）所贮蓄财赋为馈运之资，以充三年之费；然后营田积粟，且耕且战，收复河、陇二十余州，可翘足而待也。"上（德宗）甚纳其言。滉之入朝也（寅恪案：《旧唐书》一二《德宗纪上》贞元二年十一月两浙节度使韩滉来朝），路由汴州，厚结刘玄佐，将荐其可任边事。玄佐纳其赂，因许之。及来觐，上坊问焉，初颇禀命，及滉以疾归第，玄佐意息，遂辞边任，盛陈犬戎未衰，不可轻进。滉贞元三年二月以疾薨，遂寝其事。

同书同卷《张延赏传》（《新唐书》一二七《张嘉贞传》附延赏传同）云：

〔延赏〕请减官员，收其俸禄，资幕职战士，俾刘玄佐收复河湟，军用不乏矣。上（德宗）然之。初，韩滉入朝，至汴州，厚结刘玄佐，将荐其可委边任，玄佐亦欲自效，初禀命，及滉卒，玄佐以疾辞，上遣中官劳问，卧以受命。延赏知不可用，奏用李抱真，抱真亦辞不行。

时抱真判官陈昙奏事京师，延赏俾昙劝抱真，竟拒绝之。盖以延赏挟怨罢李晟兵柄，由是武臣不附。

《通鉴》二三二"贞元三年七月"条略云：

〔李〕泌曰："臣能不用中国之兵，使吐蕃自困。"上（德宗）曰："计将安出？"对曰："臣未敢言之。"上固问，不对。泌意欲结回纥、大食、云南，与共图吐蕃，令吐蕃所备者多。知上素恨回纥，故不肯言。

同书二三三"贞元三年九月"条略云：

〔李泌〕对曰："愿陛下北和回纥，南通云南，西结大食、天竺，如此，则吐蕃自困。"上（德宗）曰："三国当如卿言，至于回纥，则不可。"泌曰："臣固知此，所以不敢早言。为今之计，当以回纥为先，三国差缓耳。"上曰："所以招云南、大食、天竺奈何？"对曰："回纥和，则吐蕃已不敢轻犯塞矣。次招云南，则是断吐蕃之右臂也。大食在西域为最强，自葱岭尽西海，地几半天下，与天竺皆慕中国，代与吐蕃为仇，臣故知其可招也。"

寅恪案：德宗、韦皋、韩滉、李泌等皆欲施用或略已实行包围环攻吐蕃之政策，若非当日唐室君主及将相大臣深知诸外族相互之关系，不能致此，而李长源之论尤为明畅。《通鉴》所载当采自

《邺侯家传》。李繁著书虽多夸大溢美之语（如刘玄佐之入朝，实出韩滉之劝促，而《邺侯家传》则归功于李泌，司马君实谓之掠美，即是其例也。见《通鉴考异》"贞元二年十一月"条），然校以同时关系诸史料，知其所述包环吐蕃之策要为有所依据，不尽属浮词也。

前言唐太宗、高宗二朝全盛之世，竭中国之力以取高丽，仅得之后，旋即退出，实由吐蕃炽盛，唐室为西北之强敌所牵制，不得已乃在东北方取消极退守之策略。然则吐蕃虽与高丽不接土壤，而二者间之连环关系，实影响于中夏数百年国运之隆替。今述吐蕃事竟，即续论高丽者，亦为此连环之关系，不独叙述次第之便利也。

隋炀帝承文帝统一富盛之后，唐太宗借内安外攘之威，倾中夏全国之力，以攻高丽之小邦，终于退败。炀帝竟坐是覆其宗社，而太宗亦遗恨无穷。自来史家于此既鲜卓识之议论，而唐高宗之所以暂得旋失之故复无一贯可通之解释。鄙意高丽问题除前所谓外族盛衰之连环性外，尚别具天时、地理、人事三因素，与其他外族更有不同。其关于唐以前及以后之史事者，以非本篇范围，不能涉及。因仅就唐代用兵高丽之本末，推论此三因素之关系，以明中国在唐以前经营东北成败利钝所以然之故，治史之君子倘亦有取于是欤？

唐承宇文氏"关中本位政策"，其武力重心即府兵偏置于西北一隅，去东北方之高丽甚远。中国东北方冀辽之间其雨季在旧历六七月间，而旧历八九月至二三月又为寒冻之时期。故以关中辽远距离之武力而欲制服高丽攻取辽东之地，必在冻期已过雨季未临之短时间获得全胜而后可。否则，雨潦泥泞、冰雪寒冻皆于军队士马之进攻糇粮之输运已甚感困难，苟遇一坚持久守之劲敌，必致无功或覆败之祸。唐以前中国对辽东、高丽进攻之策略为速战速决者，其主因实在此。若由海道以取高丽，则其邻国百济、新罗为形势所关之地，于不善长海战之华夏民族尤非先得百济，以为根据，难以经略高丽。而百济又与新罗关系密切，故百济、新罗之盛衰直接影响于中国与高丽之争竞。唐代之中国连结新罗，制服百济，借以攻克高丽，而国力分于西北吐蕃之劲敌，终亦不能自有，转以为新罗强大之资，此实当日所不及料，因成为后来数百年世局转捩之枢纽者也。

关于高丽问题，兹引史籍以供释证，而此事于时日先后之记载最为重要，故节录《通鉴》所纪唐太宗伐高丽之役于下，借作一例。其以干支记日者悉注明数字及月建大小尽，庶几读者于时间之长短获一明确印象。并略增删胡《注》之文，附载陆路行军出入辽东所经重要城邑距长安、洛阳之远近，读者若取时日与道里综合推计，则不仅此役行军运粮之困难得知实状，而于国史上唐前之东北问题亦可具一正确之概念也。

《通鉴》一九七"纪唐太宗伐高丽事"略云：

> 上（太宗）将征高丽。〔贞观十八年〕秋七月（大尽）辛卯（二十日），敕将作大监阎立德等诣洪、饶、江三州，造船四百艘，以载军粮。甲午（二十三日），下诏遣营州都督张俭等帅幽、营二都督兵及契丹、奚、靺鞨，先击辽东，以观其势。以太常卿韦挺为馈运使，以民部侍郎崔仁师副之。自河北诸州皆受挺节度，听以便宜从事。又命太仆少卿萧锐运河南诸州粮入海。冬十月（大尽）甲寅（十四日），车驾行幸洛阳（寅恪案：在今河南洛阳县。《通典》一七七《州郡典》河南府洛州去西京八百五十里）。十一月（大尽）壬申（初二日），至洛阳。前宜州刺史郑元璹已致仕，上以其尝从隋炀帝伐高丽，召诣行在问之。对曰："辽东道远，粮运艰阻，东夷善守城，攻之不可猝下。"上曰："今日非隋之比，公但听之！"张俭等值辽水涨，久不得济，上以为畏懦，召俭诣洛阳。甲午（二十四日），以刑部尚书张亮为平壤道行军大总管，帅江、淮、岭、峡兵四万、长安、洛阳募士三千、战舰五百艘，自莱州泛海趋平壤。又以太子詹事、左卫率李世勣为辽东道行军大总管，帅步骑六万人及兰、河二州降胡趣辽东，两军合势并

进。庚子（三十日），诸军大集于幽州（寅恪案：在今河北蓟县。《通典》一七八《州郡典》范阳郡幽州今理蓟县，去西京二千五百二十三里，去东京一千六百八十里）。手诏谕天下，言：昔隋炀帝残暴其下，高丽王仁爱其民，以思乱之军击安和之众，故不能成功。今略言必胜之道有五：一曰：以大击小，二曰：以顺讨逆，三曰：以治乘乱，四曰：以逸待劳，五曰：以悦当怨，何忧不克？布告元元，勿为疑惧！十二月（小尽）甲寅（十四日），诏诸军及新罗、百济、奚、契丹分道击高丽。

〔贞观〕十九年春正月（小尽），韦挺坐不先行视漕渠，运米六百余艘至卢思台侧（胡《注》云：卢思台去幽州八百里，此漕渠盖即曹操伐乌丸所开泉州渠也），浅塞不能进，械送洛阳。丁酉（二十八日）除名，以将作少监李道裕代之，崔仁师亦坐免官。二月（大尽）庚戌（十二日），上自将诸军发洛阳。是月，李世勣军至幽州。三月（小尽）丁丑（十九日），车驾至定州（寅恪案：在今河北定县。《通典》一七八《州郡典》博陵郡定州今理安喜县，去西京二千一百里，去东京一千二百十）。丁亥（十九日），上谓侍臣曰："辽东本中国之地，隋氏四出师而不能得，朕今东征，欲为中国报子弟之仇，高丽雪君父之耻耳。且方隅大定，惟此未平，故及朕之未老，用士大夫余力以取之。"上将发，太子（高宗）悲泣数日，上曰："今留汝镇守，辅以贤俊，悲泣何为？"壬辰（二十四日），车驾发定州。李世勣军发柳城（寅恪案：在今热河朝阳县。《通典》一七八《州郡典》柳城郡营州今理柳城县，去西京五千里，去东京四千一百一十里）。多张形势，若出怀远镇者（寅恪案：《新唐书》三九《地理志》营州柳城郡有怀远守捉城）。而潜师北趣甬道，出高丽不意。夏四月（大尽）戊戌朔（初一日），世勣自通定济辽水（胡《注》云：通定镇在辽水西，隋大业八年伐辽所置。甬道，隋起浮桥渡辽水所筑。寅恪案：《通典》一七八柳城郡营州至辽河四百八十里），至玄菟（寅恪案：《三国志·魏志》三十《东夷传·东沃沮传》云：〔汉武帝〕以沃沮城为玄菟郡，后为夷貊所侵，徙郡勾丽西北，今所谓玄菟故府是也。胡《注》云：有辽山，辽水所出），高丽大骇，城邑皆闭门自守。壬寅（初五日）辽东道副大总管江夏王道宗将兵数千至新城（寅恪案：在今辽宁潘阳县西北），城中惊忧，无敢出者。营州都督张俭将胡兵为前锋，进渡辽水，趋建安城（胡《注》云：自辽东城西行三百里至建安城。胡《注》盖依据《新唐书》四三下《地理志》引贾枕所记入四夷道里也）。丁未（初十日）车驾发幽州。壬子（十五日），李世勣、江夏王道宗攻高丽盖牟城（胡《注》云：盖牟城在辽东城东北。寅恪案：在今辽宁盖平县）。丁巳（二十日），东驾至北平（胡《注》云：此古北平也，《旧志》平州隋为北平郡。寅恪案：在今河北卢龙县。《通典》一七八《州郡典》北平郡平州今理卢龙县，东北到柳城郡七百里，去西京四千三百二十里，去东京三千五百二十里）。癸亥（二十六日），李世勣等拔盖牟城，获二万余口，粮十余万石。张亮率舟师自东莱渡海，袭卑沙城（寅恪案：《隋书》六四《来护儿传》云："〔大业〕十年又帅师渡海，至卑奢城，高丽举国来战，护儿大破之，斩首千余级，将趋平壤，高元震惧，遣使执叛臣斛斯政，诣辽东城下，上表请降。〔炀〕帝许之，遣人持节召护儿旋师。"卑奢城即卑沙城也，可以参证），程名振引兵夜至，副总管王大度先登，五月（小尽）己巳（初二日），拔之。分遣总管丘孝忠等曜兵于鸭绿水（寅恪案：《通典》一八六《边防典·高句丽传》云：马訾水一名鸭绿水，在平壤城西北四百五十里，辽水东南四百八十里。胡《注》云：汉书谓之马訾水，今谓之混同江）。李世勣进至辽东城下（寅恪案：在今辽宁辽阳县北）。庚午（初三日），车驾至辽泽，泥淖二百余里，人马不可通，将作大监阎立德布土作桥，军不留行。壬申（初五日），渡泽东。乙亥（初八日），高丽步骑四万救

294

辽东，既合战，唐兵不利。〔江夏王〕道宗收散卒，与骁骑数十冲之，左右出入，李世勣引兵助之，高丽大败。丁丑（初十日），车驾渡辽水，撤桥以坚士卒之心。李世勣攻辽东城，昼夜不息，旬有二日。上引精兵会之，甲申（十七日）遂克之。所杀万余人，得胜兵万余人，男女四万口，以其城为辽州。乙未（二十八日），进军白岩城（寅恪案：在今辽宁辽阳县东北）。六月（大尽）丁酉朔（初一日），城主孙代音请降，上受其降，以白岩城为岩州。己亥（初三日），以盖牟城为盖州。丁未（十一日），车驾发辽东。丙辰（二十日），至安市城（寅恪案：在今辽宁盖平县东北），进兵攻之。丁巳（二十一日），北部褥萨延寿、惠真帅高丽、靺鞨兵十五万救安市。上谓侍臣曰："今为延寿策有三：引兵直前，连安市城为垒，攻之不可猝下，欲归则泥潦为阻，坐困吾军，上策也。拔城中之众，与之宵遁，中策也。来与吾战，下策也。"高丽有对卢，年老习事，谓延寿曰："为吾计者，莫若顿兵不战，旷日持久，遣奇兵断其运道，粮食既尽，求战不得，欲归无路，乃可胜也。"延寿不从，引军直进，去安市城四十里。江夏王道宗曰："高丽倾国以拒王师，平壤之守必弱，愿假臣精卒五千覆其本根，则数十万众可不战而降。"上不应。戊午（二十二日），诸军鼓谋并进，高丽兵大溃，斩首二万余级。己未（二十三日），延寿、惠真帅其众三万六千八百人请〔来〕降。获马五万匹，牛五万头，铁甲万领，他器械称是。高丽举国大骇，上驿书报太子，更名所幸山曰驻跸山。秋七月（大尽）辛未（初五日），上徙营安市城东岭。上之克白岩也，谓李世勣曰："吾闻安市城险而兵精，建安兵弱而粮少，公可先攻建安，建安下，则安市在吾腹中。"对曰："建安在南，安市在北，吾军粮皆在辽东，若贼断吾运道，将若之何？不如先攻安市，安市下，则鼓行而取建安耳。"上曰："以公为将，安得不用公策。"世勣遂攻安市，攻久不下。高延寿、高惠真请于上曰：

"安市人自为战，未易猝拔，乌骨城（寅恪案：在今辽宁盖平县东境地）耨萨老耄，不能坚守，移兵临之，朝至夕克，其余当道小城必望风奔溃，鼓行而前，平壤必不守矣。"群臣亦言：张亮兵在沙城（胡《注》云：沙城即卑沙城），召之，信宿可至。并力拔乌骨城，渡鸭绿水，直取平壤，在此举矣。上将从之，独长孙无忌以为，建安、新城之虏，众犹十万，若向乌骨，皆蹑吾后，不如先破安市，取建安，然后长驱而进，此万全之策也。上乃止。诸军急攻安市，江夏王道宗督众筑土山逼其城，昼夜不息，凡六旬，用功五十万。上以辽左早寒，草枯水冻，士马难久留，且粮食将尽，九月（大尽。寅恪案：是年八月小尽）癸未（十八日），敕班师，命李世勣、江夏王道宗将步骑四万为殿。乙酉（二十日），至辽东。丙戌（二十一日），渡辽水。辽泽泥潦，车马不通，命长孙无忌将万人剪草填道，水深处以车为梁，上自系薪于马鞘以助役。冬十月（小尽）丙申朔（初一日），上至蒲沟驻马，督填道诸军，渡勃错水（胡注云：蒲沟勃错水，皆在辽泽中）。暴风雪，士卒沾湿，多死者。凡征高丽战士死者几二千人，战马死者什七八，上以不能成功，深悔之。叹曰："魏徵若在，不使我有是行也。"命驰驿祀徵以少牢，复立所制碑，召其妻子诣行在，劳赐之。丙午（十一日）至营州。丙辰二十一日），上闻太子奉迎将至，从飞骑三千人驰入临榆关（寅恪案：《通典》一七八《州郡典》北平郡平州卢龙县临榆关在县城东一百八十里据此当即今山海关地），道逢太子。上之发定州也，指所御褐袍谓太子曰："俟见汝，乃易此袍耳。"在辽左，虽盛暑流汗，弗之易。及秋，穿败，左右请易之，上曰："军士衣多弊，吾独御新衣可乎？"至是，太子进新衣，乃易之。十一月（大尽）辛未（初七日），车驾至幽州。庚辰（十六日），过易州境（寅恪案：今河北易县。《通典》一七八上谷郡易州，去西京二千一百九十七里，去东京一千四百六十二里），丙戌（二十二日）车驾

296

至定州。壬辰（二十八日）车驾发定州。十二月（小尽）戊申（十四日）至并州（《通典》一七九《州郡典》太原府并州今理太原、晋阳二县，去西京一千三百里，去东京八百八十五里。寅恪案：唐代州治在今山西太原省会西南三十里）。

〔贞观〕二十年二月（大尽）乙未（初二日），上发并州。三月（小尽）己巳（初七日）车驾还京师（寅恪案：即今西安市）。上谓李靖曰："吾以天下之众困于小夷，何也?"靖曰："此道宗所解。"

上顾问江夏王道宗，具陈在驻跸时乘虚取平壤之言。上怅然曰："当时匆匆，吾不忆也。"

寅恪案：唐太宗之伐高丽，于贞观十八年秋冬间着手准备，至半岁之后，即贞观十九年二月间太宗发洛阳，李世勣会集陆军即战斗主力于幽州，于是开始出动，盖非俟至气候稍暖之时不能于东北行军也。又历二月之久至五月初，李世勣军进至辽东城下，太宗亦于此时渡辽泽，但为泥淖阻滞至一星期之久，始与世勣会兵，其军行已嫌迟缓，及攻围辽东城，经十有二日方能克之，已在五月中旬将尽之际矣。又顿兵安市，由六月二十日至九月十八日三月之久而不能克取其城。辽左秋晚气候转变，粮道不通，若不急速班师，则将全军覆没。江夏王道宗出奇之计，高廷寿、惠真攻乌骨之策及太宗越安市先取建安之议实皆不可施行，只为快意之谈耳，观李世勣、长孙无忌等之言可知也。至太宗虽经寒暑不肯易弊褐一事传为美谈，实则太宗明知此役利在速战速决，若至秋季不能复衣褐袍之时，无论成败如何，断不能不班师归来，与太子相见。故不妨先作豪语，以收人心，斯亦英雄权谲之一端欤？又张亮等虽克卑沙，竟无大效者，殆以从海道攻高丽，与百济之关系甚大，观于同一李世勣之人在太宗贞观时不能克高丽，而在高宗总章时能灭其国者，固由敌人有内乱可乘，而百济先已取得，要为其主因之一也。其他史籍所载太宗伐高丽之功绩多是官书讳饰其失败之词，既不足信，故亦可不辨。

《新唐书》二二十《东夷传·高丽传》（参《旧唐书》一九九上《东夷传·高丽传》、《唐会要》九五"高句丽"条）略云：

〔泉〕盖苏文死，子男生代为莫离支，与弟男建、男产相怨。男生据国内城，遣子献诚入朝求救，盖苏文弟亦请割地降。〔乾封元年〕九月，〔庞〕同善破高丽兵，男生率师来会。以李勣为辽东道行军大总管，转燕、赵食膺辽东。明年，勣次新城，城人缚戍酋出降，勣进拔城十有六。郭待封以舟师济海趋平壤。三年（是岁改元总章），勣率〔薛〕仁贵拔扶余城，它城三十皆纳款。侍御史贾言忠计事还，帝（高宗）问："军中云何？"对曰："必克。昔先帝（太宗）问罪所以不得志者，虏未有衅也。今男生兄弟阋很，为我乡导，虏之情伪我尽知之，故曰必克。"男建以兵五万袭扶余，勣破之萨贺水上，进拔大行城，契苾何力会勣军于鸭绿，拔辱夷城，悉师围平壤。九月，勣纵兵噪而入〔城〕，执〔高丽王高〕藏、男建等，收凡五部百七十六城户六十九万，剖其地为都督府者九，州四十二，县百。后复置安东都护府，擢酋豪有功者，授都督、刺史、令，与华官参治，仁贵为都护，总兵镇之。总章二年大长钳（"钳"，《通鉴》二百一"咸亨元年"条作"剑"）牟岑率众反，立藏外孙安舜为王。诏高偘〔等〕讨之，舜杀钳牟岑，走新罗。偘徙都护府治辽东州。仪凤二年，授藏辽东都督，封朝鲜郡王，还辽东，以安余民。徙安东都护府于新城。藏以永淳初死，旧城往往入新罗，遗人散奔突厥、靺鞨。

《旧唐书》一九九上《东夷传·新罗传》（参《新唐书》二二十《东夷传·新罗传》、《唐会要》九五"新罗"条）略云：

太宗将亲伐高丽，诏新罗纂集士马，应接大军。新罗遣兵

298

五万人入高丽南界，攻水口城，降之。〔贞观〕二十一年〔新罗王金〕善德卒，立其妹真德为王。永徽元年，真德大破百济之众。三年，真德卒，以春秋嗣立为新罗王。六年，百济与高丽、靺鞨率兵侵其北界，攻陷三十余城，春秋遣使上表求救。显庆五年，命左武卫大将军苏定方为熊津道大总管，统水陆十万，仍令春秋为嵎夷道行军总管，与定方讨平百济，俘其王扶余义慈，献于阙下。龙朔元年，法敏袭王。咸亨五年纳高丽叛众，略百济地，守之。帝（高宗）怒，以其弟仁问为新罗王，自京师归国，诏刘仁轨〔等〕发兵穷讨，破其众于七重城。诏李谨行为安东镇抚大使，屯买肖城，三战，虏皆北，法敏遣使入朝谢罪，仁问乃还（自"龙朔元年"至"仁问乃还"一节为新传之文）。自是新罗渐有高丽、百济之地，其界益大，西至于海（寅恪案：《唐会要》云："既尽有百济之地及高句丽南境，东西约九百里，南北约一千八百里"，语较明悉）。

《唐会要》九五"百济"条（参考《旧唐书》一九九上、《新唐书》二二十《百济传》）略云：

百济者乃扶余之别种，当马韩之故地，大海之北，小海之南，东北至新罗，西至越州，南渡海至倭国，与新罗为仇雠。贞观十六年，与高丽通和，以绝新罗入朝之道。太宗亲征高丽，百济怀二，数年之间，朝贡遂绝。显庆五年八月十三日，左卫大将军苏定方讨平之，虏其王义慈及太子崇将校五十八人送于京师。其国分为五部，统郡三十七，城二百，户七十六万。至是以其地置熊津、马韩、东明、金涟、德安等五都督府，各统州县，立其酋长为都督、刺史、县令，命左卫郎将王文度为都统，总兵以镇之。〔旧将〕福信与浮屠道琛反，迎故王子扶余丰于倭，立为王。龙朔元年〔刘〕仁轨发新罗兵往救，二年〔刘〕仁愿遣刘仁轨破〔其众〕，丰走，不知所在，诸城皆复。帝（高宗）以扶余隆为熊津都督，俾归国，平新罗故憾，招还遗人。麟德二年，与新罗王会熊津，刑白马以盟，仁愿等还，隆畏众携散，亦归京师。（自"福信与浮屠道琛反"至"亦归京师"一节为新传之文。）

《新唐书》二一六上《吐蕃传》（参《旧唐书》一九六上《吐蕃传》及《旧唐书》八三《新唐书》一一一《薛仁贵传》）略云：

> 自是岁入边，尽破有诸羌羁縻十二州。总章中，议徙吐谷浑于凉州，傍南山。帝（高宗）刘吐蕃之入，召宰相等议先击吐蕃，议不决，亦不克徙。咸亨元年，入残羁縻十八州，率于阗取龟兹拨换城，于是安西四镇并废。诏薛仁贵为逻娑道行军大总管，阿史那道真、郭待封副之，出讨吐蕃，并护吐谷浑还国，师凡十余万，至大非川，为钦陵所拒，王师败绩，遂灭吐谷浑，而尽有其地。

寅恪案：高丽时代高宗获胜之重要原因在乘高丽之内乱及据新罗、百济之形势。然既得其国，而终不能有，则以吐蕃炽盛，西北危急，更无余力经营东北。观其徙新克高丽胜将薛仁贵以讨吐蕃，而致大败之事可知也。自此以后，高丽废而新罗、渤海兴，唐室对于东北遂消极采退守维持现状之政策。惟大同江以南之地实际虽不能有，而名义尚欲保留，及至玄宗开元全盛之时，即此虚名亦予放弃，斯诚可谓唐代对外之一大事。兹特移录关系史料全文于下，治吾国中古史者读之，不能不为之惊心怵目，感叹不已也。

《册府元龟》九七一《外臣部·朝贡门》云：

> 〔开元二十四年〕六月，新罗王金兴光遣使贺正献表曰："伏奉恩敕：浿江以南，宜令新罗安置！臣生居海裔，沐化圣朝，虽丹素为心，而功无可效，以忠正为事，而劳不足赏。陛

下降雨露之恩，发日月之诏，锡臣土境，广臣邑居，遂使垦辟有期，农桑得所，臣奉丝纶之旨，荷荣宠之深，粉骨糜身，无由上答。"

南诏与其他外族盛衰之连环性，观前引关于吐蕃诸条，其概略已可推知。吐蕃之国势自贞元时开始衰弱，文宗以后愈见不振，中国自韦皋帅蜀，定与南诏合攻吐蕃之策，南诏屡得胜利，而中国未能增强，大和三年南诏遂陷邛、戎、嶲三州，入掠成都（见《旧唐书》一九七、《新唐书》二二二中《南蛮传·南诏传》，及《旧唐书》一九三《杜元颖传》、《新唐书》九六《杜如晦传》附元颖传），西川大困。《通鉴》二四九"大中十二年六月条"略云：

初，安南都护李琢为政贪暴，群蛮怨怒，导南诏侵盗边境，自是安南始有蛮患。

同书同卷"大中十三年末"条略云：

初，韦皋在西川，开青溪道以通群蛮，使由蜀入贡。又选群蛮子弟，聚之成都，教以书数，欲以慰悦羁縻之。如是五十年，群蛮子弟学于成都者，殆以千数，军府颇厌于禀给。又蛮使入贡，利于赐与，所从傔人浸多，杜悰为西川节度使，奏请节减其数，诏从之。南诏丰祐怒，自是入贡不时，颇扰边境。会宣宗崩，遣中使告哀，丰祐适卒，子酋龙立，礼遇〔使者〕甚薄。上（懿宗）以酋龙不遣使来告丧，又名近玄宗讳，遂不行册礼。酋龙乃自称皇帝，遣兵陷播州。

胡《注》云：

为南诏攻蜀、攻交趾张本。

然则，宣宗末世南诏始大为边患。其强盛之原因则缘吐蕃及中国既衰，其邻接诸国俱无力足与为敌之故，此所谓外族盛衰之连环性也。至中国内政所受之影响直关唐室之覆亡，不仅边境之患而已，当别于后述之，兹暂不涉及。又，凡唐代中国与外族之关系今已论其重要者，其余虽从略，然可以前所言之义例推之也。

中国无论何代，即当坚持闭关政策之时，而实际终难免不与其他民族接触，李唐一代其与外族和平及战争互相接触之频繁，尤甚于以前诸朝，故其所受外族影响之深且巨，自不待言。但关于宗教文化者，固非今所论之范围，即直接有关内部政治者，亦只能举一二大事，以为例证，未遑详尽论述之也。

《邺侯家传》论府兵废止之原因，其一为长期兵役，取刘仁轨任洮河镇守使为例证（见《玉海》一三八《兵制三》所引，《通鉴》二三二"贞元二年八月"条亦采自《邺侯家传》也）。盖唐代府兵之制其特异于西魏、北周之时期者，实在设置军府地域内兵农之合一。吐蕃强盛之长久，为与唐代接触诸外族之所不及，其疆土又延包中国西北之边境，故不能不有长期久戍之"长征健儿"，而非从事农业之更番卫士所得胜任。然则《邺侯家传》所述诚可谓一语破的，此吐蕃之强盛所给予唐代中国内政上最大之影响也。（关于府兵制前期问题，详见拙著《隋唐制度渊源略论稿·兵制章》，兹可不论，惟唐代府兵为兵农合一制一点，恐读者尚持叶水心"兵农分离说"而不之信，请略举一二例证，以祛其疑焉。一为《通典》六《食货典·赋税下》载唐高宗龙朔三年七月制"卫士八等已下每年放还，令出军，仍免庸调"，此制之前载〔高祖武德〕九年三月诏"天下户立三等，未尽升降，宜为九等"之文。故可据以推定龙朔三年七月制中"八等"之"等"乃指户籍等第而言，然则此制与其初期仅籍六等以上豪户者不同，即此制已推广普及于设置军府地域内全部人民之确证也。二为戈本《贞观政要》二《直谏类》"贞观三年诏关中租税免二年"条（参《唐会要》八五"团貌杂录"条及《魏郑公谏录》）略云：

右仆射封德彝等，并欲中男十八已上简点入军，敕三四出。〔魏〕徵奏以为不可。太宗怒，乃出敕："中男已上，虽未十八，身形壮大，亦取！"徵又不从。太宗曰："中男若实小，自不点入军，若实大，亦可简取。"徵曰："若次男已上尽点入军，租赋杂徭，将何取给？且比年国家卫士，不堪攻战，岂为其少？若精简壮健，人百其勇，何必在多？"

《通鉴》一九二"武德九年十二月"亦载此事，胡《注》云：

唐制：民年十六为中男，十八始成丁，二十一为丁，充力役。

据魏徵"租赋杂徭将何取给"之语推之，则当日人民未充卫士时亦须担负租赋杂徭之义务，是一人之身兼充兵、务农之二业也，岂非唐代府兵制兵农合一之明证乎？斯事今不能详论，仅略述大意，附注于此。

回纥与中国摩尼教之关系，论者颇众，又不属本书范围，自可不言。其族类与中国接触，而影响及战时之财政经济者，亦非所欲论，兹仅略述回纥与中国在和平时期财政经济之关系于下：《新唐书》五十《兵志》云：

乾元后，回纥恃功，岁入马取缯，马皆病弱不可用。

同书五一《食货志》云：

回纥有助收西京功，代宗厚遇之，与中国婚姻，岁送马十万匹，酬以缣帛百余万匹，而中国财力屈竭，岁负马价。

《旧唐书》一二七《源休传》略云：

〔回纥〕可汗使谓休曰："所欠吾马直绢一百八十万匹，当速归之！"

同书一九五《回纥传》（参《新唐书》二一七上《回鹘传》）略云：

回纥恃功，自乾元之后屡遣使以马和市缯帛，仍岁来市，以马一匹易绢四十匹（《新传》"绢"作"缣"）。动至数万马，其使候遣，继留于鸿胪寺者非一。蕃得帛无厌，我得马无用，朝廷甚苦之。是时特诏厚赐遣之，示以广恩，且俾知愧也。是月（大历八年十一月），回纥使使赤心领马一万匹来求市，代宗以马价出于租赋，不欲重困于民，命有司量入计，许市六千匹。〔贞元〕八年七月，以回纥药罗葛灵检校右仆射，仍给市马绢七万匹。回鹘请和亲，宪宗使有司计之，礼费约五百万贯，方内有诛讨，未任其亲。

《新唐书》二一七上《回鹘传》（参考《李相国论事集》）略云：

〔回鹘〕遣伊难珠再请昏，未报，可汗以三千骑至鸊鹈泉。于是振武以兵屯黑山，治天德城备虏。礼部尚书李绛奏言："北狄贪没，唯利是视，比进马规直，再岁不至，岂厌缯帛利哉？殆欲风高马肥，而肆侵轶。北狄西戎，素相攻讨，故边无虞。今回鹘不市马，若与吐蕃结约解雠，则将臣闭壁惮战，边人拱手受祸，臣谓宜听其昏，使守藩礼。或曰：降主费多，臣谓不然。我三分天下赋，以一事边，今东南大县赋岁二十万缗，以一县赋为昏赀，非损寡得大乎？今惜昏费不与，假如王师北征，兵非三万，骑五千，不能扞且驰也。又如保十全之胜，一岁辄罢，其馈饷供拟，岂止一县赋哉？"帝（宪宗）

304

不听。

《白氏长庆集》四《新乐府》云：

> 阴山道。疾贪虏也。
>
> 阴山道，阴山道，纥逻敦肥水泉好。每至戎人送马时，道旁千里无纤草。草尽泉枯马病羸，飞龙但印骨与皮。五十匹缣易一匹，缣去马来无了日。养无所用去非宜，每岁死伤十六七。缣丝不足女工苦，疏织短截充匹数。藕丝蛛网三丈余，回纥诉称无用处。咸安公主号可敦，远为可汗频奏论。元和二年下新敕，内出金帛酬马直。仍诏江淮马价缣，从此不令疏短织。合罗将军呼万岁，捧受金银与缯彩。谁知黠虏启贪心，明年马来多一倍。缣渐好，马渐多。阴山虏，奈尔何！

寅恪案：唐与回纥在和平时之关系中，马价为国家财政之一大问题，深可注意。李绛所言许回纥之利，宪宗岂是不知？而终不听者，实以中国财力有所不及，故宁可吝惜昏费，而侥幸其不来侵边境也。白香山《新乐府》之《阴山道》一诗即写当日之实状者，据《旧唐书》四八《食货志》(《通典》六《食货典·租税下》同)云：

> 开元八年正月敕："顷者以庸调无凭，好恶须准，故遣作样，以颁诸州，令其好不得过精，恶不得至滥，任土作贡，防源斯在。而诸州送物，作巧生端，苟欲副于斤两，遂则加其丈尺，至有五丈为匹者，理甚不然。阔一尺八寸，长四丈，同文共轨，其事久行，立样之时，亦载此数，若求两而加尺，甚暮四而朝三，宜令有司简阅，有逾于比年常例，丈尺过多，奏闻！"

然则唐代定制，丝织品以四丈为一匹，而回纥马价缣一匹长止

305

三丈余，且疏织，宜召回纥之怨诉。唐室之应付此项财政困难问题，计出于无聊，抑又可知矣。

又，回纥在和平时期，与唐代中国政府财政关系既如上述之例，其与中国人民经济关系亦有可略言者。《册府元龟》九九九《外臣部·互市门》（参考《旧唐书》一三三《李晟传》附慝传）云：

> 大和五年六月右龙武大将军李慝之子某贷回纥钱一万一千四百贯不偿，为回纥所诉，贬慝为宣州别驾。下诏戒饬曰："如闻顷来京城内衣冠子弟及诸军使并商人百姓等，多有举诸蕃客本钱，岁月稍深，征索不得，致蕃客停滞，市易不合及时。自今已后，应诸色人宜除准敕互市外，并不得辄与蕃客钱物交关，委御史台及京兆府切加捉搦，仍即作条件闻奏，其今日已前所欠负，委府县速与惩理处分！"

又《新唐书》二一七上《回鹘传》（参考《旧唐书》一二七《张光晟传》及《通鉴》二二六"建中元年八月甲午"条）云：

> 始回纥至中国，常参以九姓胡，往往留京师，至千人，居赀殖产甚厚。（上篇已引。）

据《新唐书》二二一下《西域传·康国传》（上篇已引），九姓胡即中亚昭武九姓族类，所谓西域贾胡者是也。其假借回纥势力侨居中国，居赀殖产，殆如今日犹太商人假借欧美列强势力来华通商致富之比耶？斯亦唐代中国在和平时期人民所受外族影响之一例也。

《新唐书》一四八《康日知传》附承训传（参考《旧唐书》一九上《懿宗纪》"咸通四年五年九年、十年"诸条，及《新唐书》一一四《崔融传》附彦曾传等）略云：

咸通中，南诏复盗边，武宁兵七百戍桂州（寅恪案：《新唐书》六五方镇表武宁军节度使治徐州），六岁不得代。列校许佶、赵可立因众怒，杀都将，诣监军使丐粮铠北还，不许，即擅斧库，劫战械，推粮料判官庞勋为长，勒众上道。懿宗遣中人张敬思部送，诏本道观察使崔彦曾慰安之，次潭州，监军诡夺其兵，勋畏必诛，篡舟循江下，益哀兵，招亡命，遂入徐州，据之。帝遣中人康道隐宣慰徐州，道隐还，固求节度。帝乃拜承训检校尚书右仆射、义成军节度使、徐泗行营都招讨使，率魏博、鄜延、义武、凤翔、沙陀、吐浑兵二十万讨之。勋以〔其父〕举直守徐州（承训使降将张玄稔破徐州），勋闻徐已拔，自石山而西，所在焚掠。承训悉兵八万逐北，沙陀将朱邪赤衷急追。至宋州，勋焚南城，为刺史郑处冲所破，将南趋亳。承训兵循涣而东，贼走蕲县，官兵断桥，不及济，承训乃纵击之，斩首万级，余皆溺死，阅三日，得勋尸。

《旧唐书》一九下《僖宗纪》（参考《旧唐书》一六一《李光颜传》，《新唐书》一六五《郑余庆传》附从谠传、一六七《王播传》附式传、一七一《李光颜传》、一八八《杨行密传》、一九八《高仁厚传》、二百八《宦者传下·田令孜传》、二一四《藩镇泽潞·刘悟传》，又同书四三下《地理志》"羁縻州回纥州鸡田州"条、六四《方镇表》"兴凤陇栏大中五年"条等）略云：

〔乾符四年〕十二月，贼（黄巢）陷江陵之郛，〔荆南节度使杨〕知温求援于襄阳，山南东道节度使李福悉其师援之。时沙陀军五百骑在襄阳，军次荆门，骑军击贼，败之，贼尽焚荆南郛郭而去。

〔中和三年〕四月庚辰，收复京城，天下行营兵马都监杨复光上章告捷曰："雁门节度使李克用杀贼无非手刃，入阵率以身先，忠武黄头军使庞从等三十二都，随李克用自光泰门先

307

入京师，力摧凶逆。伏自收平京国，三面皆立大功，若破敌摧锋，雁门实居其首。"五月，王铎罢行营都统。时中尉田令孜用事，自负帷幄之功，以铎用兵无功，而由杨复光建策召沙陀，成破贼之效，欲权归北司，乃黜王铎，而悦复光也。（中和三年五月条中篇已引。）

寅恪案：唐中央政府战胜庞勋、黄巢，实赖沙陀部落之助，盖府兵制度破坏已久之后，舍胡兵外，殆不易得其他可用之武力也。至黄头军疑出自回纥，与沙陀同为胡族。兹以其问题复杂，史料阙少，未能于此详论。总之，观于唐季朝廷之忍耻曲宥沙陀，终收破灭黄巢之效，则外族与内政关系之密切可以推知也。

又《新唐书》二二二中《南蛮传·南诏传》（参《通鉴》二五三"广明元年"条及胡《注》）云：

> 会西川节度使陈敬瑄重申和亲议，时卢携复辅政，与豆卢瑑皆厚〔主和之高〕骈，乃谲说帝（僖宗）曰："宣宗皇帝收三州七关，平江、岭以南，至大中十四年，内库赀积如山，户部延资充满，故宰相〔白〕敏中领西川，库钱至三百万缗，诸道亦然。咸通以来，蛮始叛命，再入安南、邕管，一破黔州，四盗西川，遂围卢耽，召兵东方，戍海门，天下骚动，十有五年，赋输不内京师者过半，中藏空虚，士死瘴疠，燎骨传灰，人不念家，亡命为盗，可为痛心！"

自咸通以后，南诏侵边，影响唐财政及内乱颇与明季之"辽饷"及流寇相类，此诚外患与内乱互相关系之显著例证也。夫黄巢既破坏东南诸道财富之区（见上篇所引《旧唐书》一四"宪宗纪上元和二年十二月己卯史官李吉甫撰《元和国计簿》条"），时溥复断绝南北运输之汴路（详见崔致远《桂苑笔耕集》及拙著《秦妇吟校笺》），借东南经济力量及科举文化以维持之李唐皇室，遂不得不倾覆矣。史家推迹庞勋之作乱，由于南诏之侵边，而勋之根据所在适为汴路之咽喉，故宋子京曰："唐亡于黄巢，而祸基于桂林。"（《新唐书·南诏传论》）。呜呼！世之读史者傥亦有感于斯言欤？